家具消费者购买意愿及行为研究

李 英 潘鹤思 赵 越 王晨筱 等 著

国家自然科学基金面上项目（71373039）

教育部"新世纪优秀人才支持计划"项目（NCET-13-0712） 资助

科学出版社

北 京

内 容 简 介

随着城镇化进程的不断加快以及房地产业的快速发展，我国家具产业在总体上呈现快速增长趋势。本书从消费者认知和行为视角分析购买意愿、不同商业模式对实木家具消费者购买行为的影响以及在线评论对家具销量的影响三个方面研究。运用 SPSS、AMOS 等统计分析软件进行消费者购买意愿、购买行为的影响因素分析、探索性因素分析和验证性因素分析，采用多元回归模型和 Logistic 回归模型分析在线评论特征变量和商品特征变量对实木家具销量的影响，并根据实证研究结果提出具有针对性和操作性的对策建议。

本书可供企业管理、管理科学与工程学科的教师和研究生参考阅读。

图书在版编目（CIP）数据

家具消费者购买意愿及行为研究 / 李英等著. —北京：科学出版社，2017.12

　ISBN 978-7-03-053224-4

　Ⅰ．①家… Ⅱ．①李… Ⅲ．①家具-消费者行为论 Ⅳ．
①F713.55

中国版本图书馆 CIP 数据核字（2017）第 128436 号

责任编辑：魏如萍 / 责任校对：孙婷婷
责任印制：吴兆东 / 封面设计：无极书装

科 学 出 版 社 出版
北京东黄城根北街 16 号
邮政编码：100717
http://www.sciencep.com

北京京华虎彩印刷有限公司 印刷
科学出版社发行　各地新华书店经销

*

2017 年 12 月第 一 版　开本：720×1000　B5
2017 年 12 月第一次印刷　印张：14
字数：282 000

定价：96.00 元
（如有印装质量问题，我社负责调换）

前　言

随着城镇化进程的加快和房地产业的快速发展，我国家具产业总产值以两位数高速增长。即使近几年房地产业出现短暂的震荡和局部低迷态势，我国家具产业在总体上依然稳步增长。2015 年家具行业产值达 1.2 万亿元，规模以上（产值2 000 万元以上）企业有 5 290 家，主营业务收入 7 872.5 亿元（其中木制、竹、藤家具占近七成），同比增长 9.29%。但是许多二线、三线家具品牌由于其产品缺乏创新性、商业模式单一，难以适应当前的市场竞争，出现产能过剩、产品积压的现象，有些企业面临倒闭。加之，我国作为世界家具产业最大的生产国和出口国，由于受到发达国家经济发展制约，家具产品出口额在国外家具市场呈现缩减趋势，所以很多家具出口企业将目光转向了国内市场，致使国内家具企业之间的竞争日趋激烈。家具企业要想在激烈的市场竞争中占有一席之地，不仅要提高产品设计能力、提升产品质量，还要关注消费者认知，充分把握消费者的实际需求、心理特点和行为特征。但是现有的影响家具消费者购买意愿的研究文献，主要集中在家具本身的价值、家具设计元素、家具定制化和家具标签信息等方面，而较少关注到消费者的内在感受及心理特征。家具消费者对实木家具有独特的认知，在实际购买过程中，这种认知会根据消费者的情感变化、实际感受和外界刺激等因素而发生变化。家具企业要想在激烈的市场竞争中立于不败之地，就要从消费者成熟度和消费者涉入度等认知视角，充分把握消费者的实际需求和心理特征，开展有针对性的营销策划活动。

随着我国电子商务呈现出良好发展趋势，网络购物已经逐渐成为一种大众化的消费方式。因为网络购物的便捷性和商品价格的优势，吸引很多消费者选择在网上购买家具。与此同时，家具消费主体呈现年轻化趋势，更加需要能够适应现代生活理念的个性化家具产品，并且在便捷的购买方式、广泛的信息传播形式等方面具有强烈的需求。

在这种社会环境下，我国家具市场正悄然发生着变化，已有美乐乐、天猫、爱蜂潮等行业先驱采用 O2O（online to offline，即线上对线下）模式。近些年来，网购家具的消费者快速增长。例如，林氏木业 2013 年在淘宝"双十一"销售额

1.6 亿元，2014 年"双十一"突破 3.3 亿元，2015 年"双十一"突破 5.1 亿元，2016 年"双十一"突破 6.1 亿元。由此可见，电子商务的兴起极大地影响了家具消费者的购买方式及购买行为。因此，家具企业越来越关注商业模式对消费者购买行为的影响。家具行业的商业模式是一个系统而复杂的工程，它在市场环境下运行，涉及整个企业运行的各个环节，对消费者的购买行为也有很大影响。商业模式的不断发展在购买方式上给消费者提供了新选择，而且家具企业所采用的商业模式在很大程度上影响着企业的未来发展。所以各家具企业都在寻求适合自身的商业模式，有关家具企业商业模式的研究也逐步受到重视。但是不同商业模式下的家具消费者购买行为方面研究甚少。

随着互联网的普及和发展，人们不仅能便利地查询相关产品信息，还能更方便地与他人针对该产品交流经验。2013 年我国网络购物调研报告指出，网购用户在进行不熟悉商品的购买决策时，用户评论起到了主导作用。具体有 37.5% 的用户表明在进行购买决策时，用户评论是他们的主要参考因素，其次还会考虑交易平台的大众认可度与相应口碑（word-of-mouth，WOM）。同时，根据该报告得知，有 41.1% 的人表明在购买任何产品前都会查看其他购买者评论，有 26.1% 的人表明在购买大部分产品前会查看其他购买者评论，有 14.9% 的人表明在购买少部分产品前会查看其他购买者评论，此外还有 17.9% 的人表明根本不会查看其他购买者评论。根据以上数据可以发现，由于网络购物行为的虚拟性，在线评论（online review）作为一种包含购买者态度和观点的信息得到了前所未有的关注和重视。它不仅是潜在消费者了解商品的重要媒介，还是消费者做出购买决策的得力帮手。

因此可以发现在线评论对消费者购买决策起着举足轻重的作用。所以，重视用户评论的作用、了解用户评论如何影响产品销量对网络零售商来说至关重要。同时，随着电子商务的逐步发展与扩大，以前不易在网上销售的大型家具和电器也逐渐打破传统的枷锁，其网络购买行为逐渐大众化。综上可知，对实木家具这种大型家庭生活所需品的在线评论进行研究并了解其对产品销量的影响，具有非常重要的现实意义。在这一背景下，本书以我国家具行业商业模式以及在线评论为切入点，采用问卷调查和实际网购家具数据收集方法，运用 SPSS 统计分析软件开展不同商业模式下的家具消费者购买行为研究，为家具企业掌握消费者行为规律和设计有效的商业模式提供借鉴和科学依据，从而有利于家具企业最大限度地合理配置行业资源。

本书分为三篇：第一篇为家具消费者购买意愿研究，以消费者对实木家具的购买意愿为研究对象，从消费者认知视角出发，在对消费者成熟度和涉入度等相关理论进行归纳梳理的基础上，提出了消费者对实木家具购买意愿的理论假设，确定了自变量（包括成熟度分量表中产品知识、购买经验、信息识别能力三个潜变量和涉入度分量表中个人偏好、产品象征性、营销刺激三个潜变量）、中介变量（包括理性消费成熟度和产品涉入度）、因变量（购买意愿）共 9 个变量，构建了变量之间的理论模型。本部分采用问卷调查方式收集第一手数据，使用 SPSS 20.0 软件对初始问卷数据进行信度、效度分析，并通过探索性因子分析来提取公共因子和筛选测量问项，在对个别测量题项进行调整后形成正式问卷。在正式问卷发放中，共发放 600 份问卷，回收有效问卷 445 份，有效回收率为 74.17%。运用 SPSS 20.0 软件对正式问卷数据进行信度分析来验证量表的可靠性，并对正式问卷数据进行描述性统计分析和关联性分析。运用 AMOS 21.0 软件对正式问卷数据进行效度分析来检验量表的有效性，并构建消费者对实木家具购买意愿的结构方程模型来检验变量之间的路径关系，最后，运用 Bootstrap 方法来对理性消费成熟度和产品涉入度的中介效应进行检验。

第二篇为不同商业模式对家具消费者购买行为的影响研究。首先阐述了家具行业现有的商业模式，分析家具行业在实体店、电子商务模式下运行的特点及存在的问题，并结合家具产品本身的特殊性，分析在不同商业模式下，可能影响消费者购买行为的重要因素，形成最终问卷。其次开展问卷调查工作，进行描述性分析、关联性分析、验证性因素分析和逻辑回归分析。运用 SPSS 软件对问卷受访者的个人基本情况、传统实体店消费者对家具以旧换新活动的参与情况等内容进行描述性分析，分析结果表明，有着不同教育背景的受访者对家具商城班车的需求及其对家具品牌的忠诚度有显著的关联性；在家具消费者对某一商品产生购买意愿的情况下，运用 AMOS 软件，对影响其购买行为的卖家口碑、商品需求急切程度和网购满意度 3 个维度进行验证性分析，得出这 3 个维度均对家具消费者的购买行为有显著性影响。最后通过对消费者购买行为影响较大的物流、安装服务等因素进行逻辑回归分析，得出结论，网购家具的消费者相比担心质量，更加担心产品的物流和安装服务。

第三篇为在线评论对家具销量的影响研究。本部分选取淘宝网实木家具作为研究对象，通过收集淘宝网上实木家具 8 000 多条评论信息，分析在线评论对实木家具销量的影响。首先，在总结国内外关于在线评论文献研究的基础上，进行在线评论对实木家具销量影响的定性分析与特征变量筛选，具体选取的在线评论特征变量包括在线评论数量、情感倾向、评论者信誉、评论时效性、评论内容和质量等，商品特征变量包括产品折扣系数（ZKXS）、商品属性（SPSX）和上架天数（lnSJTS）等。其次，在影响因素分析阶段，通过引入商品特征变量作为控制变量，来研究在线评论特征变量对产品销量的影响，并且通过对各种多元回归模型进行比较分析，找出不同特征变量对实木家具销量影响的差异，进而获得相对最优的影响模型；其分析结果表明，在线评论数量、质量、情感倾向与销量显著相关。再次，根据多元回归模型的比较结果，对在线评论数量、质量、情感倾向与因变量进行关联性分析，并测算其具体的关联度，对其按照关联度递减进行排序，依次为在线评论质量、在线评论数量、情感倾向。最后，根据关联度排序情况，选取关联度最大的在线评论质量与因变量进行 Logistic 回归分析，测算在线评论质量在不同情况下对因变量的影响概率。

本书的完成承蒙国家自然科学基金面上项目（71373039）、教育部"新世纪优秀人才支持计划"项目（NCET-13-0712）的资助，特致殷切谢意！本书由李英教授和她指导的研究生共同完成，研究思路、具体撰写提纲和具体问卷设计及编辑工作由李英教授完成。全书的校订工作以及第 1 章由博士研究生潘鹤思完成，第 2 章、第 3 章、第 4 章主体内容由博士研究生王晨筱完成，第 5 章到第 8 章由博士研究生赵越、硕士研究生赵思淼完成，第 9 章到第 12 章由博士研究生潘鹤思、硕士研究生张怀完成。潘鹤思、赵越和王晨筱承担的工作量分别达到 3.5 万字、3.2 万字、3.5 万字。问卷调查工作是由工商管理专业本科生完成的，对他们的辛勤付出表示诚挚的谢意！

鉴于著者水平有限，可能存在不妥之处，在样本选择方面，虽然第一篇、第二篇研究中选取了我国北方大、中、小城市的消费者为研究对象来进行调研，但由于样本没有覆盖到全国，样本的普适性和代表性有限，因此研究结论可能会有一定的局限性。第三篇是针对淘宝网销量排名靠前的家具数据进行分析，并没有考虑到销量较低的样本，而且在情感倾向数据的收集上，由于国内评价体系不健全的原因，大部分评价都是正面的情感倾向，很少涉及负面评论，这些都是以后研究学者需要考虑的地方。另外本书对消费者的购买意愿及购买行为进行融合难免有不当之处，在此，恳请各位专家学者指正赐教。

目　　录

第一篇
家具消费者购买意愿研究

第1章 购买意愿研究概述

目前，随着市场环境越来越复杂，可购买的产品越来越丰富，企业的营销方法和手段也越来越多样，因此，消费者如何辨识出符合自身需求的产品显得尤为重要。随着消费者环保意识和购买能力增强，消费者对家具的环保性和美观性愈加重视，而实木家具以其天然、环保、健康、高档的特点越来越受到消费者青睐。尤其中高收入人群，对中高档实木家具有一定的偏好，并且认为产品的象征意义较大，具有较强的购买意愿。

购买意愿作为顾客购买行为的前提，是企业制定市场营销策略的基础，影响企业的经济效益，能够帮助企业真正了解消费者的心理特点和实际需求，直接影响企业未来的发展，促使企业在发展过程中注重产品和服务质量的提升，并为制定相关政策提供参考，对促进实木家具市场健康发展有重要的实际意义。因此在研究的过程中要首先确定购买意愿的内涵，把握购买意愿的维度，综合分析购买意愿的影响因素等问题。而家具消费者高成熟度和高涉入度作为购买意愿很重要的影响因素，能够间接促进家具企业经营行为和经营方式的成熟，进而促进市场机制的完善，对市场的发展也具有很强的现实意义。因此从消费者认知的视角构建消费者成熟度和涉入度对购买意愿影响的模型，可以帮助企业更直观地了解消费者成熟度和涉入度与购买意愿之间的路径联系，增强企业决策的科学性、有效性，有利于家具企业提高对中高档实木家具目标人群的精准定位，帮助家具企业制定符合消费者需求的营销策略，为家具企业实施精准营销和个性化营销奠定基础。

1.1 购买意愿的理论概述

1.1.1 购买意愿的研究背景

1. 与态度相比意愿在预测上的优越性

意愿在心理学中被称为行为意愿，这一概念在理性行为理论和计划行为理论中被用来解释预测实际行为产生的可能性。具体来说行为意愿是指行为的准备状态，即对一定的事物或现象做出反应的行为倾向。与态度相比，意愿对行为的预测具有更高的准确性，大量的研究表明态度在某些情景中对行为的预测并不准确。而态度在理论上而言是指人们对一定的事物所产生的心理反应倾向，它可以看作行为的准备和行为的开端，一般来说个体对事物的态度会对意愿产生一定的影响（冯军，2008）。研究表明，购买的态度和意愿具有显著关系，Mary（1990）利用行为意愿模型验证了消费者对电器的购买态度与购买意愿之间强烈的显著相关性。除了显著相关外，消费者态度上的赞成也有利于形成积极的购买意愿（周应恒等，2004）。

2. 感知理论和购买意愿在行为预测中的相互作用

在理性行为理论和计划行为理论中，意愿是影响一种行为的动机因素，二者在一定程度上相互作用，意愿是行为的基础，行为是意愿的表现形式，具体表现为实行某种行为而愿意尝试努力的大小，一般来说个体实施某种行为的意愿越强烈，这种行为被实施的可能性也就越大（Zeithaml，1988）。但在现实的生活中我们需要明确的是一个人可以自由决定是否实施某种行为，即一种行为意愿只有在这种行为是出于意志控制的状态下才能被实行出来。感知行为主要分为感知价值理论和感知风险最小理论（Bauer，1960），下面分别讨论这两种理论与购买意愿的相互作用。

感知价值理论长期以来受到企业经营者和学者们的普遍关注。该理论认为消费者会在感知价值最大的时候做出购买的决策，感知价值正向影响购买意愿。因此定义感知价值为消费者在获得某一服务或得到某一商品时所付出的成本与利得之间进行综合考量后对商品或服务的综合评价（Kotler and Armstrong，1983）。消费者在消费的过程中将感知利得与感知利失进行权衡，只有当利得大于利失时才会产生购买意愿，感知价值越大，购买意愿越强（吴亮锦，2006）。Zimmer和 Golden（1988）认为感知价值是由消费者的感受决定的，强调了消费者占主导地位。而伍恒东（2010）在研究顾客对经济型酒店的消费时发现，消费者对产品的感知价值越高，购买意愿越强。

感知风险最小理论也是消费者的内心感受占主导地位的理论，主要是指顾客在消费产品或服务时，凭借感知到的风险作为购买决策的依据。如果说感知价值理论是购买意愿的正向购买决策理论，那么感知风险最小理论则是购买意愿的反向购买决策理论（冯建英等，2006）。感知风险的概念最初是由心理学延伸而来的（Bauer，1960），它强调消费者在进行购买决策时对消费结果无法预知，这种不确定性可能会给消费者带来不满意的结果。并且不同的人对同一个产品的感知风险也会不同，但是总的来看，感知风险会对购买意愿产生很大的影响，高感知风险消费者的购买意愿低于低感知风险消费者的购买意愿。因此对于企业经营者来讲，有效降低感知风险能够提高消费者的购买意愿。

3. 基于计划行为理论的购买意愿研究

计划行为理论是由 Fishbein 的理性行为理论延伸而来的，在理性行为理论模型的基础上加上感知行为控制变量就是计划行为理论模型（Byoungho and Hye，2011）。并且多数学者在不同的背景下进行验证发现，计划行为理论模型对购买行为的测度要优于 Fishbein 的理性行为模型。两种不同的行为理论模型逻辑图如图 1-1 所示。

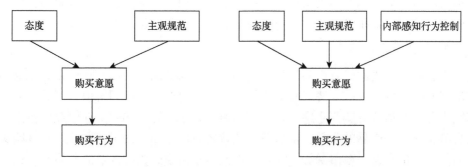

图 1-1　理性行为理论模型和计划行为理论模型逻辑图

1.1.2　购买意愿的概念

购买意愿的概念是从意愿的概念延伸而来的。意愿本源于心理学领域，Fishbein 最早将其引入营销学领域，认为其指人们愿意从事某种特定行为的可能性，是个体进行某种特定行为的主观概率。意愿不同于态度，是个人付出努力的过程（Eagly and Chaiken，1993）。

购买意愿是人们愿意购买某种产品或服务的主观概率，不仅指消费者对某一产品或品牌的态度，还包括外在因素的作用，是消费者选择产品的一种主观倾向。Morwitz 和 Schmittlein（1992）指出购买意愿在营销研究中经常被用来衡量预测购买行为。而 Dodds 等（1991）提出购买意愿是顾客企图购买某种产品或服务的可能性，他们认为在外界因素的影响下，顾客对产品或品牌的态度构成购买意愿（Dodds，1991）。我国学者朱智贤（1989）认为购买意愿是消费心理的表现，是购买行为的前奏。韩睿和田志龙（2005）则认为购买意愿是指消费者购买该产品的概率高低，也在一定程度反映了购买某产品的可能性。

综上所述，国内外学者对购买意愿概念的表述不尽相同，但是都比较一致地认为购买意愿能够反映消费者的心理活动，是消费者为买到所需产品的一种心理表现，描述了某种购买行为发生的概率。当消费者对某种产品产生偏好时会产生一系列的心理活动，往往会通过主动收集和评估该产品信息，对产品进行比较等，而后产生购买意愿及购买行为。因此，本书结合现有研究，将购买意愿定义为消费者购买某种产品的主观可能性。

1.1.3 购买意愿的影响因素

1. 消费者的个体特征

消费者的个体特征主要包括年龄、性别、收入、职业等，具体不同个体特征的消费者对相同产品的购买意愿表现出差异性。Aaker（1996）在考察消费者的基本信息对购买意愿的影响中得出，年龄是最密切相关的因素。也有研究指出教育程度、婚姻、职业等个性特征与购买意愿具有显著的相关性（王鑫，2010）。

2. 产品的内部线索

产品的内部线索代表产品的基本功能属性，与产品的用途密切联系，能够满足消费者的自身需求。消费者购买产品是为了获得产品的使用价值，因此产品内部线索是决定消费者购买意愿的最主要因素。Babin 等（1994）在研究中指出产品自身属性包括产品的质量、价值等，消费者对产品属性的了解和认知是其购买行为的主要出发点。单泪源等（2014）以网络预售模式为切入点展开研究，认为产品因素中的功能价值、享乐价值和财务鼓励能够影响消费者的购买意愿，而消费情境中的信息质量和信誉则能够决定消费者的购买意愿。陈洁和王方华（2012）通过分析感知价值对快消品、耐用品、奢侈品和服务品四类商品的购买意愿的影响，得出商品的品质价值和价格价值是影响消费者购买意愿的基本因素的结论。吴亮锦（2006）从消费者感知价值的角度提出感知产品利得是决定购买意愿的关键因素，他们认为内部线索主要表现在产品的功能性属性。产品内部线索是消费者把所接收到的产品信息与自身的知识储备进行有效整合，并且精细加工后的成果，这也是消费者是否做出购买决策的重要依据。

3. 产品外部线索

产品外部线索是相对于产品的内部线索而言的，它与产品的功能属性无关，是影响产品属性的外部因素，如品牌、价格、产品体验、售后保证等，有助于消费者更好地认知产品。王丽芳（2005）在研究中指出，由于市场失灵，信息不对称，消费者不可能完全了解产品的内部信息，而产品的外部线索弥补了消费者对产品认识的不足，可以帮助消费者了解产品的质量并识别购买风险，从而产生是否购买的意愿。产品外部线索依赖的是除产品自身功能属性以外的特点，如产品品牌的声誉等，促使消费者对产品做出正面或负面的评价，从而影响购买意愿。Huang 和 Lee（2014）以有机鲜牛奶为例，运用条件价值评估法（contingent valuation method，CVM）来评估消费者的购买意愿，认为新鲜牛奶有机 CAS 标签认证、价格/促销、有机性和产品/品牌是影响消费者购买意愿的主要因素。Jain 等（2015）认为明确的比较性广告能够影响消费者对高涉入产品及低涉入产品的态度，企业可以通过为消费者提供与产品相关的附加信息来培养消费者对品牌的积极态度，进而提高消费者的购买意愿。Mccormick 和 Livett（2012）认为外界的刺激因素能够影响消费者在网络浏览情境中的愉悦性，进而提高消费者的购买意愿。Yi 等（2012）以在体验区的用户为研究对象，认为用户体验因素对消费者购买意向有一定的影响。

价格因素是产品外部线索最主要的因素。价格被定义为获得产品或服务的使用价值所付出的价值，一般用货币来体现。然而价格对购买意愿有双重的影响，一般来说"优质则优价"，即价格越贵代表质量越好，价格越高的商品代表投入的生产要素成本越高，能够促进消费者的购买意愿。然而高质量的产品需要消费者投入更多的成本，因此在无形中降低了消费者的购买意愿。

4. 消费情景因素

有关研究证明，消费者购买行为会随着所处情境因素的不同而变化。Niedrich 等（2001）通过实证研究指出，商店的氛围与设计、周边环境及营业员的态度等会直接影响消费者的购买意愿，其中消费者对营业员的感觉也是对商店的整体氛围感觉的一部分，这种感觉会对购买意愿产生间接影响。庄贵军等（2004）对购物中心的购买情境因素进行研究发现，旅游景点、周末、摊位数等对消费者的购买意愿有显著影响。

1.1.4 家具消费者购买意愿的影响因素

家具消费者作为一个普通的消费者，同样受到以上因素的影响，但是具体从国内外学者的研究方法和研究对象来看，又有差异性。我国学者刘鑫（2013）采用问卷调查的方式考察城市家具消费者的购买意愿，从消费者的基本信息来看，家具消费者的学历是影响购买意愿的主要因素，性别对购买意愿的影响较小；从产品的外部影响因素中可以看出消费者新的居住环境对购买意愿有较大的影响，但是家具的期望价格是与收入成正比的，价格也是判断家具质量的主要因素，间接影响购买意愿。从家具不同的分类来看，购买意愿也不相同，如 Amoah 等（2015）主要研究消费者对藤制家具的购买偏好和购买意愿，认为社会地位、现代性和可持续消费是影响消费者购买意愿的重要因素，学者们并希望通过提升藤制家具的价值来增加消费者的购买偏好和购买意愿。而我国学者李真（2012）针对北京市消费者对绿色环保家具的购买意愿进行分析，研究结果表明，消费者的学历和职业能够影响其购买意愿，且当家里有未成年人或老人时，消费者更愿意购买绿色环保家具。Chávez 等（2015）以墨西哥女性对住宅家具的购买情况为例进行分析，认为家具购买意愿的影响因素既包括消费者的主观因素（满意度、可用性、愉悦性），又包括家具本身的设计元素（形状、颜色、维修、安全、材料、功能和耐用性），其中满意度等主观因素是决定消费者是否做出积极购买决策的主要因素。在市场全球化的背景下，家具制造商试图通过区分产品来获得竞争优势，Lihra 等（2012）主要研究美国消费者对定制家具的偏好，他们认为在家具购买的过程中，大约 50% 的消费者受价格驱动的影响，20% 的消费者受产品定制的影响，20% 的消费者受交付时间的影响，余下 10% 的消费者受定制产品所需时间的影响，以女性为主的消费群体尤其重视家具定制。本书主要是从家具消费者认知的视角研究消费者成熟度和涉入度对购买意愿的影响。

1.2 消费者认知的理论基础

1.2.1 消费者认知的定义及内涵

认知是获得和应用知识的过程，也可以称为信息加工的过程，如消费者区别每种产品的特点，识别各种品牌，以及把学到的知识存在大脑中，并且在需要的时候能够在大脑中提取有用的信息来解决遇到的问题。上述过程包括对知识的理解与应用等一系列的心理活动，可以概括为知觉、理解、记忆、学习、思维、决策、解决问题等，这些心理活动便称为认知（彭聃龄和张必隐，2004）。

认知科学是一门高度交叉的学科。总的来看，认知科学的研究路线有三条，即认知心理学的研究、人工神经网络的研究、认知神经科学的研究。而认知心理学在认知学科里起着主导的支柱作用，已经被学者广泛应用于消费者决策领域。本书也主要从认知心理学的角度来探讨消费者认知活动。认知心理学研究主要是将人脑与计算机进行类比，将人脑看作计算机的信息加工系统，不断地认知信息。认知心理学的研究对象主要包括认知结构和认知过程两个方面，认知结构方面主要是研究人的知识在头脑中是如何表现的，而认知过程，可以理解为对信息的加工、处理、使用的一系列过程。本书主要从认知的结构和过程两个方面探讨消费者认知。

消费者认知是认知心理学的一个研究方面，包括消费者的思维、认识、知觉和知识等多个层面（胡斌，2014），可以分为狭义的认知和广义的认知两种。狭义的认知指消费者对产品的认识和思维；广义的认知既包括消费者对产品固有的认识和知识，又包括消费者对产品相关信息的认识、加工和处理过程，能够体现消费者获取产品相关知识和识别产品信息的能力（王子豪，2014）。本书从广义的视角出发研究消费者认知，主要从认知结构和消费者认知过程两个方面进行测量。

1. 消费者认知结构

认知结构是认知心理学的常用概念，从广义上讲是指某一学习者观念的全部内容和组织，狭义地说，它是学习者在某一特殊知识领域内观念的内容和组织（王晓辉，2009）。而布鲁纳认为认知结构可以分为符号性表象、映像性表象、动作性表象三种表象体系，这三种表象体系既能够表征消费者对产品的整体认识和经验积累，又能为消费者深入了解产品和积累知识奠定基础，也是个体不断认识世界、适应环境和积累经验的结果（王晓辉，2009）。而我国学者则认为认知结构是学习者头脑中的知识结构，但是二者又是有严格区别的：知识结构是相关领域的各方面知识，只有通过内化才能转化为认知结构；认知结构主要是指消费者头脑中的知识结构，是基于静态视角对消费者认知的衡量，主要包括消费者了解和掌握的产品知识和购买经验，以及对产品的偏好和感兴趣的程度。

2. 消费者认知过程

认知过程又称为信息加工的过程，可以划分为控制性加工和自动化加工。对于消费者而言，自动化加工过程是无意识的，而控制性加工被认为是消费者有意识的思考。消费者认知过程就是消费者对产品信息的收集、辨识、存储和使用的过程，是基于动态的角度来描述消费者对产品相关信息的加工过程，能够解释消费者在产品购买过程中的行为表现，可以分为解释过程、记忆过程和整合过程三个方面。在解释过程中，涉及消费者在面对广告、促销、推荐等外部环境的营销刺激时，能够留意这些信息并愿意主动接收这些信息的能力。在记忆过程中，主要表现在消费者对信息的过滤和提取能力。在整合过程中，主要指消费者能够结合自身需求和偏好来对接收到的信息进行加工处理和产品评估的能力。消费者的认知需求越高，其处理信息的能力越强（陈晓红和曾平，2016）。

1.2.2　消费者认知的研究现状

现代认知心理学特别注重构建各种各样的认知模型来说明消费者的认知活动。构建认知模型主要是用计算机从形式上来描述人的认知结构和过程，从观察到的事实出发，经过一系列的推理，从而得出一些抽象的有组织的观念，即把各种事实、现象及其相互关系纳入一个抽象的有组织的系统中。例如，陈晓红和曾平（2016）通过研究消费者认知的复杂性和多维尺度结构维度之间的关系，认为可以通过提高多维尺度结构的维度来描述复杂的认知过程。徐鹏（2009）基于消费者认知视角构建了消费者品牌知识分析的概念模型，并论证了四种基本的品牌定位模式。

消费者对知识进行加工处理，转化为其对产品认知的结构与过程，很多学者对产品认知的研究涉及消费者的知识内容。消费者的产品知识有不同类划分，最常见的是把产品知识划分为客观知识和主观知识。客观知识主要是关于消费者记忆的产品类别信息，是实际存在的知识。主观知识主要来自于消费者的评估信息，是指消费者对产品信息了解情况的感知（Park，1989）。另一种是把产品知识划分为一般产品知识和个别产品知识（蒋廉雄和朱辉煌，2010），一般产品知识主要是指产品的一般信息；个别产品知识即产品的个别信息，如产品的颜色、形状、味道等。一般信息是消费者进行决策的重要影响因素，而个别信息是消费者决策的基础。

研究对象的差异性可以更好地描述认知的理论过程，如赖俊明（2016）以"90后"大学生为研究对象，得出品牌代言人对改变消费者对品牌态度和判断的作用并不显著的结论。戴维和白长虹（2012）立足消费者认知视角，从消费者对网络的"感知利得"和"感知利失"为出发点，验证了广告互动对网络广告效果的作用。还有学者从消费者认知立场出发，以某种具体产品为研究对象来展开研究，如齐振宏和王瑞懂（2010）在对国内外的消费者关于转基因食品的认知和态度进行综述的基础上，提出了相应的建议。向阳等（2010）基于消费者认知视角，以食品饮料行业和日化行业的企业为调查对象来研究企业社会责任的行业差异性。Liu 等（2016）以网络游戏为切入点来展开研究，通过探索消费者认知失调来构建社交网络游戏中消费者转换行为模型。Kahl（2015）认为产品概念系统能够影响公司的战略行为，并引入认知处理模型来对其进行研究。

1.2.3　基于认知视角的消费者成熟度和涉入度的构念划分

从消费者认知过程和认知结构可以看出，认知过程和认知结构二者是紧密联系，辩证统一的（王晓辉，2009）。而在本章的研究中，从广义上界定消费者认知，认为消费者认知是消费者基于利益、目标和需求而对产品产生的主观感受，它既包括消费者对产品的认识、知识和经验，又包括消费者在产品购买过程中对相关信息的处理和识别能力。

消费者对产品的认识具有一定的未知性，可通过实际购买过程来进行确认或强化（陈志洪等，2014），本书基于消费者认知视角，从消费者成熟度和消费者涉入度两个方面来深入研究其对购买意愿的影响。

消费者成熟度描述了消费者对产品的认知和区分能力，能够影响消费者在购买产品过程中的行为表现，进而影响消费者的购买意愿，是消费者为买到所需产品而表现出的认知能力和努力程度。消费者成熟度有高低之分，高成熟度消费者能够充分了解自身需求，具有更强的处理产品信息能力，而低成熟度消费者可能会由于缺乏产品知识和购买经验等原因而在购买过程中不够理性。消费者涉入度是消费者在产品购买过程中的付出程度，描述了消费者对产品的重视程度和主观认知，作为衡量消费者对产品感兴趣程度的一项指标，是影响消费者购买意愿的重要心理特征，消费者不同程度的涉入会导致其购买意愿的显著差异。对于企业而言，充分了解消费者认知，准确辨识消费者的成熟度和涉入度，洞察出消费者的真正需求，对有效细分市场、实施差异化营销战略具有重要意义。通过上述分析可以发现，家具企业如何制定吸引消费者的营销策略，推出受欢迎的实木家具产品，让消费者能够没有顾虑地产生购买意愿是其需要思考和解决的重要问题。

消费者成熟度是消费者对产品的认知动力和认知能力相互作用的结果，不仅包括消费者的购买经验和产品知识等固有能力，还包括消费者为买到所需产品而表现出的认知能力和努力程度。本章从个人认知角度来定义消费者涉入度，认为涉入度指消费者在外界刺激因素的影响下，对产品的重视程度和主观认知，既包括某类产品在消费者生活中的重要性和相关程度，又包括消费者愿意花费时间和精力来对接收到的信息进行加工处理的程度。因此，消费者成熟度和消费者涉入度是从不同角度来表征和衡量消费者认知的重要指标，消费者认知包括消费者成熟度和消费者涉入度，本章通过研究消费者成熟度和消费者涉入度来研究消费者认知。

1.3　成熟度基础理论

1.3.1　消费者成熟度的定义

消费者成熟度作为营销学的概念，根植于经典的决策过程理论，是影响有效消费的重要决策因素。较高的成熟度不仅能够给企业和消费者带来利益，实现消费的效用最大化，而且有利于促进整个社会的经济发展。

消费者成熟度是消费者的产品知识、购物经验和消费技巧等一系列固有特征和能力的集合，是指消费者具有更成熟的消费能力和更有效的消费决策，其中消费者的有效消费决策是指在某种特定消费中，消费者能够获得较大的满意程度，或者说实现消费效用最大化（谢佩洪等，2010）。随着研究的深入，消费者成熟度不仅包括消费者客观存在的消费特征和能力，还包括消费者能否对这些特征和能力进行应用，有学者将其定义为消费者能够解决在消费过程中遇到的相关问题的能力。以上是早期的消费者成熟度的定义，主要针对消费者在购买商品时更有经验、受过相关的教育、购买之前会做出大量的对比等相关方面，但是缺少对消费者参与行为的研究。Zobel 和 Dart（1996）则弥补了早期研究的缺憾，他们认为消费者成熟度包含消费者的行为，即消费者在消费过程中实际参与情况。由此他们把消费者成熟度定义为消费者拥有和利用必要的特征和能力以做出有效消费决策和参与明智消费实践的程度，但是他们并没有将消费者的认知理论和市场环境考虑在消费者成熟度的概念当中。Thomas 等（2008）把消费者成熟度界定为消费者购买商品时付出的认知努力程度，其中认知努力包含认知动力和认知能力两个要素。因此，消费者成熟度是一定情境下消费者对产品的认知动力和认知能力互相作用的结果。

通过以上对消费者成熟度的研究可以看出，消费者成熟度不断由低级成熟度向高级成熟度转化，呈现动态变化，其主要的特征表现为阶梯状向上发展特征，是对商品由感性认知向理性认知、局部认识向整体认知、被动消费到适应消费到主动消费再到个性化消费的过程（Wu et al.，2011）。

本书认为消费者成熟度不仅要考虑消费者自身的因素，还要考虑外在的市场环境。消费者成熟度是消费者对产品的认知动力和认知能力相互作用的结果，是一定情境下，消费者在购买某种产品的过程中付出的认知努力程度。消费者成熟度能够体现消费者为买到满意的产品而结合掌握的产品知识和以往的消费经验，通过对相关产品信息的识别来买到真正符合自身需求的产品的能力。消费者成熟度描述了消费者依据自我认知而对产品、信息和自身需求等要素的综合运用和把握的程度，是消费者在购买产品的过程中，结合自身需求和内外部信息而表现出来的个人差异。

1.3.2　消费者成熟度的影响因素

消费者成熟度是消费者在消费决策过程中，能够做出使自己满意的决策的综合能力程度，主要包括消费者的能力成熟度和心理成熟度（肖阳和杨瑞林，2013）。能力成熟度侧重于消费者对产品的认知程度和经验程度，而心理成熟度与决策的质量相关，侧重于消费者选择过程中的动机水平、思维方式。消费者成熟度可划分为低消费者成熟度和高消费者成熟度。高成熟度的消费者能够准确了解自己的需求因素，拥有更丰富的购买经验、能够准确地判断外界的信息并主动更新消费知识，拥有较强的选择能力，并能够维护自己的消费权益。而低成熟度则相反。通过对消费者成熟度的相关文献进行梳理，结合高低成熟度消费者的特征，可以将消费者成熟度的影响因素归纳为以下四点。

（1）消费者掌握的产品知识。这是指存储在消费者记忆中的有关产品信息的内容和结构，描述了消费者对产品相关信息的了解和掌握程度。本书所指的产品知识是消费者的客观知识，能够直接帮助消费者进行产品选择，是与产品直接相关的具体知识，如产品的特征、性能、价格、类型、品牌、样式、质量等。

（2）消费者的购买经验。这是指消费者在产品购买过程中所积累的与产品相关的经验和技巧，是消费者对产品的主观认知、情感和感受。消费者购买经验越丰富，成熟度越高。

（3）消费者的信息识别能力。消费者在购买产品之前会对与产品相关的信息进行搜集、分析、比较和评估，并在此基础上进行产品选择。因此，信息识别能力是消费者能够主动搜集产品信息、正确判断产品信息和有效匹配产品信息的能力。

（4）消费者的理性消费成熟度。这是消费者基于自己的个性特征而买到所需产品的能力，是消费者在产品购买过程中表现出的认知能力和认知信心。

本书认为在消费者成熟度的四个影响因素中，前三个因素能够影响理性消费成熟度。理性消费成熟度既是购买意愿的影响因素，又能够在产品知识、购买经验和信息识别能力这三个影响因素与购买意愿之间发挥部分中介作用。

1.3.3　消费者成熟度的作用及应用领域

1. 消费者成熟度的作用

消费者成熟度是影响消费决策的一项重要因素，不仅能够约束企业的道德行为，通过规范企业的经营行为来保护消费者利益，并帮助企业识别消费者需求，而且能够提升企业和消费者的经济效益，还能带来良好的社会效益。例如，Thomas 等（2008）的调查表明 60%的消费者愿意为环保产品支付更高的价格，74%的消费者乐意购买环境友好型产品。受中庸文化影响，新加坡消费者愿意为善因品牌多支付 10%~25%的价格（Subrahmanyan，2004）。甚至有研究表明部分消费者愿意为支持积极履行社会责任的企业而转换品牌或增加购买数量（Chaney and Dolli，2001）。但是多数研究主要集中在消费者与企业的作用方面。例如，消费者成熟度对产品的营销绩效产生两个方面的影响。一方面，较高成熟度的消费者一般具有较好的产品识别能力，产品的优点很容易得到消费者的认可，易于取得较好的营销效果，提高营销效率，有利于降低企业的大量营销辅助成本；另一方面，高成熟度的消费者一般是理性消费者，购买行为也比较理性，对于企业推出的高价格、性能不稳定的产品，消费者往往会观望一段时间，等价格下降才会购买，因此会增加企业推广新产品的难度，增加企业的营销成本（王洪清，2005）。此外，消费者成熟度是市场创新的重要影响因素，Guerzoni（2010）认为不同成熟度的消费者对创新点有不同要求。从成熟度对消费者的作用来看，Wu 等（2011）和 Stephen 等（2007）提出消费者成熟度能够提升消费者的满意度和信心。Garry （2007）认为消费者成熟度对人的情感反应产生调节作用，主要表现在高成熟度与低成熟度的消费者在产品期望和绩效评估中对信用服务的技术、功能和情感认知有不同反应。从成熟度对企业的作用来看，肖阳和杨瑞林（2013）将消费者成熟度的演变过程与产品的生命周期进行动态匹配分析，得出在产品生命周期的不同阶段，企业要根据不同成熟度的消费者设计针对性的营销策略，为企业的长期发展提供方向。谢佩洪等（2010）认为消费者成熟度能够减少企业的营销成本，是企业实现创新和可持续发展的动力来源，能够带来一定的经济利益和社会效益，并帮助企业制定合理的营销策略。奚红妹和谢佩洪（2013）通过研究消费者成熟度与企业之间的关系，来探究如何规避企业的败德行为、如何规范企业在市场中的经营活动及如何提高政府对市场的监管效率。Garry（2008）认为消费者成熟度对企业在专业服务市场中的满意度判断具有影响和调节作用。

2. 消费者成熟度的应用领域研究

国内外学者关于成熟度的研究已经比较成熟，成熟度应用的领域也十分广泛，奚红妹和谢佩洪（2013）将消费者成熟度应用于企业的营销领域，用于规范和优化企业的市场行为。Garry 和 Harwood（2009）研究客户成熟度对 B2B（business to business，即企业对企业）企业的信用服务市场关系的影响，通过识别英国企业法律服务市场内客户成熟度的特点及影响因素，得出客户成熟度水平对一些关键领域（如服务评价标准、相互依存和权力、律师与客户之间的氛围、联合个人关系目标的性质、信任和承诺的程度与作用等）有一定影响的结论。Guerzoni（2010）以用户成熟度为重点进行研究，探讨了市场规模和用户成熟度之间的关系。李真真（2015）从产品成熟度的视角构建模型，研究在产品成熟度的调节作用下，正面和负面的在线评论分别对产品销量的影响，在此基础上对不同的企业提出针对性的建议。而谢佩洪等（2010）则从品牌消费成熟度的角度出发，指出消费者通过对不同品牌的认知来选择产品，即消费者的消费决策是以品牌为导向的。

大部分学者基于具体的领域来进行研究，如 Lee 等（2007）基于商标保护的角度，主要研究消费者成熟度在商标侵权诉讼方面的作用，并构建了相应的消费者认知模型，认为消费者会因成熟度的差异而具有不同的商标识别能力，并提出企业要根据消费者成熟度的差异来制定不同级别的商标保护法。Estelami（2014）用民族志的方法研究消费者金融成熟度。Gupta 和 Polsky（2012）主要对医疗保险计划分担费用的增加能否诱导高层次的、非老年人口的消费成熟度这一问题进行探究。

1.4　涉入度基础理论

1.4.1　涉入度及消费者涉入度的概念

1. 涉入度的概念

涉入度的概念起源于1947年Sherif提出的自我涉入的理念，他认为涉入度是与个体特征相关的，即用涉入度来预测个体对不同意见相同或相悖的接受程度。更有学者研究涉入度的"同比效应"和"反比效应"理论，"同比效应"描述了高涉入度的人比较愿意接受相同的意愿，而"反比效应"描述高涉入度的人不愿意接受相同的意愿。此后关于涉入度的概念研究很多，但是还没有达成共识。有关涉入度的定义见表1-1。

表1-1　涉入度的定义

作者	定义
Sherif 和 Hovland（1961）	涉入度是由所感知的重要性和感知相关程度所触发的心理状态
Laurent 和 Kapferer（1985）	涉入度描述对某件事物感兴趣和关心的程度
Greenwald 和 Leavitt（1984）	涉入度是对先前行为的坚持和忠诚或者是为问题寻找一个好的解决方案
Vaughn（1980）	涉入度是指受个体具有差异化的需求和爱好所影响并表现出的对事物所持有的关心程度
Trayor（1981）	涉入度表现为个体对一件事物所持有的关心程度，这种关心并不受到其他考虑因素的影响
Mittal（1989）	涉入程度反映的是某一个体对某一客体的意向和感兴趣的程度
Zaichkowsky（1985）	涉入度可以分为产品、价值观、兴趣等不同的维度，与个体的自身需求、兴趣和价值观有着十分重要的联系，其中个体特征和个体选择的差异是影响消费涉入度最重要的因素，涉入度可以理解为个体对某一事物感兴趣的程度以及某事物对其重要性程度
Mark 和 Hogg（1999）	涉入度是个体在某一相关环境下感受到的与其相关联的程度
Josiam 等（2005）	涉入度是个体在某种环境下连续且处在变化状态的心理活动，个体在受到刺激的情况下对某一事物的关心水平

资料来源：根据相关文献整理而成

综合以上学者关于涉入度的定义，不难发现，涉入度是描述个体处于某一特定环境时，被刺激而引发的一种心理状态，即个体对某事物感兴趣和关心的程度。涉入度的研究应用于不同的领域，其中一个很重要的部分是营销学领域，用于研究消费者的意愿及行为，包括信息搜寻的行为和信息处理过程。

2. 消费者涉入度的概念

最早将涉入的概念引入营销领域的学者是 Krugman，他将消费者涉入度与广告联系起来，用来解释广告的效果，体现为消费者感知到的广告内容与自身经验的相关性，研究表明涉入程度高的广告比涉入程度低的广告更能引起消费者的注意，并促使消费者将不同的事物联系起来，从而产生不同的行为状态。此后涉入理论被广泛地应用在研究消费者的意愿及行为中。本书对消费者涉入度的概念进行较为系统的梳理，见表1-2。

表1-2　消费者涉入度的概念

作者	定义
Krugman（1965）	消费者涉入度是消费者感知到的广告内容与其自身经验的相关性，并将广告内容与自身联系起来
Lastovicka 和 Gardner（1979）	消费者涉入度由两个部分组成：①对消费者来说产品或服务的重要性；②对于产品来说消费者的忠诚度
Cohen（1983）	消费者涉入度表示为其内在活动力
Rothschild（1984）	消费者涉入度包括产品涉入度，而产品涉入度受个人因素和产品因素两个方面的影响
Kim（2006）	在购买不同的产品或服务时有不同的购买行为，消费者的涉入度也有高低之分
Lim（2010）	从信息方面阐述涉入度为消费者对感知到的产品信息进行理解和精细加工的过程，消费者会随着信息涉入高而更加理性客观地对待信息本身
冷雄辉（2012）	消费者涉入度不仅是实际应用中一种新的范式，而且是影响消费者行为的一个新决定因素
Matthes 等（2014）	消费者涉入度在购买决策中起着关键的作用，基于个人利益、目标和需求，不同涉入目标和过程导致不同的反应

资料来源：根据相关文献整理而成

综上所述，消费者涉入度是消费者愿意花费时间和精力对接收到的信息进行加工处理的程度，它能够体现消费者对某一活动或目标的意愿和兴趣程度，是消费者在产品购买过程中的一个付出的过程。涉入度是对消费者内在心理状态的衡量，为抽象变量，无法直接观察或测量（李英等，2015），它能够影响消费者对产品的信任和期望，对消费者的购买意愿具有重要影响。因此，本书认为，消费者涉入度是指消费者在外界刺激因素的影响下，结合内心感受、自身体验、需要、价值观和认知而对感知到的信息进行加工处理后，对产品产生兴趣、关注和偏好的程度。

1.4.2　消费者涉入度的影响因素

总体来看，消费者涉入度的影响因素可以分为个人因素、产品因素和情境因素三类。个人因素包括自身价值、自我概念、对事物的需求和兴趣等；产品因素包括产品属性、产品利益、产品象征性及品牌信息等特征；情境因素只在特定情境下发生，主要指特定的营销刺激和营销手段。一般来说，个人因素、产品因素和情境因素三者及其交互作用能够对涉入度产生影响（谢敏，2014），基于此，本书认为涉入度的影响因素主要包括以下四个方面。

（1）个人偏好。个人偏好是消费者基于自身价值、需求、重要性、兴趣等因素而认为产品对自身的重要性或相关程度，如当一个产品是消费者特别感兴趣的东西时，消费者会主动搜集与产品相关的信息，并且进行加工处理，深入了解该产品，其涉入度就会很高，概括来说主导消费者的个人因素主要包括个人价值观、需求和兴趣等（Tarkiainen and Sundqvist，2009）。而 Bloch 等（2009）认为消费者的涉入度主要受到消费者自身性格爱好的影响，Warr 和 Coffman（2011）同样认为消费者性格影响产品涉入度。Te'Eniharari 和 Hornik（2010）通过研究表明，年龄、主观产品知识、父母的影响、同伴的影响和产品类别这五个因素能够影响年轻消费者的产品涉入。Cox（2009）认为主观知识和认知需求能够预测消费者的涉入度。Liu 等（2014）研究思维导向型消费者的涉入度，认为思维导向型消费者涉入度高意味着消费者对使用经验、偏好和产品创造新概念有更深的理解。

（2）产品象征性。产品象征性是消费者购买产品的象征意义，是指该产品对消费者的象征、符号意义，并能体现消费者的社会地位（寇巧媛，2014）。当产品能够提升消费者的个人形象、生活档次、社会地位等方面时，消费者才会更愿意了解该产品。例如，Birch 和 Lawley（2014）通过对澳大利亚消费者的消费情况进行研究，发现高消费品比低消费品有更高的享乐价值、象征价值和重要性，针对不同产品，消费者的涉入度也不同。

（3）营销刺激。营销刺激是指在具体的营销情境中，产品的营销方法和手段对消费者的刺激和激励作用。例如，企业可以采用广告信息的方式增加消费者对产品的了解，利用促销活动来激发消费者对产品的了解和购买欲望，而销售员的推荐同样能够引导消费者继续深入了解产品。关于营销刺激的实践研究中，有关广告的涉入度占多数，Limbu 等（2012）认为名人代言的广告能够提升消费者对广告和品牌的态度，更容易使消费者愿意深入了解产品。Behe 等（2015）提出外部信息和产品价格会对消费者涉入度产生影响，进而影响消费者的视觉注意和产品选择；消费者对产品越感兴趣，其涉入度越高；高涉入消费者更关注产品信息和产品本身，低涉入消费者则更关注产品价格。

（4）产品涉入度。产品涉入度是具体产品对消费者的重要程度或意义，是消费者基于其自身需求和价值观、个人兴趣爱好，对某一类产品产生的喜爱和重视程度，产品对消费者越重要，涉入程度就越高。在消费者涉入度的四个影响因素中，前三个因素能够影响消费者的产品涉入度，产品涉入度既是购买意愿的影响因素，又能在个人偏好、产品象征性和营销刺激这三个影响因素与购买意愿之间发挥部分中介作用。

1.4.3　消费者涉入度作用及应用领域

1. 消费者涉入度的作用

涉入度能够反映消费者对产品的认知和感兴趣的程度，进而影响消费者的购买决策和购买行为，国内外学者关于涉入度对消费者的作用也主要从对消费者购买决策和购买行为两方面的作用展开研究。消费者涉入度能够影响消费者的感知价值,进而影响消费者的购买决策。例如,寇巧媛(2014)认为消费者涉入度会正向影响感知价值,而感知价值又能帮助消费者在消费过程中优化购买决策;姚倩(2015)研究在不同产品涉入度水平下,价格及卖家信誉对消费者购买决策的影响,她认为消费者会通过加工处理高涉入度产品的线索信息来提升其感知价值,并最终对购买决策产生影响;Rodríguez-Santos 等(2013)采用定性的测量方法研究消费者涉入行为,认为持久涉入会对消费者决策过程中的情感、认知和行为反应水平产生积极影响;Kautsar 等(2012)通过具体实例进行分析,运用结构方程模型和偏最小二乘法研究消费者涉入度、信息来源可信度和消费者满意度在非处方药购买决策上的关系,结果表明三者之间相互影响,涉入度积极影响消费者的购买决策;Ogbeide 和 Bruwer(2013)将涉入度引入消费者对葡萄酒的购买决策过程中,进而研究葡萄酒持久涉入的预测模型;Parment(2013)则以某一代人为例,研究他们的购物行为和消费者涉入度,认为消费者在进行低涉入决策(如选择电力或家庭保险供应商)时只会花费少量心思和时间,而在高涉入决策中则会花费大量心血和精力。

在关于涉入度对消费者购买行为的研究中,我国学者主要将涉入度作为调节变量,如刘萍(2015)将网络涉入作为调节变量来研究网络口碑(online word-of-mouth)与消费者行为意愿之间的关系,认为消费者的网络涉入水平越高,越能够根据自身经验和信息来判断网络口碑的可信度,进而影响消费者的行为意向。国外学者大多将涉入度作为调节变量来研究其对消费者购买行为的作用,如Tarkiainen 和 Sundqvist(2009)将涉入度作为消费者购买态度和购买频率之间的调节变量,并以此来评估产品涉入对有机食品的消费和购买行为的作用。Grimmer和 Bingham(2013)探讨在广告效果不明显的情况下绿色涉入度的调节作用,认为相对于低涉入消费者,环境声明会对高涉入消费者产生更积极的效果。还有学者将研究集中在某一具体领域,如 Bai 和 Lee(2014)认为酒店折扣策略能够影响消费者的情绪和行为反应,对于高涉入消费者,应使其通过达到涉入目标来享受折扣;而对于低涉入消费者,则应采用固定的折扣。Liang(2012)认为产品涉入度与产品知识正相关,而消费者产品涉入度与冲动购买行为呈正相关,消费者涉入度越高,他们的冲动购买行为越显著。Rahman 和 Reynolds(2015)将产品涉入度作为中介变量,通过对美国西北地区的 493 份调查结果进行分析,认为消费者的饮酒频率显著影响其涉入度,而涉入度又会对感知重要性产生影响,高涉入度消费者对附属产品的属性更感兴趣。

2. 消费者涉入度的应用领域研究

目前关于涉入度的研究已经逐渐从传统的有形产品转化到无形服务,出现了很多新领域，如慈善涉入研究领域、旅游涉入研究领域和环保涉入研究领域等。

从慈善的研究领域来看：朱翊敏（2014）以企业慈善营销为例来展开研究，认为消费者的信息描述方式和事业涉入度显著影响消费者响应，并对消费者响应存在显著的交互效应。Lafferty（2009）认为消费者响应慈善营销活动的积极性与其感知重要性正相关，根据 ELM（extreme learning machine，即精细加工可能性模型），涉入度的高低决定消费者处理慈善营销信息的方式和对企业与慈善事业思考的比重，进而影响消费者的购买行为。从旅游的研究领域来看：柳思琨（2014）认为购买决策是指消费者对产品信息进行比较和筛选后产生购买意愿并愿意付诸行动的一种消费行为，其将涉入度分为个人涉入和产品涉入，通过研究长沙市民对森林游憩产品的消费决策，得出涉入度会影响消费者对森林游憩产品的消费决策的结论；林青青（2013）基于维度层次研究背包游客的旅游动机、旅游涉入和满意度的关系，认为旅游动机的部分维度与旅游涉入的部分维度显著相关，而旅游涉入的部分维度显著影响游客满意度；Clayden（2012）对爱尔兰游客的性格、动机和涉入度进行研究，但并未发现游客性格与涉入度显著相关。从环保的研究领域来看：Matthes 等（2014）主要研究绿色消费者的涉入度和说服力对广告情感与功能的影响，当涉入度作为绿色购买行为或绿色产品态度的衡量条件时，会对消费者品牌态度产生很大的影响。

1.5　基于认知视角的消费者对实木家具购买意愿的理论研究假设

通过上文对消费者认知、消费者涉入度、消费者成熟度和购买意愿的相关概念的梳理，本节基于消费者认知视角，从消费者成熟度和消费者涉入度两个方面展开研究，并提出一系列理论研究假设。

1.5.1　消费者成熟度与购买意愿的研究假设

1. 消费者成熟度影响因素与购买意愿的研究假设

狭义的消费者成熟度是指理性消费成熟度。理性消费成熟度是消费者在购买过程中，结合自身需求和内外部信息处理能力而表现出的消费特点和消费决断力，通常是从消费者的独立决策能力、理性消费情况、需求认知水平等方面来测量理性消费成熟度。本书认为广义的消费者成熟度包括成熟度前因和理性消费成熟度。成熟度前因是理性消费成熟度的直接影响因素。由于消费者知识、购买信心、使用和购买产品的经历、品牌意识、讨价还价能力等因素显著地影响理性消费成熟度，本部分将这些因素归纳为产品知识、购买经验和信息识别能力三个方面，统一称之为成熟度前因。对于耐用品而言，产品知识和购买经验描述了消费者对产品的了解和熟悉程度，能促使消费者产生购买意愿，对购买意愿有间接影响（郭际等，2013）。因此，本书提出如下研究假设。

$H_{1.1}$：产品知识对购买意愿有正向影响。

由于情感体验和社会经验对购买意愿有积极影响（Nasermoadeli 等，2013），因此，本书提出如下研究假设。

$H_{1.2}$：购买经验对购买意愿有正向影响。

消费者对营销信息会有一个接收和处理的过程，对营销信息的处理能力能够影响消费者在购买过程中的行为表现，进而影响购买意愿（金晓彤等，2015）。因此，本书提出如下研究假设。

$H_{1.3}$：信息识别能力对购买意愿有正向影响。

2. 理性消费成熟度部分中介作用的研究假设

目前关于理性消费成熟度和购买意愿关系的研究还很缺乏，现有研究仅基于购买决策的角度展开。消费成熟度源于经典的决策过程理论，对有效消费决策具有重要影响（谢佩洪等，2010）。消费者成熟度影响消费者的购买决策，购买决策分为支付意愿、购买态度和购买意向三个维度，因此，消费者的购买决策是在购买意愿的基础上产生的（奚红妹和谢佩洪，2013）。购买决策是消费者对某一商品产生需求后，对产品信息进行判断、选择后产生购买意愿和购买行为的过程，因此，购买意愿是购买决策产生的基础。理性消费成熟度描述了消费者在购买决策过程中买到符合自身需求的产品的能力。因此，理性消费成熟度越高，消费者做出购买决策的可能性越大，相应地，购买意愿也就越强（张帆昕，2013）。基于上述分析，本书提出如下研究假设。

H_2：理性消费成熟度对购买意愿有正向影响。

当前关于成熟度前因与理性消费成熟度的研究尚处于初始阶段，亟待进一步丰富和完善，但不可否认的是，成熟度前因能够对理性消费成熟度产生一定的影响。消费者成熟度不仅受到年龄、收入等个体特征的影响，还受到消费者对产品的认知能力和认知动力的影响（Lee 等，2007）。因此本书提出如下研究假设。

$H_{3.1}$：产品知识对理性消费成熟度有正向影响。

还有学者总结出成熟的消费者的特征，如 Sauer（2005）认为成熟的消费者乐于分享自己的消费经验，是典型的享受型消费者，消费者处理产品信息的能力和对产品的购买、使用经验能影响理性消费成熟度。而谢佩洪等（2010）认为成熟的消费者应具有购物经验、理性消费心理、支付能力和消费知识四个特征。因此本书提出如下研究假设。

H$_{3.2}$：购买经验对理性消费成熟度有正向影响。

当消费者对产品需求的认知和关注高、对信息认识及消费决策判断能力强且具有较强的消费知识和维权意识时，其为高成熟度消费者（肖阳和杨瑞林，2013）。基于此本书提出如下研究假设。

H$_{3.3}$：信息识别能力对理性消费成熟度有正向影响。

在现有研究中，关于消费者成熟度中介作用的研究还没有成熟的模型可以作为参考，但已经有学者开始研究消费者成熟度的调节作用，如 Garry（2007）认为消费者成熟度可能会对情感反应有调节作用。梳理相关文献可知，成熟度前因对理性消费成熟度和购买意愿有正向影响，理性消费成熟度对购买意愿有正向影响，因此，本书尝试进一步推论三者之间的具体关系，认为成熟度前因既可以直接影响购买意愿，又可以通过中介变量——理性消费成熟度间接影响购买意愿，消费者掌握的产品知识对购买意愿有正向影响，消费者的购买经验对购买意愿有正向影响，消费者的信息识别能力同样对购买意愿有正向影响，理性消费成熟度对购买意愿有正向影响，因此我们可以假设理性消费成熟度起部分中介作用，基于此，本书提出第四类研究假设，假设如下。

H$_{4.1}$：理性消费成熟度在产品知识和购买意愿之间起部分中介作用。

H$_{4.2}$：理性消费成熟度在购买经验和购买意愿之间起部分中介作用。

H$_{4.3}$：理性消费成熟度在信息识别能力和购买意愿之间起部分中介作用。

1.5.2　消费者涉入度与购买意愿的研究假设

1. 涉入度影响因素与购买意愿的研究假设

本书认为广义的消费者涉入度包括涉入前因和产品涉入度，狭义的消费者涉入度指产品涉入度。产品涉入度是消费者因其自身需求和价值而对产品的喜爱和重视程度，涉入前因是涉入度的影响因素，Slama 和 Tashchian（1985）认为个人因素、产品因素和情境因素三者的交互作用影响涉入度。Cox（2009）认为主观知识和认知需求能预测消费者涉入度。本书认为涉入前因包括个人偏好、产品象征性和营销刺激。消费者对产品的价值倾向和产品属性等因素会影响其购买意愿（Gendelguterman，2013），在不同的刺激条件下对购买意愿的影响也是不同的（Hoonsopon，2016）。基于上述分析，本书提出如下假设。

H$_{5.1}$：个人偏好对购买意愿有正向影响。

H$_{5.2}$：产品象征性对购买意愿有正向影响。

H$_{5.3}$：营销刺激对购买意愿有正向影响。

消费者涉入度是消费者在产品购买中的一个付出的过程，它能影响消费者对产品的信任和期望（Chen and Huang，2013），进而影响消费者的购买意愿（Kautsar et al.，2012）。部分学者从感知价值和感知风险的角度展开研究，如董瑞（2013）认为产品涉入度和感知价值显著相关，产品涉入度越高，消费者越能感知到产品的价值和重要性，购买意愿也就越强。Chen 和 Huang（2013）则认为高涉入度能够降低消费者的感知风险，进而增加消费者的购买意愿。基于上述分析，产品涉入度是消费者对产品的重视程度，能够引发消费者对产品的兴趣，进而促使消费者产生购买意愿，根据文献，本书提出第六类研究假设。

H_6：产品涉入度对购买意愿有正向影响。

2. 产品涉入度中介作用的研究假设

目前关于涉入前因与产品涉入度的研究已经相对成熟，产品的价值和重要性是促使消费者产品涉入的重要前提（Vermeir and Verbeke，2006），Limbu 等（2012）认为名人代言的广告能够提升消费者对广告和品牌的态度，更容易促使消费者深入了解产品。外部信息、产品价格和对产品的兴趣能够对涉入度产生一定的影响（Behe et al.，2015）。因此现有研究中，主要认为涉入度受到个人因素、产品因素和情境因素三方面的影响，根据文献，本书提出如下研究假设。

$H_{7.1}$：个人偏好对产品涉入度有正向影响。

$H_{7.2}$：产品象征性对产品涉入度有正向影响。

$H_{7.3}$：营销刺激对产品涉入度有正向影响。

现有研究已经开始涉及涉入度的中介作用，如 Kim（2006）将涉入度分为认知涉入和感知涉入，主要研究旅游涉入在旅游动机和满意度之间的中介作用。Rahman 和 Reynolds（2015）认为产品涉入度在饮酒频率和感知重要性之间充当中介变量的作用。本书尝试进一步推论涉入前因、产品涉入度和购买意愿间的具体关系，认为涉入前因既可以直接影响购买意愿，又可以通过中介变量——产品涉入度间接影响购买意愿，基于上述分析，本书提出如下假设。

$H_{8.1}$：产品涉入度在个人偏好和购买意愿之间起部分中介作用。

$H_{8.2}$：产品涉入度在产品象征性和购买意愿之间起部分中介作用。

$H_{8.3}$：产品涉入度在营销刺激和购买意愿之间起部分中介作用。

1.5.3　概念模型

基于上述研究假设，得到家具消费者购买意愿的概念模型，见图 1-2。

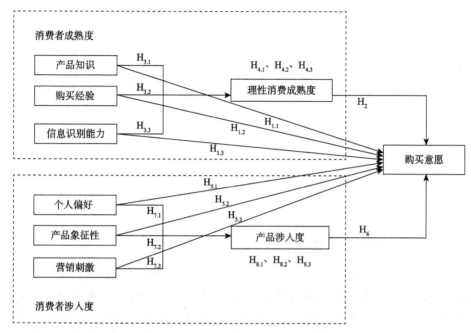

图 1-2　家具消费者购买意愿的概念模型

第2章 初始问卷设计及数据分析

2.1 初始问卷设计

2.1.1 初始问卷构成

调查问卷又称调查量表或询问表，本章主要研究消费者成熟度和消费者涉入度对消费者购买实木家具意愿的影响，研究主体包含自变量、中介变量和因变量3种变量类别，其中自变量包括成熟度分量表和涉入度分量表2个分量表6个潜变量，中介变量包含理性消费成熟度和产品涉入度2个潜变量，消费者购买意愿是因变量，变量的具体情况见表2-1。

表2-1 研究涉及的变量

变量类别	潜变量
自变量	成熟度分量表（产品知识、购买经验、信息识别能力）
	涉入度分量表（个人偏好、营销刺激、产品象征性）
中介变量	理性消费成熟度、产品涉入度
因变量	消费者购买意愿

问卷的合理性直接影响研究结论的正确性，为了使问卷设计能够达到研究目的，并确保研究内容的准确性和有效性，本书在对相关文献进行回顾的基础上，通过与相关专家学者进行访谈，在充分了解消费者心理的基础上，结合研究对象的特点对经典量表的内容进行了改进，完成了对调查问卷的初步设计。调查问卷主要包括以下几个部分。

第一部分是人口统计学特征，主要对被调查者的性别、年龄、职业、受教育程度和家庭的人均每月可支配收入等个人基本信息进行测量。这部分主要采用单项选择题的形式设问。

第二部分是关于消费者对实木家具的购买使用情况的调查，对消费者目前使用何种家具、将来打算购买何种家具、是否购买过实木家具等基本情况进行调查。这部分采用单项选择题的形式设问。

第三部分是关于消费者对实木家具成熟度情况的测试，包括理性消费成熟度、产品知识、购买经验、信息识别能力 4 个变量。这部分采用利克特五点量表形式设问，从非常不同意到非常同意供受访者选择。

第四部分是关于消费者对实木家具涉入度情况的测试，包括产品涉入度、个人偏好、营销刺激、产品象征性共 4 个变量。这部分采用利克特五点量表形式设问，从非常不同意到非常同意供受访者选择。

第五部分是关于消费者对实木家具购买意愿的测试，主要测试消费者购买实木家具及愿意推荐他人购买实木家具的可能性，这部分采用利克特五点量表形式设问，从非常不同意到非常同意供受访者选择。

2.1.2　变量的定义

根据提出的理论模型，对本书中涉及的各变量的定义进行说明，变量的具体定义见表 2-2。

表2-2　研究中各变量的定义

变量类别	变量名称	定义
自变量	产品知识	产品知识是消费者对实木家具的材质、品牌、价格等要素的了解和认知程度
	购买经验	购买经验是指消费者所积累的与实木家具相关的经验
	信息识别能力	信息识别能力是消费者对实木家具相关信息进行搜集、判断和匹配的能力
	个人偏好	个人偏好是消费者基于价值、需求、重要性、兴趣等因素而判断实木家具对自身的重要或相关程度
	营销刺激	营销刺激是消费者面对的关于实木家具的某种营销方法和手段，如广告信息、促销活动和销售员推荐等
	产品象征性	产品象征性是消费者购买产品的象征意义，是产品能够给消费者带来的象征意义和符号意义
中介变量	理性消费成熟度	理性消费成熟度是消费者表现出的对问题进行充分认知的动力和信心，是消费者基于自己的个性特征而买到所需的实木家具的能力
	产品涉入度	产品涉入度是消费者因其自身需求和价值而对实木家具的喜爱和重视程度
因变量	消费者购买意愿	购买意愿是消费者在对实木家具的相关信息进行搜集和评估后形成的购买或推荐他人购买的可能性
	人口统计学特征	人口统计变量是对消费者基本特征的客观描述，主要包括消费者的性别、年龄、受教育程度、职业、人均可支配收入等

2.1.3　变量的测量

在前面章节研究的基础上，借鉴现有的成熟度测量量表，严格遵循调查问卷设计的基本原则，在拟定初始问卷的基本提纲后，通过专家指导和小组访谈对初始问卷进行修正，最终得到 33 个初始测量问项。

1. 成熟度分量表的测量

成熟度分量表包括产品知识、购买经验和信息识别能力 3 个维度，在产品知识的测量中，主要参考 Lee 等（2007）和 Brynjolfsson 等（2003）的研究；在购买经验的测量中，主要参考冷雄辉（2012）和雷嫚嫚（2013）的研究；在信息识别能力的测量中，主要参考 Limbu 等（2012）和 Behe 等（2015）的研究，具体测量问项见表 2-3。

表2-3　关于成熟度分量表的测量问项

潜变量	问项	问项内容	参考文献
产品知识	cp1	我了解实木家具的材质特征	Lee 等（2007）
	cp2	我认为不同品牌的实木家具是有区别的	Brynjolfsson 等（2003）
	cp3	我了解实木家具的价格情况	
购买经验	jy1	我购买实木家具的经历非常丰富	冷雄辉（2012）
	jy2	我在购买实木家具时知道怎样对其判断和挑选	雷嫚嫚（2013）
	jy3	他人在购买实木家具时愿意听取我的经验	
信息识别能力	xx1	我愿意主动搜集与实木家具相关的信息	Limbu 等（2012）
	xx2	我能够准确判断关于实木家具的信息	Behe 等（2015）
	xx3	我能将关于实木家具的信息与自身需求很好地匹配	
	xx4	我平时会积累与购买实木家具相关的信息	

2. 理性消费成熟度的测量

理性消费成熟度是指消费者为实现符合需求的匹配所表现出的认知动力和认知信心，在对理性消费成熟度的衡量中，本书主要参考张帆听（2013）的研究，从消费者的理性消费、独立决策和需求认知等方面进行测量，具体测量问项见表 2-4。

表2-4　关于理性消费成熟度的测量问项

潜变量	问项	问项内容	参考文献
成熟度	csd1	在购买实木家具方面，我自认为是理性的消费者	张帆听（2013）
	csd2	我自认为很擅长购买实木家具	
	csd3	我自己就能确定要买什么样的实木家具	
	csd4	我自己就能完成对实木家具的购买	

3. 涉入度分量表的测量

将涉入度影响因素分为个人偏好、营销刺激和产品象征性三个维度，在个人偏好中主要参考 Vermeir 和 Verbeke（2006）、Bloch 等（2009）的研究；在产品象征性中主要参照 Laurent 和 Kapferer（1985）的研究；在营销刺激中主要参考 Slama 和 Tashchian（1985）、Hawkins（2001）的研究，并结合研究实木家具的具体特点对测量问项进行了适当的删改，具体测量问项见表 2-5。

表2-5 关于涉入度分量表的测量问项

潜变量	问项	问项内容	参考文献
个人偏好	gr1	我对购买实木家具很感兴趣	Vermeir 和 Verbeke（2006）
	gr2	我认为实木家具对我来说很有吸引力	Bloch 等（2009）
	gr3	购买、使用实木家具对我而言很有价值	
营销刺激	yx1	实木家具的广告信息能使我对其进一步了解	Slama 和 Tashchian（1985）
	yx2	我更愿意在有促销活动时购买实木家具	Hawkins（2001）
	yx3	销售员的推荐能促使我做出购买决策	
	yx4	家具卖场的设计和展示能使我产生购买意愿	
产品象征性	xzx1	一个人使用中高档实木家具，能体现他的生活档次	Laurent 和 Kapferer（1985）
	xzx2	一个人使用中高档实木家具，能体现他的社会地位	
	xzx3	一个人使用中高档实木家具，能体现他的个性/品位	
	xzx4	我清楚什么样的消费者使用什么样的实木家具	

4. 产品涉入度的测量

产品涉入度描述了消费者对产品的主观认知和重视程度，关于产品涉入度的测量量表是在 RPII 量表的基础上进行的，并参考 Birch 和 Lawley（2014）、Borgogno 等（2015）的研究，结合实木家具的特征对测量问项进行了适当的删改，具体测量问项见表 2-6。

表2-6 关于产品涉入度的测量问项

潜变量	问项	问项内容	参考文献
产品涉入度	srd1	我需要购买实木家具	Birch 和 Lawley
	srd2	购买实木家具对我而言是一个重要的采购决定	（2014）
	srd3	购买实木家具对我来说很有意义	Borgogno 等（2015）
	srd4	购买实木家具是一件愉悦的事情	

5. 购买意愿

本书认为消费者对实木家具的购买意愿是指消费者愿意购买实木家具甚至推荐他人购买的主观意愿程度，关于这方面的测量问项主要参考殷志扬等（2012）提出的购买意愿量表，具体测量问项见表 2-7。

表2-7 关于购买意愿的测量问项

潜变量	问项	问项内容	参考文献
购买意愿	gmyy1	我购买实木家具的可能性很高	殷志扬等（2012）
	gmyy2	我会向亲友推荐购买中高档实木家具	
	gmyy3	如果经济条件允许，我会选择购买中高档实木家具	
	gmyy4	总的来说我很愿意购买实木家具	

2.2　初始问卷发放及信度效度分析

2.2.1　初始问卷发放

在进行正式调查之前，首先发放初始问卷，在参考国内外相关文献和经典量表的基础上，结合研究对象对问卷进行设计，通过与专家、老师进行交流，对相关问项进行调整和修改后形成初始问卷。在对初始问卷的数据分析中，希望能够通过删除信度效度较低的测量问项来得到精简而有效的测量量表，进而减少受调查者和调查者的工作量，同时，提高正式问卷的信度和效度，使研究结论更有说服力。

在发放初始问卷时，将调研地点确定在哈尔滨市，主要对哈尔滨月星国际家居广场、阿尔法家居等高端家居购物商城的实际消费者和红旗家具城、黎华家具城、新吉家具城等中低端家居购物商城的实际消费者进行调查。同时，在哈尔滨中央大街发放部分调查问卷，希望能够得到潜在家具购买者的调查意愿。在发放初始问卷时，通过与部分受访者进行交流，对个别问项的措辞进行修改。共发放初始问卷 80 份，剔除无效问卷后，回收有效问卷 63 份，有效回收率为 78.75%。接着，使用 SPSS 20.0 软件对数据进行信度分析和效度分析。在信度分析中，主要采用 Cronbach's α 系数来衡量量表的可靠性；在效度分析中，则主要通过探索性因子分析来对测量问项进行筛选，希望能够从中提取出几个公共因子，通过删除与测量变量不相关的测量问项来达到化繁为简的目的。

2.2.2　初始问卷的信度分析

信度可以衡量量表的一致性和可靠性，本书运用 Cronbach's α 系数来衡量量表的内部一致性。该系数越大，表示该变量的各个问项的相关性越高，内部信度越好。一般来说，Cronbach's α 的系数值在0.7以上表明该量表的信度较好。通过 SPSS 20.0 软件计算量表的信度，得到初始问卷量表整体的 Cronbach's α 系数为 0.807，各个变量内部的一致性系数均在 0.7 以上（表 2-8），可见各变量的信度以及整个量表的内部一致性较高，可以进行接下来的分析。

表2-8　初始问卷的信度统计表

变量	问项内容	项已删除的 Cronbach's α 值	Cronbach's α 值
成熟度分量表	我了解实木家具的材质特征	0.806	0.826
	我认为不同品牌的实木家具是有区别的	0.802	

续表

变量	问项内容	项已删除的 Cronbach's α 值	Cronbach's α 值
成熟度分量表	我了解实木家具的价格情况	0.812	0.826
	我购买实木家具的经历非常丰富	0.806	
	我在购买实木家具时知道怎样对其判断和挑选	0.798	
	他人在购买实木家具时愿意听取我的经验	0.802	
	我愿意主动搜集与实木家具相关的信息	0.808	
	我能够准确判断关于实木家具的信息	0.810	
	我能将关于实木家具的信息与自身需求很好地匹配	0.808	
	我平时会积累与购买实木家具相关的信息	0.845	
理性消费成熟度	在购买实木家具方面，我自认为是理性的消费者	0.808	0.850
	我自认为很擅长购买实木家具	0.794	
	我自己就能确定要什么样的实木家具	0.821	
	我自己就能完成对实木家具的购买	0.814	
涉入度分量表	我对购买实木家具很感兴趣	0.792	0.817
	我认为实木家具对我来说很有吸引力	0.803	
	购买、使用实木家具对我而言很有价值	0.801	
	实木家具的广告信息能使我对其进一步了解	0.802	
	我更愿意在有促销活动时购买实木家具	0.800	
	销售员的推荐能促使我做出购买决策	0.807	
	家具卖场的设计和展示能促使我产生购买意愿	0.799	
	一个人使用中高档实木家具，能体现他的生活档次	0.806	
	一个人使用中高档实木家具，能体现他的社会地位	0.795	
	一个人使用中高档实木家具，能体现他的个性/品位	0.794	
	我清楚什么样的消费者使用什么样的实木家具	0.828	
产品涉入度	我需要购买实木家具	0.771	0.829
	购买实木家具对我而言是一个重要的采购决定	0.807	
	购买实木家具对我来说很有意义	0.776	
	购买实木家具是一件愉悦的事情	0.781	
购买意愿	我购买实木家具的可能性很高	0.825	0.852
	我会向亲友推荐购买中高档实木家具	0.787	
	如果经济条件允许，我会选择购买中高档实木家具	0.811	
	总的来说我很愿意购买实木家具	0.821	

2.2.3　初始问卷的效度分析

本书从内容效度和结构效度两个方面衡量初始问卷的效度。内容效度是指量表与研究主题的相关程度，能够衡量问卷的内容是否符合测量指标，进而反映出问卷内容的恰当性。本书在参考国内外相关文献和经典量表的基础上，结合研究对象对问卷进行设计，通过征询相关专家、学者的意见，针对个别问项与消费者进行交流，在对相关问项进行调整后形成初始问卷。因此，初始问卷具有一定的内容效度。

通过 KMO 值和 Bartlett 球形度检验来检验测量问项的判别效度，进而判断问项是否适合做因子分析。KMO 统计量是通过比较各变量间简单相关系数和偏相关系数的大小来判断变量间的相关性，KMO 值越大，表示变量间的公共因子越多，越适合进行因子分析，一般来说，只有当 KMO 值大于 0.7 时，才说明问卷符合进行因子分析的条件，具有结构效度。Bartlett 球形度检验的主要目的是分析各测量问项是否高度相关，它以变量的相关系数矩阵为出发点，用于检验相关阵是否是单位阵，如果 Bartlett 球形度检验显著，表明变量的相关矩阵间存在公共因子，适合进行因子分析。初始问卷中各变量的 KMO 值和 Bartlett 球形度检验见表 2-9。

表2-9　各变量的KMO值和Bartlett球形度检验

变量	KMO 值	Bartlett 球形度检验	Sig.值
成熟度分量表	0.775	410.644	0.000
理性消费成熟度	0.802	140.830	0.000
涉入度分量表	0.713	361.519	0.000
产品涉入度	0.797	120.687	0.000
购买意愿	0.819	140.278	0.000

从表 2-9 可以看出，各变量的 KMO 值均大于 0.7，其 Bartlett 球形度检验值为 410.644，Sig.值均为 0.000，显著小于 0.05。由此得出，各变量的结构效度较好，适合继续做因子分析。

2.3　初始问卷的探索性因子分析

探索性因子分析通常适合在测验开发的初期使用，它能够用来初步检验测量量表的结构效度，是一项用来找出多元观测变量的本质结构并进行处理降维的技术。本书运用 SPSS 20.0 软件，采用主成分分析法来对初始问卷的数据进行探索性因子分析，提取特征值大于 1 的因素，采用方差最大化正交旋转来测量初始问卷数据的效度，将累计方差贡献率设置为大于 60%，各项目的负荷值大于 0.5。希望能够通过探索性因子分析将多个测量问项综合为少数的几个公共因子，达到降维的目的。

2.3.1　成熟度分量表的探索性因子分析

通过对成熟度分量表进行探索性因子分析，得到如表 2-10 和表 2-11 所示结果。

表2-10　成熟度分量表的解释的总方差

成分	初始特征值			提取平方和载入			旋转平方和载入		
	合计	方差解释率/%	累积方差解释率/%	合计	方差解释率/%	累积方差解释率/%	合计	方差解释率/%	累积方差解释率/%
1	4.038	40.378	40.378	4.038	40.378	40.378	2.583	25.828	25.828
2	1.687	16.874	57.252	1.687	16.874	57.252	2.437	24.374	50.202
3	1.407	14.071	71.323	1.407	14.071	71.323	2.112	21.122	71.323
4	0.969	9.691	81.015						
5	0.521	5.214	86.229						
6	0.380	3.797	90.026						
7	0.337	3.367	93.393						
8	0.281	2.807	96.200						
9	0.208	2.081	98.281						
10	0.172	1.719	100.000						

表2-11　成熟度分量表的旋转成分矩阵

测量问项	成分		
	1	2	3
jy1 我购买实木家具的经历非常丰富	0.925		
jy3 他人在购买实木家具时愿意听取我的经验	0.888		
jy2 我在购买实木家具时知道怎样对其判断和挑选	0.885		
xx2 我能够准确判断关于实木家具的信息		0.869	
xx3 我能将关于实木家具的信息与自身需求很好地匹配		0.847	
xx1 我愿意主动搜集与实木家具相关的信息		0.837	
cp1 我了解实木家具的材质特征			0.822
cp2 我认为不同品牌的实木家具是有区别的			0.781
cp3 我了解实木家具的价格情况			0.738
xx4 我平时会积累与购买实木家具相关的信息			

注：①提取方法为主成分；②旋转法为具有 Kaiser 标准化的正交旋转法；③旋转在 4 次迭代后收敛

由表 2-10 可知，旋转后的矩阵提取特征值大于 1 的三个因子有三个，方差解释率分别为25.828%、24.374%、21.122%，累积方差解释率为71.323%>60%，说明该量表适合继续进行验证性因子分析。

采用方差最大化正交旋转法对因子进行旋转，除一个问项外，成熟度分量表的其他 9 个问项都归属到不同的因子层面上。所抽取的第一个因子与 jy1、jy2、jy3 三个问项的关联度高，三个问项与初始量表一致，因子名称为"购买经验"。所抽取的第二个因子与 xx1、xx2、xx3 三个问项的关联度高，而 xx4"我平时会积累与购买实木家具相关的信息"的因子载荷值小于 0.5，说明其反映的意义不明确，因此应将该问项予以删除，保留其余三个问项，因子名称为"信息识别能力"。所抽取的第三个因子与 cp1、cp2、cp3 三个问项的关联度高，三个问项与初始量表一致，因子名称为"产品知识"。由表 2-11 可以看出，三个因子中每个测量问项的因子载荷均大于 0.5，说明该量表的各个因子以及因子中的各个问项具有较强的解释能力，并且该量表具有较好的结构效度。

2.3.2　涉入度分量表的探索性因子分析

通过对涉入度分量表进行探索性因子分析，得到表2-12和表2-13。由表2-12可知，旋转后的矩阵提取特征值大于 1 的因子有三个，方差解释率分别为23.198%、21.303%、21.040%，累积方差解释率为 65.540%>60%，说明该量表适合继续进行验证性因子分析。

表2-12　涉入度分量表的解释的总方差

成分	初始特征值			提取平方和载入			旋转平方和载入		
	合计	方差解释率/%	累积方差解释率/%	合计	方差解释率/%	累积方差解释率/%	合计	方差解释率%	累积方差解释率/%
1	4.032	36.652	36.652	4.032	36.652	36.652	2.552	23.198	23.198
2	1.610	14.633	51.285	1.610	14.633	51.285	2.343	21.303	44.500
3	1.568	14.255	65.540	1.568	14.255	65.540	2.314	21.040	65.540
4	0.972	8.834	74.374						
5	0.742	6.746	81.120						
6	0.539	4.902	86.022						
7	0.478	4.345	90.367						
8	0.355	3.228	93.595						
9	0.287	2.614	96.209						
10	0.227	2.066	98.274						
11	0.190	1.726	100.000						

注：提取方法为主成分分析

表2-13　涉入度分量表的旋转成分矩阵

测量问项	成分		
	1	2	3
yx2 我更愿意在有促销活动时购买实木家具	0.779		
yx4 家具卖场的设计和展示能促使我产生购买意愿	0.776		
yx3 销售员的推荐能促使我做出购买决策	0.766		
yx1 实木家具的广告信息能使我对其进一步了解	0.728		
gr2 我认为实木家具对我来说很有吸引力		0.879	
gr1 我对购买实木家具很感兴趣		0.846	
gr3 购买、使用实木家具对我而言很有价值		0.802	
xzx1 一个人使用中高档实木家具，能体现他的生活档次			0.854
xzx3 一个人使用中高档实木家具，能体现他的个性/品位			0.815
xzx2 一个人使用中高档实木家具，能体现他的社会地位			0.798
xzx4 我清楚什么样的消费者使用什么样的实木家具			

注：①提取方法为主成分；②旋转法为具有 Kaiser 标准化的正交旋转法；③旋转在 5 次迭代后收敛

采用方差最大化正交旋转法对因子进行旋转，由表 2-13 可知，除一个问项外，成熟度分量表的其他 10 个问项都归属到不同的因子层面上。所抽取的第一个因子与 yx1、yx2、yx3、yx4 四个问项的关联度高，四个问项与初始量表一致，因子名称为"营销刺激"。所抽取的第二个因子与 gr1、gr2、gr3 三个问项的关联度高，三个问项与初始量表一致，因子名称为"个人偏好"。所抽取的第三个因子与 xzx1、xzx2、xzx3 三个问项的关联度高，而 xzx4"我清楚什么样的消费者使用什么样的实木家具"在各个主因子上的因子载荷均小于 0.5，说明其反映的意义不明确，因此予以删除，保留其余三个问项，因子名称为"产品象征性"。由表 2-13 可知，三个因子中每个测量问项的因子载荷均大于 0.5，说明该量表的各个因子以及因子中的各个问项具有较强的解释能力，并且该量表具有较好的结构效度。

2.3.3　理性消费成熟度量表的探索性因子分析

通过对理性消费成熟度量表进行探索性因子分析，得到表 2-14 和表 2-15。

表2-14　理性消费成熟度量表的解释的总方差

成分	初始特征值			提取平方和载入		
	合计	方差解释率/%	累积方差解释率/%	合计	方差解释率/%	累积方差解释率/%
1	2.766	69.143	69.143	2.766	69.143	69.143
2	0.508	12.699	81.842			

续表

成分	初始特征值			提取平方和载入		
	合计	方差解释率/%	累积方差解释率/%	合计	方差解释率/%	累积方差解释率/%
3	0.406	10.160	92.002			
4	0.320	7.998	100.000			

注：提取方法为主成分分析

表2-15 理性消费成熟度量表的成分矩阵

测量问项	成分
	1
csd2 我自认为很擅长购买实木家具	0.855
csd1 在购买实木家具方面，我自认为是理性的消费者	0.836
csd4 我自己就能完成对实木家具的购买	0.822
csd3 我自己就能确定要买什么样的实木家具	0.813

注：①提取方法为主成分；②已提取了 1 个成分

由表 2-14 可知，提取特征值大于 1 的因子，累积方差解释率为 69.143%>
60%，说明理性消费成熟度量表的各个子维度均具有较强的解释能力。根据表 2-15
可知，所有问项的因子载荷都大于 0.5，四个问项与初始量表一致，因此关于理
性消费成熟度这部分问项不需要进行改动，可直接以此进行正式问卷发放和数据
测量。

2.3.4 产品涉入度量表的探索性因子分析

通过对产品涉入度量表进行探索性因子分析，得到表 2-16 和表 2-17。

表2-16 产品涉入度量表的解释的总方差

成分	初始特征值			提取平方和载入		
	合计	方差解释率/%	累积方差解释率/%	合计	方差解释率/%	累积方差解释率/%
1	2.646	66.161	66.161	2.646	66.161	66.161
2	0.537	13.418	79.580			
3	0.461	11.534	91.114			
4	0.355	8.886	100.000			

注：提取方法为主成分分析

表2-17　产品涉入度量表的成分矩阵

测量问题	成分
	1
srd1 我需要购买实木家具	0.836
srd3 购买实木家具对我来说很有意义	0.827
srd4 购买实木家具是一件愉悦的事情	0.817
srd2 购买实木家具对我而言是一个重要的采购决定	0.773

注：①提取方法为主成分分析；②已提取了 1 个成分

　　由表 2-16 可知，提取特征值大于 1 的因子，累积方差解释率为 66.161% >
60%，说明产品涉入度量表的各个子维度均具有较强的解释能力。根据表 2-17 可
知，所有问项的因子载荷都大于 0.5，四个问项与初始量表一致，因此关于产品涉
入度这部分问项不需要进行改动，可直接以此进行正式问卷发放和数据测量。

2.3.5　购买意愿量表的探索性因子分析

　　通过对产品涉入度量表进行探索性因子分析，得到表 2-18 和表 2-19。

表2-18　购买意愿量表的解释的总方差

成分	初始特征值			提取平方和载入		
	合计	方差解释率/%	累积方差解释率/%	合计	方差解释率/%	累积方差解释率/%
1	2.772	69.288	69.288	2.772	69.288	69.288
2	0.478	11.940	81.228			
3	0.421	10.515	91.743			
4	0.330	8.257	100.000			

注：提取方法为主成分分析

　　由表 2-18 可知，提取特征值大于 1 的因子，累积方差解释率为 69.288% >
60%，说明消费者购买意愿量表的各个子维度均具有较强的解释能力。

表2-19　购买意愿量表的成分矩阵

测量问项	成分
	1
gmyy2 我会向亲友推荐购买中高档实木家具	0.871
gmyy3 如果经济条件允许，我会选择购买中高档实木家具	0.832
gmyy4 总的来说我很愿意购买实木家具	0.816
gmyy1 我购买实木家具的可能性很高	0.808

注：①提取方法为主成分；②已提取了 1 个成分

根据表 2-19 可知，所有问项的因子载荷都大于 0.5，四个问项与初始量表一致，因此关于购买意愿这部分问项不需要进行改动，可直接以此进行正式问卷发放和数据测量。

2.4 数据收集与分析方法

2.4.1 正式问卷的形成

根据初始问卷数据的信度和效度检验的结果，大部分问项通过检验，但测量问项 xzx4 "我清楚什么样的消费者使用什么样的实木家具" 和 xx4 "我平时会积累与购买实木家具相关的信息" 的因子载荷均小于 0.5，因此删除这两个问项，经过对初始问卷的修正和净化，最终形成正式问卷，具体测量问项见表 2-20。

表2-20 正式问卷中各潜变量的测量问项

分量表	潜变量	问项	问项内容
成熟度分量表	产品知识	cp1	我了解实木家具的材质特征
		cp2	我认为不同品牌的实木家具是有区别的
		cp3	我了解实木家具的价格情况
	购买经验	jy1	我购买实木家具的经历非常丰富
		jy2	我在购买实木家具时知道怎样对其判断和挑选
		jy3	他人在购买实木家具时愿意听取我的经验
	信息识别能力	xx1	我愿意主动搜集与实木家具相关的信息
		xx2	我能够准确判断关于实木家具的信息
		xx3	我能将关于实木家具的信息与自身需求很好地匹配
	理性消费成熟度	csd1	在购买实木家具方面，我自认为是理性的消费者
		csd2	我自认为很擅长购买实木家具
		csd3	我自己就能确定要买什么样的实木家具
		csd4	我自己就能完成对实木家具的购买
涉入度分量表	个人偏好	gr1	我对购买实木家具很感兴趣
		gr2	我认为实木家具对我来说很有吸引力
		gr3	购买、使用实木家具对我而言很有价值
	营销刺激	yx1	实木家具的广告信息能使我对其进一步了解
		yx2	我更愿意在有促销活动时购买实木家具
		yx3	销售员的推荐能促使我做出购买决策
		yx4	家具卖场的设计和展示能促使我产生购买意愿
	产品象征性	xzx1	一个人使用中高档实木家具，能体现他的生活档次

续表

分量表	潜变量	问项	问项内容
涉入度分量表	产品象征性	xzx2	一个人使用中高档实木家具,能体现他的社会地位
		xzx3	一个人使用中高档实木家具,能体现他的个性/品位
	产品涉入度	srd1	我需要购买实木家具
		srd2	购买实木家具对我而言是一个重要的采购决定
		srd3	购买实木家具对我来说很有意义
		srd4	购买实木家具是一件愉悦的事情
	购买意愿	gmyy1	我购买实木家具的可能性很高
		gmyy2	我会向亲友推荐购买中高档实木家具
		gmyy3	如果经济条件允许,我会选择购买中高档实木家具
		gmyy4	总的来说我很愿意购买实木家具

2.4.2　正式问卷的发放与回收

消费者的购买意愿包括其潜在购买意愿和实际购买意愿,因此在发放问卷时,既对在家具卖场购物的实际消费者进行调查,又对可能有过家具购买经历的潜在消费者进行问卷发放。本次调查采用纸质问卷和邮件发放相结合的调查方式,为了保持问卷的高回收率和有效性,在发放纸质问卷时,对受访者的最低答题时间进行了设置,对答题时间低于五分钟的调查问卷予以删除,且在发送问卷时配送小礼品;在通过邮件发放时,会提前与受访者说明填写问卷的相关事项,以期提高受访者的配合度,进而提高数据的可靠性。

随着实木家具产业的蓬勃发展,北方实木家具越来越受到消费者的青睐和认可。但高档实木家具不适合南方潮湿的天气,因地制宜的生产方式更符合市场趋势,因此北方的家具工厂更适合生产经营实木家具。由于南北方消费者的消费习惯和对实木家具的偏爱程度不同,北方市场的实木家具销售比例也大于南方,基于此,本书主要以北方消费者为例来调查其对实木家具的购买意愿。在调研范围方面,本次调查研究的样本主要来自长春市、哈尔滨市、北京市和延吉市等地区,样本选取覆盖北方的大、中、小城市,代表性较强。最终共发放 600 份问卷,回收 536 份,回收率达到 89.33%,其中有效问卷 445 份,有效回收率为74.17%。

2.4.3　数据分析方法

采用 SPSS 20.0 统计软件以及 AMOS 21.0 软件对数据进行分析,分析方法主要包括以下几种。

信度分析:信度能够描述量表的一致性和稳定性,本书运用 Cronbach's α 系数和组合信度（composite reliability，CR）来衡量量表的内部一致性。一般来讲，Cronbach's α 系数和 CR 值在 0.7 以上则表明量表具有较好的信度。

效度分析：对搜集到的数据与我们想要测量的指标的接近程度的分析。本书主要从内容效度和结构效度两方面来对量表进行检验，在结构效度中，本书采用验证性因子分析和平均变异抽取量（average variances extracted，AVE）来对数据进行测量。

关联性分析：对两个或多个具备相关性的元素进行分析，并对其相关密切程度进行衡量。

结构方程模型分析：结构方程模型作为一种融合了因素分析和路径分析的多元统计技术，是最常用的建模方法，它能同时处理多个因变量，侧重于分析潜变量之间的关系，并描述变量之间的路径关系。

中介效应检验：在 AMOS 21.0 中运用 Bootstrap 方法进行中介效应分析。Bootstrap 方法是一种从总体中随机抽取大量样本的模拟方法，其能够通过有放回的重复抽样来抽取大量新的子样本，取样过程可以重复多次，一般抽取 1 000 个以上样本。

第3章 正式问卷数据分析

3.1 正式问卷描述性统计分析

描述性统计分析方法能够描述测量样本的各种特征及其所代表的总体特征，因此，首先对正式问卷的人口统计变量数据进行描述性统计分析，结果见表3-1。

表3-1 正式问卷描述性统计

变量	分类	频数	百分比/%	变量	分类	频数	百分比/%
性别	女	251	56.4	职业	企业经理	25	5.6
	男	194	43.6		自由职业者	100	22.5
年龄	20 岁及以下	29	6.5		学生	62	13.9
	21~30 岁	156	35.1		专业技术人员	58	13.0
	31~40 岁	114	25.6		公司职员	122	27.4
	41~50 岁	114	25.6		离退休职员	17	3.8
	50 岁以上	32	7.2		家庭主妇	16	3.6
学历	高中/中专及以下	93	20.9		其他	8	1.8
	大专	96	21.6	月收入	2 000 元以下	46	10.3
	本科	168	37.8		2 001~4 000 元	180	40.4
	硕士	74	16.6		4 001~6 000 元	120	27.0
	博士及以上	14	3.1		6 001~8 000 元	59	13.3
职业	政府人员	37	8.3		8 000 元以上	40	9.0

注：表中数据相加可能不等于100%，是因为进行过舍入修约

从表 3-1 可以看出，在性别分布方面，女性消费者有 251 人，占样本的 56.4%；男性消费者有 194 人，占样本的 43.6%，女性略多于男性，这与女性消费者更愿意逛家具商场的特征相关。在年龄分布方面，21~30 岁的消费者最多，为 156 人，占样本的 35.1%，这部分人群大多面临结婚等生活上的阶段性改变，对购置家具有一定的需求；31~40 岁的消费者和 41~50 岁的消费者次之，均为

114 人，分别占样本的 25.6%，这两个年龄段的消费者有着较为丰富的生活经验和购买经历，大多有过家具的购买经历；50 岁以上的消费者和 20 岁及以下的消费者人数最少，分别为 32 人和 29 人，占样本的 7.2% 和 6.5%。在职业分布方面，公司职员最多，为 122 人，占样本的 27.4%；其次是自由职业者，为 100 人，占样本的 22.5%；再次是学生，为 62 人，占样本的 13.9%；其他职业人数最少，仅为 8 人，占样本的 1.8%。在受教育程度方面，本科生最多，为 168 人，占样本的 37.8%；大专的消费者为 96 人，占样本的 21.6%；高中/中专及以下的消费者为 93 人，占样本的 20.9%；硕士为 74 人，占样本的 16.6%；而博士及以上仅为 14 人，占样本的 3.1%。在家庭人均每月可支配收入中，月收入 2 001~4 000 元的人数为 180 人，占样本的比重最大，为 40.4%；其次为月收入 4 001~6 000 元的人，样本量为 120 人，占样本的 27.0%；月收入 8 000 元以上的人数仅有 40 人，占样本的比重最小，为 9.0%。

接下来对实木家具的购买及使用情况进行描述性统计分析，见表 3-2。

表3-2 对实木家具的购买及使用情况的描述性统计

特征	测量	频数	百分比/%
目前使用的家具类型	高档实木家具	36	8.1
	中档实木家具	155	34.8
	低档实木家具	95	21.3
	板式家具	110	24.7
	其他	49	11.0
将来打算购买的家具类型	高档实木家具	117	26.3
	中档实木家具	204	45.8
	低档实木家具	29	6.5
	板式家具	35	7.9
	其他	60	13.5
是否购买过实木家具	否	170	38.2
	是	275	61.8

从表 3-2 可以看出，在关于消费者目前使用的家具类型这一问题中，使用中档实木家具的人数最多，为 155 人，占样本总数的 34.8%，使用板式家具的比重占样本总数的 24.7%，使用低档实木家具的比重为 21.3%，而使用高档实木家具的比重仅为 8.1%。在关于消费者将来打算购买的家具类型这一问题中，有 204 人将要购买中档实木家具，占样本总数的 45.8%；将来打算购买高档实木家具的消费者为 117 人，占样本总数的 26.3%；将来打算购买低档实木家具的比重最少，仅为 6.5%。在关于消费者是否购买过实木家具的调查中，有 275 人有过购买实木家具的经历，占样本总数的 61.8%；有 170 人没有购买过实木家具，占样本总数

的 38.2%，即多数受调查者有过购买实木家具的经历。

3.2 关联性统计分析

关联性分析旨在发现数据之间的关联性或同时发生的模式，主要包括确定被影响因素和可能的影响因素、确定因素之间的列联表、根据单元观测数据形成数据集、对数据集进行关联性的 χ^2 检验和关联性度量四个步骤。χ^2 检验是广泛用于独立性和相关性检验的方法，能够检验两组或两组以上样本间的差别及变量间的关联性。在显著水平 $\alpha=0.05$ 情况下，当概率值 $P>0.05$ 时，说明变量间无相关性。对于没有等级水平的变量，可以采用克莱姆 V（Cramer's V）系数衡量变量之间的相关程度。

3.2.1 人口统计变量与实木家具购买及使用情况的关联性分析

为探索人口统计变量与实木家具购买及使用情况的关联性，我们将相关的原始连续型变量转换为二分离散变量来进行关联性分析。对于"目前使用的家具类型"和"将来打算购买的家具类型"两个问题的选项，本书将"板式家具"和"其他"项赋值为 0，"高档实木家具""中档实木家具""低档实木家具"赋值为 1，完成对相关数据的转换。进而对人口统计变量和家具购买及使用情况之间的 χ^2 检验显著性概率进行分析，结果见表 3-3。

表3-3 人口统计变量和家具购买及使用情况间的关联性检验

影响因素	χ^2 检验显著性概率		
	目前是否使用实木家具	将来是否打算使用实木家具	是否购买过实木家具
性别	0.330	0.134	0.418
年龄	0.443	0.874	0.587
职业	0.262	0.074	0.196
受教育程度	0.003**	0.348	0.016*
每月可支配收入	0.314	0.013*	0.250

*表示 $P<0.05$ 的水平上显著相关，**表示 $P<0.01$ 的水平上显著相关

根据表 3-3 的分析结果，只有受教育程度与目前是否使用实木家具、是否购买过实木家具有关联，每月可支配收入与将来是否打算使用实木家具有关联。

3.2.2 消费者关于实木家具的购买及使用情况与购买意愿的关联性分析

使用 χ^2 检验来研究消费者对实木家具的购买情况、使用情况与消费者购买意

愿之间的关联程度，并采用 Cramer's V 系数对变量之间的关联性进行进一步的衡量，结果见表 3-4。

表3-4　消费者关于实木家具的购买及使用情况与购买意愿的关联性检验及关联度测量结果

关联变量	将来是否打算使用实木家具		
	χ^2	χ^2 检验 P 值	Cramer's V
目前关于实木家具的使用情况	68.639	0.000	0.393
实木家具的购买情况	80.607	0.000	0.426

通过表 3-4 可以发现，消费者关于实木家具的使用情况、购买情况与购买意愿之间的 χ^2 检验值为 0.000，表明变量之间显著相关，具体的 Cramer's V 系数为 0.393 与 0.426，结果表明实木家具消费者的购买情况与实木家具购买意愿的关联性更高。

3.3　正式问卷的信度分析

信度分析可以检验量表中各问项间的一致性，运用 Cronbach's α 系数和组合信度衡量正式问卷的信度，得到量表整体的 Cronbach's α 系数为 0.851，各个变量内部的 Cronbach's α 系数均在 0.7 以上，如表 3-5 所示，各潜变量的组合信度均在 0.7 以上，可见本书所用量表各维度以及整个量表的信度较高，符合研究的要求，可以进行接下来的分析。

表3-5　正式问卷信度统计表

变量	维度	问项	项已删除的 Cronbach's α 值	Cronbach's α 值		CR
成熟度分量表	产品知识	cp1	0.873	0.840	0.883	0.841
		cp2	0.869			
		cp3	0.878			
	购买经验	jy1	0.875	0.888		0.890
		jy2	0.870			
		jy3	0.873			
	信息识别能力	xx1	0.863	0.909		0.909
		xx2	0.868			
		xx3	0.868			

续表

变量	维度	问项	项已删除的 Cronbach's α 值	Cronbach's α 值		CR
理性消费成熟度		csd1	0.826	0.870		—
		csd2	0.820			
		csd3	0.840			
		csd4	0.851			
涉入度分量表	个人偏好	gr1	0.819	0.731	0.831	0.731
		gr2	0.824			
		gr3	0.821			
	营销刺激	yx1	0.811	0.833		0.833
		yx2	0.810			
		yx3	0.814			
		yx4	0.815			
	产品象征性	xzx1	0.811	0.829		0.832
		xzx2	0.817			
		xzx3	0.816			
产品涉入度		srd1	0.785	0.825		—
		srd2	0.772			
		srd3	0.778			
		srd4	0.782			
购买意愿		gmyy1	0.816	0.861		—
		gmyy2	0.813			
		gmyy3	0.827			
		gmyy4	0.832			

3.4　正式问卷的结构效度分析

效度能够衡量调查数据与我们想要测量的指标的接近程度，本书通过对初始问卷数据的信度、效度分析来筛选测量问项，对初始问卷进行净化和修正后形成正式问卷，正式问卷具有较高的内容效度。因此，在对正式问卷数据的效度分析中，主要检验其结构效度，结构效度可以通过收敛效度和判别效度来进行测量。

收敛效度是指测量同一概念不同题项之间应该具有显著的相关性，在对收敛效度的分析中，本书首先采用验证性因子分析来得到各个问项的标准化因子载荷，并根据这些标准化因子载荷来计算 AVE。AVE 值测量的是潜变量相对于测量误差而言能够解释的方差总量，AVE 值越大，指标变量被潜在变量构念解释的方差百分比越大，聚合效度越高。当各个问项的标准化因子载荷大于 0.5，AVE 值大于 0.5 时，表明问卷具有良好的收敛效度。判别效度是指测量不同概念的题项之间的不应该具有显著的相关性，是在计算各潜变量相关系数矩阵的基础上，比较各潜变量的 AVE 值平方根与各潜变量相关系数的大小，如果 AVE 平方根值大于各潜变量的相关系数，表明问卷具有良好的判别效度。

1. 成熟度分量表的结构效度分析

运用 AMOS 21.0 软件对成熟度分量表的数据进行验证性因子分析，量表的结构效度因子测量模型参数估计如表 3-6 所示，成熟度分量表测量模型输出结果见附图 2-1。

表3-6　成熟度分量表的结构效度因子测量模型参数估计

潜变量	问项	非标准化因子负荷	标准误差	T 值	标准化因子负荷	AVE
产品知识	cp1	1.148	0.073	15.630[***]	0.801	0.639
	cp2	1.194	0.074	16.183[***]	0.858	
	cp3	1.000	—	—	0.735	
购买经验	jy1	0.968	0.044	21.845[***]	0.877	0.730
	jy2	0.963	0.048	20.281[***]	0.839	
	jy3	1.000	—	—	0.845	
信息识别能力	xx1	0.975	0.040	24.120[***]	0.888	0.769
	xx2	0.962	0.040	24.168[***]	0.873	
	xx3	1.000	—	—	0.870	

***表示 $P<0.001$ 的水平上显著相关

从表 3-6 可以看出，所有观察变量对潜变量的标准化估计参数都具有显著性水平，显示这些观察变量可以有效地反映其所对应的潜变量。各指标的标准化因子负荷都在 0.5 以上，因此所有的标准化系数皆具有一定的显著水平。同时，表 3-6 中各测量变量的 T 值都大于 2。因此，这 9 个测量问项可以作为 3 个潜变量的测量问项。变量中 AVE 均大于 0.5，说明其具有较好的收敛效度。根据附表 2-1，成熟度分量表模型的各个拟合指标均符合判断标准，整体来看，成熟度分量表模型拟合较好。

根据探索性因子分析结果可知，成熟度分量表划分为三个维度，分别为 cp=产品知识、jy=购买经验、xx=信息识别能力，成熟度分量表判别效度的检验结果如表 3-7 所示。在表 3-7 中，将 AVE 值的平方根放入相关矩阵的对角线上，AVE 平方根大于各潜变量的相关系数，因此成熟度分量表的判别效度较好。

表3-7　成熟度分量表的均值、标准差和内部相关系数

维度	均值	标准差	cp	jy	xx
cp	3.380	0.649	0.799		
jy	3.183	0.670	0.419**	0.854	
xx	3.410	0.720	0.515**	0.449**	0.877

**表示 $P < 0.01$ 水平上显著相关

2. 涉入度分量表的结构效度分析

运用 AMOS 21.0 软件对涉入度分量表的数据进行验证性因子分析，量表的结构效度因子测量模型参数估计如表 3-8 所示，涉入度分量表一阶测量模型输出结果见附图 2-2。

表3-8　涉入度分量表的因子测量模型参数估计

潜变量	问项	非标准化因子负荷	标准误差	T 值	标准化因子负荷	AVE
个人偏好	gr1	0.966	0.088	10.948***	0.702	0.475
	gr2	0.926	0.085	10.969***	0.656	
	gr3	1.000	—		0.709	
营销刺激	yx1	1.059	0.074	14.294***	0.750	0.554
	yx2	1.075	0.076	14.178***	0.765	
	yx3	1.000			0.727	
	yx4	1.024	0.073	14.014***	0.735	
产品象征性	xzx1	0.994	0.062	16.035***	0.833	0.623
	xzx2	0.937	0.063	14.891***	0.737	
	xzx3	1.000	—	—	0.794	

***表示 $P < 0.001$ 的水平上显著相关

从表 3-8 可以看出，所有观察变量对潜在变量的标准化估计参数都具有显著性水平，显示这些观察变量可以有效地反映其所对应的潜在变量。各指标的标准化因子负荷都在 0.5 以上，所有的标准化系数皆具有一定的显著水平。同时，表 3-8 中各测量变量的 T 值都大于 2。因此，这 10 个测量问项可以作为 4 个潜变量的测量指标。变量中营销刺激和产品象征性的 AVE 值均大于 0.5，个人偏好的 AVE 值为 0.475，虽未达到 0.5，但已十分接近 0.5 且大于 0.45，总体来看涉入度分量表具有较好的收敛效度，因子模型拟合较好。根据附表 2-2，涉入度分量表模型的各个拟合指标均符合判断标准。因此，从整体上看，涉入度分量表模型拟合较好。

根据探索性因子分析结果可知，涉入度分量表划分为三个维度，分别为 gr=个人偏好、yx=营销刺激、xzx=产品象征性，涉入度分量表判别效度的检验结果如表 3-9 所示。在表 3-9 中，将 AVE 值的平方根放入相关矩阵的对角线上，AVE 平方根大于各潜变量的相关系数，因此涉入度分量表的判别效度较好。

表3-9　涉入度分量表的均值、标准差和内部相关系数

维度	均值	标准差	gr	yx	xzx
gr	3.142	0.460	0.689		
yx	3.225	0.510	0.477**	0.744	
xzx	3.556	0.767	0.310**	0.369**	0.789

**表示 $P<0.01$ 水平上显著相关

3.5　基于结构方程的实木家具消费者购买意愿的假设检验

结构方程模型能将多个潜变量及其测量变量置于同一个模型中进行分析，允许自变量与因变量存在测量误差，也能提供一个处理自变量测量误差的方法。因此，本书建立结构方程模型检验理论假设，希望借此探究消费者成熟度和消费者涉入度与实木家具购买意愿之间的具体关系，并采用 AMOS 21.0 软件进行操作。

3.5.1　实木家具消费者购买意愿的结构方程模型构建

首先，在第 2 章理论假设的基础上，分别构建消费者成熟度和消费者涉入度对消费者购买意愿的初始结构方程模型图，见图 3-1。

3.5.2　初始结构方程模型的分析和修正

运用 AMOS 21.0 软件绘制结构方程模型，并导入数据进行运算分析，得到初始结构方程模型拟合结果如表 3-10 所示，初始结构方程模型拟合指标分析如表 3-11 所示。

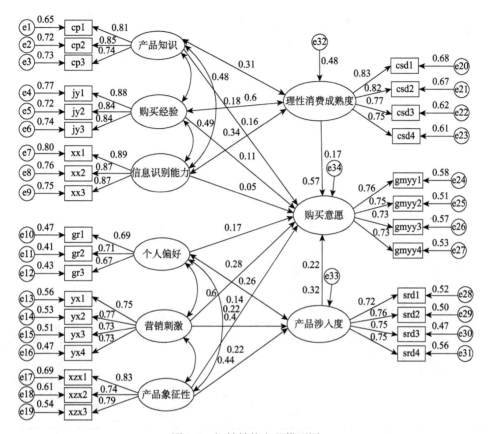

图 3-1　初始结构方程模型图

表3-10　初始结构方程模型拟合结果

假设路径			估计值	S.E.	CR	P
理性消费成熟度	←	产品知识	0.324	0.065	5.013	***
理性消费成熟度	←	购买经验	0.156	0.045	3.448	***
理性消费成熟度	←	信息识别能力	0.267	0.047	5.649	***
产品涉入度	←	个人偏好	0.265	0.082	3.227	0.001
产品涉入度	←	营销刺激	0.212	0.072	2.939	0.003
产品涉入度	←	产品象征性	0.131	0.036	3.602	***
购买意愿	←	产品涉入度	0.250	0.066	3.773	***
购买意愿	←	理性消费成熟度	0.153	0.058	2.665	0.008
购买意愿	←	产品知识	0.149	0.058	2.558	0.011
购买意愿	←	购买经验	0.087	0.042	2.063	0.039
购买意愿	←	信息识别能力	0.036	0.044	0.829	0.407
购买意愿	←	个人偏好	0.198	0.085	2.343	0.019
购买意愿	←	营销刺激	0.301	0.077	3.891	***
购买意愿	←	产品象征性	0.094	0.036	2.585	0.010

***表示 $P<0.01$ 的水平上显著相关

表3-11　　初始结构方程模型拟合指标分析

拟合指数	适配的标准或临界值	参数估计	模型适配判断
χ^2	—	724.865	—
df	—	414	—
χ^2/df	<3.00	1.751	是
RMR	<0.1（若<0.05 优良，<0.1 可接受）	0.088	是
RMSEA	<0.08（若<0.05 优良，<0.08 良好）	0.041	是
GFI	>0.09	0.915	是
AGFI	>0.09	0.898	否
NFI	>0.09	0.907	是
RFI	>0.09	0.895	否
IFI	>0.09	0.958	是
TLI（NNFI）	>0.09	0.952	是
CFI	>0.09	0.957	是
PGFI	>0.05	0.763	是
PNFI	>0.05	0.807	是
PCFI	>0.05	0.852	是

　　拟合结果表明，初始模型拟合的 χ^2 值与自由度的商为 1.751 小于上限 3，RMSEA 为 0.041，小于 0.05，结果优良。GFI、NFI、IFI、TLI（NNFI）、CFI 均大于 0.09，PGFI、PNFI、PCFI 均大于 0.05，拟合情况良好。但 RMR 大于 0.05 小于可接受上限 0.1，AGFI 和 RFI 虽接近 0.09 但小于 0.09，拟合情况一般，需要进行进一步修改。

　　对模型进行修正是为了弥补初始模型的缺陷，改进初始模型的适合程度，可以采用修正指标（modification indices，MI）和临界比率（critical ratio）两种方式。本书根据修正路径提供的 MI 值以及实际理论，将具有较大的残差的相互关系用双箭头标出，在误差项共变关系修正中，先修正 MI 值最大的一对变量，一次只修正一对变量，重新分析之后再由大到小逐一进行修正。得到较为理想的模型拟合结果后，完成对模型的初次修正。初次修正的结构方程模型见图 3-2，初次修正的结构方程模型拟合结果见表3-12，初次修正的结构方程模型的拟合指标分析见表 3-13。

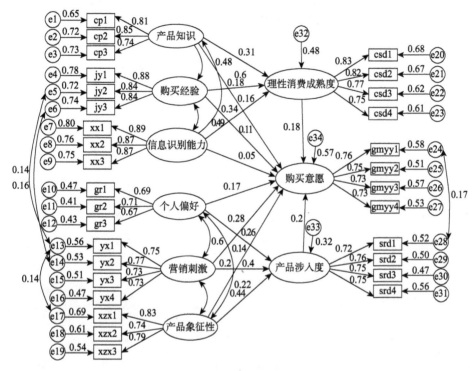

图 3-2　初次修正的结构方程模型图

表3-12　初次修正的结构方程模型拟合结果

假设路径			Estimate	S.E.	CR	P
理性消费成熟度	←	产品知识	0.324	0.065	5.011	***
理性消费成熟度	←	购买经验	0.158	0.046	3.439	***
理性消费成熟度	←	信息识别能力	0.268	0.047	5.675	***
产品涉入度	←	个人偏好	0.259	0.081	3.203	0.001
产品涉入度	←	营销刺激	0.213	0.070	3.037	0.002
产品涉入度	←	产品象征性	0.130	0.036	3.657	***
购买意愿	←	产品涉入度	0.233	0.066	3.512	***
购买意愿	←	理性消费成熟度	0.146	0.057	2.544	0.011
购买意愿	←	产品知识	0.150	0.058	2.581	0.010
购买意愿	←	购买经验	0.096	0.043	2.263	0.024
购买意愿	←	信息识别能力	0.036	0.043	0.823	0.410
购买意愿	←	个人偏好	0.200	0.084	2.382	0.017
购买意愿	←	产品象征性	0.097	0.036	2.719	0.007

***表示 $P<0.01$ 的水平上统计显著

表3-13　初次修正的结构方程模型的拟合指标分析

拟合指数	适配的标准或临界值	参数估计	模型适配判断
χ^2	—	698.284	—
Df	—	410	—
χ^2/df	<3.00	1.703	是
RMR	<0.1（若<0.05 优良，<0.1 可接受）	0.088	是
RMSEA	<0.08（若<0.05 优良，<0.08 良好）	0.04	是
GFI	>0.09	0.917	是
AGFI	>0.09	0.900	是
NFI	>0.09	0.910	是
RFI	>0.09	0.898	基本符合
IFI	>0.09	0.961	是
TLI（NNFI）	>0.09	0.955	是
CFI	>0.09	0.961	是
PGFI	>0.05	0.758	是
PNFI	>0.05	0.802	是
PCFI	>0.05	0.847	是

***表示 $P<0.01$ 的水平上统计显著

由表 3-13 可知，在对初始结构方程模型进行 MI 指标修正后，模型拟合指标得到了一定的改善，χ^2/df 下降到 1.703；RMSEA 下降到 0.04，小于理想上限 0.05；AGFI 上升到 0.9；RFI 上升到 0.898，虽然未大于 0.9，但已经十分接近 0.9；NFI、GFI、IFI、TLI（NNFI）、CFI 均大于 0.9，且均有不同程度的提高，PGFI、PNFI、PCFI 均大于 0.5。综合来看，模型的拟合情况良好。从表 3-12 可以看出，大部分假设路径的 CR 的绝对值大于参考值 1.96，在 $P<0.05$ 水平上具有统计显著性，但信息识别能力与购买意愿之间的 CR 值小于 1.96，因此模型需要进一步的修改。

3.5.3　模型的二次修正和确定

在 MI 指数修正的基础上进行模型的二次修正和确定，针对信息识别能力和购买意愿之间 1 条路径 CR 值未能通过验证的情况下，本书考虑将这条没有显著关系的变量之间的单项箭头删除。二次修正的结构方程模型拟合结果见表 3-14，二次修正的结构方程模型见图 3-3，二次修正的结构方程模型拟合指标分析见表 3-15。

表3-14　二次修正的结构方程模型拟合结果

假设路径			Estimate	S.E.	CR	P	结论
理性消费成熟度	←	产品知识	0.323	0.065	4.992	***	支持
理性消费成熟度	←	购买经验	0.158	0.046	3.432	***	支持
理性消费成熟度	←	信息识别能力	0.269	0.047	5.687	***	支持
产品涉入度	←	个人偏好	0.260	0.081	3.204	0.001	支持
产品涉入度	←	营销刺激	0.213	0.070	3.037	0.002	支持
产品涉入度	←	产品象征性	0.130	0.036	3.657	***	支持
购买意愿	←	产品涉入度	0.236	0.066	3.551	***	支持
购买意愿	←	理性消费成熟度	0.160	0.055	2.916	0.004	支持
购买意愿	←	产品知识	0.164	0.055	2.958	0.003	支持
购买意愿	←	购买经验	0.101	0.042	2.385	0.017	支持
购买意愿	←	个人偏好	0.207	0.084	2.474	0.013	支持
购买意愿	←	营销刺激	0.311	0.075	4.122	***	支持
购买意愿	←	产品象征性	0.095	0.036	2.665	0.008	支持

***表示 $P<0.01$ 的水平上统计显著

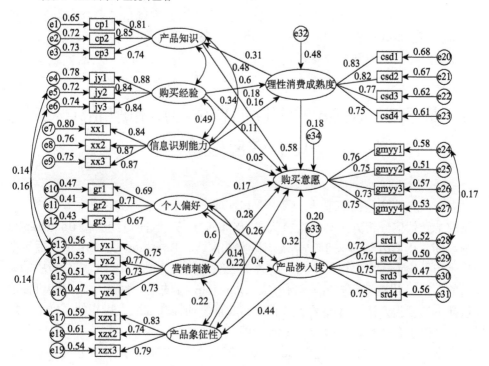

图 3-3　二次修正的结构方程模型图

表3-15　二次修正的结构方程模型拟合指标分析

拟合指数	适配的标准或临界值	参数估计	模型适配判断
χ^2	—	698.961	
df	—	411	—
χ^2/df	<3.00	1.701	是
RMR	<0.1（若<0.05 优良，<0.1 可接受）	0.088	基本符合
RMSEA	<0.08（若<0.05 优良，<0.08 良好）	0.040	是
GFI	>0.09	0.917	是
AGFI	>0.09	0.900	是
NFI	>0.09	0.910	是
RFI	>0.09	0.898	是
IFI	>0.09	0.961	是
TLI（NNFI）	>0.09	0.955	是
CFI	>0.09	0.961	是
PGFI	>0.05	0.760	是
PNFI	>0.05	0.804	是
PCFI	>0.05	0.849	是

由表 3-14 的拟合结果可知，二次修正的结构方程模型拟合指标均符合标准，所有路径系数相应的 CR 值大于参考值 1.96，在水平上具有统计显著性。因此，二次修正后的模型拟合良好。

3.6　基于 Bootstrap 的理性消费成熟度和产品涉入度的中介效应检验

中介效应检验是在心理学、营销学和管理学研究中最重要的研究方法之一，常用的中介效应分析方法有依次检验法、Sobel 方法、区间估计法和 Bootstrap 方法等。随着国内外学者关于中介效应研究的深入，Bootstrap 方法由于其适用范围广、结果稳定、可以得到不对称的置信区间等优势，成为中介效应分析中的一种新的方法，被越来越多的学者使用。Bootstrap 方法是一种从总体中随机抽取大量样本的模拟方法，其能够通过有放回的重复抽样来抽取大量新的子样本，取样过程可以重复多次，一般抽取 1 000 个以上样本。

本书在 AMOS 21.0 中运用 Bootstrap 方法对数据进行中介效应分析，采用偏差校正的 Bootstrap 置信区间估计法来进行区间估计，抽取 5 000 个样本来估计系

数乘积 ab 在 95%置信度下的置信区间。本书以温忠麟和叶宝娟（2014）提出的新的中介效应检验流程为理论依据来对理性消费成熟度和产品涉入度的中介效应进行检验。在新的中介效应检验流程中，首先要检验总效应 a 的显著性，其次要依次检验 a 和 b 的显著性，最后检验 c'的显著性。本书的模型路径分析结果如图 3-4 所示。

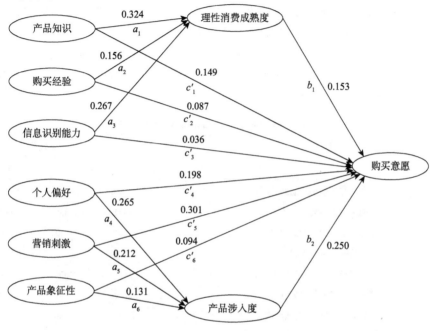

图 3-4　模型路径分析结果

在成熟度与购买意愿之间关系的研究中，自变量为产品知识、购买经验、信息识别能力，因变量为购买意愿，中介变量为理性消费成熟度。首先，检验 c_1、c_2、c_3，在未加入中介变量时，产品知识与购买意愿的置信区间为（0.084，0.307），购买经验与购买意愿之间的置信区间为（0.030，0.192），这两条路径的置信区间均不包括 0，说明 c_1、c_2 显著，按中介效应立论；而信息识别能力与购买意愿之间的置信区间为（−0.003，0.170），包括 0，说明 c_3 不显著，按遮掩效应立论。研究表明，总效应 c'的显著性不是检验中介效应的前提，即无论 c'是否显著，都可以进行接下来的检验。其次，依次检验系数 a_1、a_2、a_3 和 b_1，产品知识和理性消费成熟度的置信区间为（0.186，0.482）、购买经验和理性消费成熟度的置信区间为（0.060，0.254）、信息识别能力和理性消费成熟度的置信区间为（0.162，0.382）、理性消费成熟度和购买意愿的置信区间为（0.052，0.255），各个路径之间的置信区间均不包括 0，说明间接效应显著。最后，检验

系数 c'_1、c'_2、c'_3，加入理性消费成熟度这一中介变量后，产品知识和购买意愿的置信区间为（0.029，0.260），购买经验和购买意愿的置信区间为（0.009，0.169），这两条路径的置信区间不包括0，说明直接效应显著，但可能存在其他中介，因此，进一步计算中介效应的效应量。由表 3-16 可知，a_1=0.324，a_2=0.156，b_1=0.153，c_1=0.199，c_2=0.111，c'_1=0.149，c'_2=0.087，a_1b_1 和 c'_1 同号，说明理性消费成熟度在产品知识和购买意愿之间起部分中介作用，效应量 a_1b_1/c_1=0.251；a_2b_1 和 c'_2 同号，说明理性消费成熟度在购买经验和购买意愿之间起部分中介作用，效应量 a_2b_1/c_2=0.216。而信息识别能力和购买意愿的置信区间为（−0.053，0.133），包括0，说明直接效应不显著，理性消费成熟度在信息识别能力和购买意愿之间只有部分中介效应。

表3-16　理性消费成熟度的中介作用分析

路径	Estimate	95%置信区间	
		下限	上限
产品知识→购买意愿（c_1）	0.199	0.084	0.307
购买经验→购买意愿（c_2）	0.111	0.030	0.192
信息识别能力→购买意愿（c_3）	0.077	−0.003	0.170
产品知识→购买意愿（c'_1）	0.149	0.029	0.260
购买经验→购买意愿（c'_2）	0.087	0.009	0.169
信息识别能力→购买意愿（c'_3）	0.036	−0.053	0.133
产品知识→理性消费成熟度（a_1）	0.324	0.186	0.482
购买经验→理性消费成熟度（a_2）	0.156	0.060	0.254
信息识别能力→理性消费成熟度（a_3）	0.267	0.162	0.382
理性消费成熟度→购买意愿（b_1）	0.153	0.052	0.255
产品知识→理性消费成熟度→购买意愿（a_1b_1）	0.050	0.017	0.103
购买经验→理性消费成熟度→购买意愿（a_2b_1）	0.024	0.007	0.050
信息识别能力→理性消费成熟度→购买意愿（a_3b_1）	0.041	0.014	0.082

在涉入度与购买意愿之间关系的研究中，自变量为个人偏好、营销刺激、产品象征性，因变量为购买意愿，中介变量为产品涉入度。首先，检验 c_4、c_5、c_6，具体结果见表 3-17，在未加入中介变量时，个人偏好与购买意愿的置信区间为（0.105，0.461），营销刺激与购买意愿之间的置信区间为（0.179，0.537），产品象征性与购买意愿之间的置信区间为（0.056，0.197），均不包括 0，说明 c_4、c_5、c_6 显著，按中介效应立论。其次，依次检验系数 a_4、a_5、a_6 和 b_2，个人偏好和产品涉入度的置信区间为（0.097，0.470）、营销刺激和产品涉入度的置

信区间为（0.055，0.386）、产品象征性和产品涉入度的置信区间为（0.062，0.213）、产品涉入度和购买意愿的置信区间为（0.125，0.384），各个路径之间的置信区间均不包括 0，说明间接效应显著。最后，检验系数 c'_4、c'_5、c'_6，加入产品涉入度这一中介变量后，个人偏好和购买意愿的置信区间为（0.040，0.385），营销刺激和购买意愿的置信区间为（0.130，0.472），产品象征性和购买意愿的置信区间为（0.021，0.162），置信区间均不包括 0，说明直接效应显著，但可能存在其他中介，因此，进一步计算中介效应的效应量。由表 3-17 可知，$a_4=0.265$，$a_5=0.212$，$a_6=0.131$，$b_2=0.250$，$c_4=0.265$，$c_5=0.354$，$c_6=0.127$，$c'_4=0.198$，$c'_5=0.301$，$c'_6=0.094$。a_4b_2 和 c'_4 同号，说明产品涉入度在个人偏好和购买意愿之间存在部分中介作用，效应量 $a_4b_2/c_4=0.249$；a_5b_2 和 c'_5 同号，说明产品涉入度在营销刺激和购买意愿之间存在部分中介作用，效应量 $a_5b_2/c_5=0.150$；a_6b_2 和 c'_6 同号，说明产品涉入度在产品象征性和购买意愿之间存在部分中介作用，效应量 $a_6b_2/c_6=0.260$。

表3-17 产品涉入度的中介作用分析

路径	Estimate	95%置信区间	
		下限	上限
个人偏好→购买意愿（c_4）	0.265	0.105	0.461
营销刺激→购买意愿（c_5）	0.354	0.179	0.537
产品象征性→购买意愿（c_6）	0.127	0.056	0.197
个人偏好→购买意愿（c'_4）	0.198	0.040	0.385
营销刺激→购买意愿（c'_5）	0.301	0.130	0.472
产品象征性→购买意愿（c'_6）	0.094	0.021	0.162
个人偏好→产品涉入度（a_4）	0.265	0.097	0.470
营销刺激→产品涉入度（a_5）	0.212	0.055	0.386
产品象征性→产品涉入度（a_6）	0.131	0.062	0.213
产品涉入度→购买意愿（b_2）	0.250	0.125	0.384
个人偏好→产品涉入度→购买意愿（a_4b_2）	0.066	0.022	0.146
营销刺激→产品涉入度→购买意愿（a_5b_2）	0.053	0.015	0.111
产品象征性→产品涉入度→购买意愿（a_6b_2）	0.033	0.013	0.065

3.7 研究假设检验结果

将结构方程模型和中介检验的研究假设检验结果进行汇总，得到表 3-18。

表3-18 研究假设检验结果汇总表

假设内容	检验结果
$H_{1.1}$：产品知识对购买意愿有正向影响	成立
$H_{1.2}$：购买经验对购买意愿有正向影响	成立
$H_{1.3}$：信息识别能力对购买意愿有正向影响	不成立
H_2：理性消费成熟度对购买意愿有正向影响	成立
$H_{3.1}$：产品知识对理性消费成熟度有正向影响	成立
$H_{3.2}$：购买经验对理性消费成熟度有正向影响	成立
$H_{3.3}$：信息识别能力对理性消费成熟度有正向影响	成立
$H_{4.1}$：理性消费成熟度在产品知识和购买意愿之间起部分中介作用	成立
$H_{4.2}$：理性消费成熟度在购买经验和购买意愿之间起部分中介作用	成立
$H_{4.3}$：理性消费成熟度在信息识别能力和购买意愿之间起部分中介作用	成立
$H_{5.1}$：个人偏好对购买意愿有正向影响	成立
$H_{5.2}$：产品象征性对购买意愿有正向影响	成立
$H_{5.3}$：营销刺激对购买意愿有正向影响	成立
H_6：产品涉入度对购买意愿有正向影响	成立
$H_{7.1}$：个人偏好对产品涉入度有正向影响	成立
$H_{7.2}$：产品象征性对产品涉入度有正向影响	成立
$H_{7.3}$：营销刺激对产品涉入度有正向影响	成立
$H_{8.1}$：产品涉入度在个人偏好和购买意愿之间起部分中介作用	成立
$H_{8.2}$：产品涉入度在产品象征性和购买意愿之间起部分中介作用	成立
$H_{8.3}$：产品涉入度在营销刺激和购买意愿之间起部分中介作用	成立

根据表3-18，本书得出如下结论。

1. 成熟度影响因素与购买意愿的影响结果分析

在实木家具消费者成熟度影响因素对购买意愿的影响结果分析中，假设$H_{1.1}$、$H_{1.2}$、H_2通过检验，假设$H_{1.3}$未通过检验，即实木家具消费者的产品知识、购买经验和理性消费成熟度对购买意愿有正向影响，但实木家具消费者的信息识别能力对购买意愿没有影响。其中，产品知识对购买意愿的影响最大，路径系数为0.164；理性消费成熟度对购买意愿的影响次之，路径系数为0.160；购买经验对购买意愿的影响最小，路径系数为 0.101。消费者的信息识别能力是消费者处理产品信息的固有能力，与购买意愿的关系不大，因此假设 $H_{1.3}$ 未通过检验的结果是合理的。

2. 理性消费成熟度中介作用的影响结果分析

假设 $H_{3.1}$、$H_{3.2}$、$H_{3.3}$ 均通过检验，即实木家具消费者的产品知识、购买经验和信息识别能力均对理性消费成熟度有正向影响。其中，产品知识对理性消费成熟度的影响最大,路径系数为 0.323;信息识别能力对理性消费成熟度的影响次之,路径系数为 0.269;购买经验对理性消费成熟度的影响最小,路径系数为 0.158。消费者掌握的产品知识描述了消费者对产品特点的了解和掌握程度,是对消费者关于产品专业性的衡量,直接影响消费者对产品的认知能力和认知信心,因此产品知识对理性消费成熟度的影响最大。信息识别能力是消费者对相关产品信息进行搜集、判断和匹配的能力,在信息化的今天,消费者如何在众多信息中识别符合自身需求的产品至关重要,其对理性消费成熟度有较大影响这一结果是有说服力的。而消费者的购买经验描述了消费者所积累的与产品相关的经验,不是所有的消费者都购买过实木家具,因此消费者的购买经验对理性消费成熟度影响最小的结果也是合理的。

将理性消费成熟度作为中介变量,假设 $H_{4.1}$、$H_{4.2}$、$H_{4.3}$ 均通过验证,其中理性消费成熟度在产品知识和购买意愿之间起部分中介作用,理性消费成熟度在购买经验和购买意愿之间起部分中介作用。通过前面的分析,信息识别能力与实木家具消费者购买意愿之间的关系不大,因此理性消费成熟度在信息识别能力和购买意愿之间只存在部分中介作用这一分析结果较为可靠。

3. 涉入度影响因素与购买意愿的影响结果分析

在实木家具消费者涉入度影响因素对购买意愿的影响结果分析中,假设 $H_{5.1}$、$H_{5.2}$、$H_{5.3}$、H_6 均通过检验,即实木家具消费者的个人偏好、产品象征性、营销刺激和产品涉入度均对购买意愿有正向影响。营销刺激对购买意愿的影响最大,路径系数为 0.301;产品涉入度对购买意愿的影响次之,路径系数为 0.250;个人偏好对购买意愿影响的路径系数为 0.198;产品象征性对购买意愿的影响最小,路径系数为 0.094。本书认为消费者的个人偏好属于内因,营销刺激属于外因,而产品象征性是对实木家具最突出的特质的体现。实木家具的价格较高,因此营销刺激因素(如打折、促销)等会降低消费者的财务风险,比个人偏好更能促使消费者产生购买意愿。产品涉入度是消费者对产品的主观认知程度,产品涉入度越高,消费者越能感受到产品的重要性和价值,进而产生购买意愿。此外,存在消费者认同实木家具的产品象征性,但由于没有购买能力等客观原因而不会对其进行购买的情况,因此消费者仅凭实木家具的产品象征性就产生购买意愿的可能性比前两者要小,故而结论符合实际情况,说服力较强。

4. 产品涉入度部分中介作用的影响结果分析

假设 $H_{7.1}$、$H_{7.2}$、$H_{7.3}$ 均通过检验,即消费者关于实木家具的个人偏好、产品象征性和营销刺激均对产品涉入度有正向影响。个人偏好对产品涉入度的影响最大,路径系数为 0.265;营销刺激对产品涉入度的影响次之,路径系数为 0.212;产品象征性对产品涉入度的影响最小,路径系数为 0.131。关于个人偏好对产品涉入度的影响最大，本书认为该结果是合理的，因为实木家具在一定程度上属于小众享用的奢侈品，因而消费者对实木家具的偏好是促使其对实木家具进一步了解的关键因素。营销刺激对产品涉入度同样有较大的影响，该结果可能与古代"酒香不怕巷子深"的观点相悖，也说明在现代社会的产品营销中，要想使产品能够畅销，不仅需要产品本身的魅力，还需要企业结合广告宣传、产品促销和人员推荐等一系列的营销组合和营销措施来促使消费者深入了解实木家具。而产品象征性对产品涉入度的影响较小，这可能与实木家具本身的商品属性有关、实木家具因其价格贵、环保、高档等特点越来越被消费者认可，但它不是大众阶层的普及用品，因此可能会有消费者虽然知晓实木家具的象征性，但却由于金钱风险等原因而不会对其做进一步的了解。

　　将产品涉入度作为中介变量，假设 $H_{8.1}$、$H_{8.2}$、$H_{8.3}$ 均通过验证，即产品涉入度在个人兴趣和购买意愿之间起部分中介作用、产品涉入度在产品象征性和购买意愿之间起部分中介作用、产品涉入度在营销刺激和购买意愿之间起部分中介作用。通过前面分析可知，这一结果较为可靠。

第 4 章　提高消费者对实木家具购买意愿的对策

根据第 3 章的分析结果，可以发现消费者成熟度和涉入度均对购买意愿具有较大的影响。我们在梳理相关文献的基础上，基于分析结果，分别从改善实木家具市场环境、提高消费者成熟度、提高消费者涉入度三个方面来提出具体的对策建议以增强消费者的购买意愿。

4.1　改善实木家具市场环境

在实木家具的市场环境中，要想提高家具消费者的购买意愿，促进家具企业健康快速发展，就需要从宏观角度来进行分析，即从政府层面来提出改善实木家具市场环境的对策。政府要通过提高国民收入水平来增强消费者的购买能力，通过提高消费者的受教育程度来提升消费者对信息的识别和处理能力，进而增加消费者成熟度，促进买卖双方良性互动。具体来说，政府可以通过完善关于实木家具的政策法规和加强对实木家具市场的监管力度两方面，来规范家具企业的经营行为、营造家具企业和消费者共赢的市场环境。

4.1.1　完善关于实木家具的政策法规

在市场经济条件下，政府应该严格按照相关政策法规来对家具市场进行监督管理，明确权责，依法行政。目前，我国家具市场的制度体系还不够健全，家具标准体系比较混乱，家具质量检测标准相对滞后。因此，政府要通过严格执行相关法律规范来实现家具市场监管的科学性和系统性，进而推动实木家具产业的平稳健康发展。

具体来讲，政府可以通过制定和完善实木家具生产材料、工艺水平、技术标准等方面的标准和规定来建立规范的家具行业经济秩序，也可以通过完善家具管理体系、修订实木家具标准、规范实木家具使用说明书等具体措施来约束和规范家具企业的行为。

同时，政府要充分发挥引导作用，通过完善相关法律法规来规范家具市场购买双方的商业行为，营造健康有序的购物环境，让企业和消费者能够在一个公平、公正、公开的环境中进行交易，保障买卖双方的合法权益，促进家具市场的健康发展。

我国家具市场在逐步走向成熟，消费者成熟度也不是一成不变的。因此，政府要引导企业担当起培育市场的责任，可以通过组建家具行业协会来为家具企业提供信息沟通和技术交流的平台，并且充分发挥家具行业协会的作用，加强对家具行业的管理。

4.1.2　加强对实木家具市场的监管力度

政府要以市场和用户需求为导向，正确把握新形势下家具市场发展的新方向，健全家具市场的监管体系。同时，政府要促进家具企业和相关部门之间的协调合作，加强对实木家具原材料环保、生态方面的认证，提高实木家具产品有害物质含量的标准，保障消费者的合法权益。对于符合行业标准和要求的企业，政府要予以大力支持，对于不能达到要求的企业，则应该严格监管和规范。

提高消费者成熟度能够规范企业的经营活动，因此，政府在实施市场监管时应注重对消费者成熟度的培育。政府可以通过教育宣传来提高消费者成熟度，可以采取多种方式来提高消费者对实木家具产品的认知能力和对相关信息的辨识能力，帮助消费者从诸多的产品信息中甄别出自己需要的信息，让消费者更加科学、合理地挑选出自己需要的实木家具，减少购买过程中的盲目性。

此外，政府还要积极引进先进的经营模式与管理方法，提高家具企业的经营能力和管理水平，引导家具企业健康生产，合法经营。对于消费者而言，买卖双方处在不完全信息水平下，无论消费者的成熟度多高，其在面对企业时都处于弱势地位。因此，政府要建立健全消费者权益的保护机制，通过规范家具企业的经营行为来保护消费者的合法权益，通过制度监管、权责分明和道德约束等方式引导和约束家具企业行为，从而促进家具企业健康发展。

4.2　通过提升消费者成熟度来提高购买意愿

通过第 3 章的分析可知，消费者关于实木家具的产品知识、购买经验和信息识别能力对理性消费成熟度有正向影响，消费者关于实木家具的理性消费成熟度对购买意愿有正向影响，消费者关于实木家具的产品知识和购买经验对购买意愿有正向影响。理性消费成熟度发挥部分中介的作用。因此，企业要从消费者视角出发，通过加强对消费者的产品知识管理来增强消费者的产品知识；通过提高服务水平来增加消费者体验，促使消费者愿意积累一定的购买经验；通过引导消费者准确识别信息来增强消费者的信息识别能力，并基于消费者成熟度来强化市场细分。

4.2.1　加强对实木家具消费者的产品知识管理

家具企业要在充分分析和了解消费者特征的基础上，明确消费者的消费特点和实际需求，并据此对消费者进行细分。家具企业可以通过为消费者提供可靠的产品信息、系统规范的产品教育和高水平的产品服务来提高消费者对产品的了解和认知，进而提高消费者的产品知识水平。当消费者认为自己具有较高的产品知识水平时，就会对产品具有更高的感知价值，这能够影响消费者在产品购买过程中的信心，促使消费者更加理性地购买产品。

消费者成熟度可以分为低成熟度和高成熟度两种，不同成熟度的消费者对产品知识的了解和掌握情况不同。家具企业要针对不同消费者的特点来对消费者进行知识管理，通过加强对消费者的知识管理来提高消费者成熟度。对于低成熟度消费者，由于他们对实木家具的了解较少，对实木家具产品相关知识的概念还不够明晰，因此，家具企业要加强对低成熟度消费者的产品知识教育和引导，通过提供良好的学习体验平台来增加消费者对实木家具的认同感，并创造条件来帮助不同成熟度水平的消费者实现消费学习和知识共享。面对成熟度较高的消费者，家具企业可以鼓励和引导他们参与到对实木家具的体验中，使消费者能够及时感受到实木家具的核心利益点。通过高成熟度消费者对实木家具的良好口碑来产生示范效应，带动低成熟度消费者购买实木家具。同时，家具企业还可以通过征求高成熟度消费者的意见来对实木家具的产品和服务进行改良，通过增加消费者对实木家具新产品的体验来使消费者获得认同感和满足感，帮助企业实现对高成熟度消费者的知识管理。

4.2.2　通过提高服务水平来增加消费者体验

随着体验营销时代的到来，传统经济已经无法满足消费者的需求，而以消费者需求为核心的体验经济越来越受到消费者的青睐。家具产品的个性化程度较高，消费者在购买家具时需要结合房屋结构、房屋面积和室内装潢配饰等因素来确定实木家具的款式和风格，同时家具产品又极其讲究协调搭配，消费者只有在实物面前才能充分感受到家具的材质及工艺水平。消费者对家具产品的需求体现在产品和服务两个方面，企业要提高其服务水平，就要在整个家具购买过程中与消费者紧密联系，配备专业人员及时解答消费者在家具购买过程中遇到的问题和困惑，通过为消费者提供一系列的附加服务来增加消费者体验。企业主要应该做到以下几点。

（1）提升销售人员的售前服务水平。家具企业要通过对销售人员的培训来提高销售人员的售前服务水平和自身素养，使其具有丰富的专业知识和娴熟的销售技巧，能够随时解答消费者的问题。

（2）导入家具设计和咨询服务。家具企业可以请专业的设计师为消费者提供咨询，使消费者通过与设计师进行情感交流建立彼此之间的信任，再根据消费者需求，通过模拟软件展示家具效果或设计家具配套效果图，进而增加消费者对实木家具产品的体验。

（3）提供家具安装和售后服务。一个完整的家具购买过程应该包括专业的安装，而许多家具企业都无法提供安装服务，消费者由于缺乏专业知识而操作不当，从而损害家具的质量和使用寿命。此外，家具产品售后服务的成本高、步骤多，一旦出现问题，就需要专业人士上门维修或返厂退换。因此家具企业要在各个地区配备专业的安装人员对家具进行免费安装，并提供有保障的售后服务来消除消费者的顾虑。

（4）通过推出体验店等方式来增加消费者对实木家具的体验度。消费者在购买家具时，除了注重其基本的使用功能外，还注重对家具的视觉空间体验和心理满足，因此，家具企业要通过设计家具体验店来更加贴近消费者对购物体验的诉求。家具企业在设计体验店时，不仅要简单地展示家具商品，还应该将产品、环境与消费者需求相结合，并融入独特的品牌文化和品牌价值，增强消费者的代入感，在展示家具产品时注重体现企业文化，引起消费者的共鸣，使消费者产生对企业文化的认同。

综上，家具企业需要通过提高服务水平来增加消费者体验，尽可能地消除消费者对实木家具产品的顾虑，进而提高消费者对实木家具产品的感知价值。

4.2.3　引导消费者准确识别信息

在信息化时代的今天，消费者面对的产品越来越多，不论高成熟度消费者还是低成熟度消费者，其搜寻、处理产品信息的能力都是有限的，企业和消费者之间存在信息不对称性，这会增加消费者的感知风险，使消费者难以准确、合理地做出完全正确的产品判断。目前，消费者如何在纷繁复杂的产品信息中识别出所需要的正确信息会直接影响消费者对产品的判断，因此，企业要从为消费者提供正确的信息内容和为消费者提供多种可靠的信息渠道两个方面来引导消费者准确识别信息。

1. 为消费者提供正确的信息内容

实木家具消费者是产品信息的接收方，在信息接收的过程中处于被动的局面，可能会接收到虚假或者经过夸大的信息，这就要求家具企业保证传播信息的准确性，为消费者提供准确有效的信息。家具企业可以在实木家具的标签上写清楚家具的材质、价格、产地、质量规格、等级等具体情况，使消费者能够通过家具标签直观、准确、全面地了解家具产品信息。同时，家具企业还要做到随时更新产品信息，通过与消费者之间的信息沟通来不断完善实木家具产品信息的内容，通过为消费者传播不断变化的实木家具产品信息来降低企业与消费者之间的信息不对称程度，通过建立完善有效的家具类信息传播机制来帮助和引导消费者准确识别信息。

2. 为消费者提供多种可靠的信息渠道

家具企业应该采取多种方式来为消费者提供实木家具产品信息，并保证信息渠道的可靠性。部分消费者缺乏对家具市场的了解，只是盲目、被动地接受产品信息，缺乏对产品信息的搜集和分析能力。因此，家具企业要通过宣传单、广告、公共关系、人员推广、电子媒介、产品包装、活动赞助等多种可靠的信息渠道来向消费者全面展示实木家具产品信息。当消费者为潜在消费者，没有主动搜集产品信息时，家具企业要加大对实木家具产品的宣传力度，并不断发掘和拓展有效的信息传播渠道，避免消费者在错误的信息渠道接收信息而被误导。当消费者主动搜寻产品信息时，家具企业应通过增加产品信息来增强消费者对产品的信任。

4.2.4 基于消费者成熟度强化市场细分

消费者成熟度是一个变化的过程，有高低之分。家具企业可以根据消费者的不同特点来进行有效的市场细分，确定相应的目标市场，并采取不同的产品、定价、促销、分销策略来为消费者提供有针对性的家具产品。

对于低成熟度消费者来说，家具企业可以通过提供高品质、高价格的实木家具产品来吸引其产生购买意愿，因为低成熟度消费者对实木家具产品的认识呈片面化的特点，对实木家具产品的判断、选择能力较差，同时，由于低成熟度消费者往往会被动地接受产品信息，可能会简单地认为高价格产品即高品质产品。因此，对于这一类消费者，家具企业要以高价格、高品质为卖点，加大对实木家具产品的宣传力度，采用多种营销方式促使消费者产生购买意愿。对于高成熟度消费者而言，其产品鉴别能力较强，购买行为较为理性，一方面，这会降低企业的宣传成本，另一方面会增加企业的营销工作难度。因此，家具企业要不断推出新的实木家具产品，精简营销渠道，直接向高成熟度消费者彰显实木家具产品的核心利益点。因此，家具企业要针对不同成熟度的消费者心理特征细分市场，采取不同的营销策略来满足消费者的多样化需求。

4.3　通过提升消费者涉入度来提高购买意愿

通过第 3 章的分析可知，消费者关于实木家具的个人偏好、产品象征性和营销刺激均对产品涉入度有正向影响。消费者关于实木家具的产品涉入度对购买意愿有正向影响。消费者关于实木家具的个人偏好、产品象征性和营销刺激对购买意愿有正向影响，产品涉入度发挥部分中介作用。因此，家具企业要从消费者视角出发，通过为消费者创造良好的涉入条件来增加消费者的购买意愿，即利用信息挖掘实施精准营销来增强消费者的个人偏好，通过确保产品质量和品牌形象来彰显实木家具的产品象征性，通过整合营销来增加对消费者的营销刺激，并通过实施涉入营销引导消费者涉入。

4.3.1　利用信息挖掘实施精准营销

实木家具的个性化程度较高，家具企业需要充分挖掘消费者的"个性化"需求，推测消费者的个人偏好，并针对消费者的不同偏好来实行个性化推荐，进行特定内容的定向营销。家具企业掌握大量的客户数据，可以通过对这些数据的深入挖掘和分析来了解消费者的偏好，进而根据消费者的不同偏好来实施精准营销。家具企业还可以结合不同地区和商圈消费者的消费习惯、风俗民情、年龄层次及职业结构等因素来区分消费群体，有针对性地满足消费群体的偏好和需求，根据不同地区的消费特点和风情民俗来推送信息，引导消费者到线下体验。

同时，家具企业要致力于挖掘消费者的深层次需求，准确把握消费者的心理，采用多种渠道挖掘消费者的个性化需求，通过家具定制化等方式为消费者提供周到的个性服务，并不断扩展与延伸对消费者的服务层面，在满足消费者价值需求和情感期望的同时增强与消费者的互动，加强消费者与家具产品之间的联系。

此外，家具企业要有强大的信息采集功能，可以根据客户的消费情况了解客户的详细资料，通过对这些资料的分析整理来维护与老客户的关系，并通过不断更新客户的相关信息及时发现潜在客户，通过即时互动平台，有针对性地把商家打折促销的信息传递出去，提供一系列特色增值服务。家具企业还要充分利用现代化的即时通信工具（如微信、QQ 等）与消费者进行沟通，根据消费者的不同偏好来对其分组管理，通过适当推送符合消费者个人偏好的实木家具信息来吸引消费者进一步深入了解实木家具。

4.3.2　彰显实木家具的象征性

实木家具作为一种典型的耐用消费品，具有价格高、使用周期长等特点，在某种程度上来说它是一种奢侈品。使用实木家具可以彰显消费者的生活档次、社会地位和个性品位，家具企业应以此为着力点，通过打造精良的实木家具促使消费者产生购买意愿，具体来说包括应从产品和品牌两个方面。

在产品方面，家具企业不但要确保实木家具的产品质量，突出其材质、环保特性、耐久性等显著优势，彰显实木家具的核心利益点，还要注重对形式产品和延伸产品的保障，通过良好的质量与附加服务来提高消费者的满意度，彰显实木家具的独特之处。家具企业在设计实木家具时，要确保产品质量，在制作工艺等方面注重体现实木家具产品的差异化和个性化特征，要彰显实木家具的象征性，迎合消费者的社会化心理特征。

准确、清晰的品牌定位能够提升品牌形象，家具企业要通过塑造独特的、具有差异化的品牌形象来满足消费者的个性需求。家具企业还要准确定位目标市场，通过有效的传播方式将品牌利益点传递给目标消费者，使消费者产生对该品牌的认同和信任，最终形成品牌忠诚。同时，家具企业要加大宣传推广力度，采用多种方式对品牌进行宣传推广，利用口碑营销，通过严格把控产品质量、实体店布局和服务质量等方式形成消费者的品牌忠诚，进而利用消费者的良好口碑来强化品牌形象，塑造品牌内涵，通过提高品牌的知名度和美誉度来彰显实木家具的象征性。

4.3.3　利用整合营销强化营销刺激

随着市场环境的不断变化和消费者需求的多样化，传统营销模式的局限性日趋显著。对此，家具企业应该转变营销观念，实施整合营销，通过加强对消费者的营销刺激来提高消费者的购买意愿。

家具企业在实施整合营销时，要综合运用产品、价格、促销、分销等多种营销策略。实木家具属于奢侈品，具有价格高、使用周期长的特点，因此，家具企业的优惠、折扣等促销手段会降低消费者的感知风险，进而促使消费者产生购买意愿。此外，消费者在购买实木家具时，一般会到家具卖场亲自感受和体验，家具企业要精心设计家具卖场的布局，营造舒适的体验氛围，并通过陈列展示、广告、打折、促销、人员推销和主题活动等多种形式来与消费者双向沟通。例如，家具企业在销售实木家具时，可以将广告宣传、商场内部氛围和价格优惠三种手段结合，利用广告重复率高、宣传力度大等优势来为消费者接纳家具产品信息创造一个有利的外部环境，为消费者创造事前需求。家具企业接着与商场内部氛围紧密联系，强化消费者的购买意愿，最后通过降价的方式促使消费者购买家具产品。家具企业在对家具产品进行销售时，要根据消费者购买目的、个性特征和消费特点的不同实施不同的营销策略，增强消费者对家具产品的情感感知。

4.3.4　通过实施涉入营销引导消费者涉入

家具企业要把涉入营销作为企业营销的主导理念，转变传统的强势营销方式，始终以消费者的消费心理和消费习惯作为涉入营销的中心点和着力点，在家具设计、广告宣传、人员推荐和售后服务的过程中充分考虑消费者的涉入习惯和涉入特征，为消费者创造良好的涉入条件，通过实施涉入营销策略来引导消费者进行涉入。具体来说，家具企业要做到以下三点。

（1）充分运用高科技手段来引导消费者涉入。家具企业可以通过为消费者提供免费 Wi-Fi 和位置服务（location based services，LBS）等方式，鼓励消费者主动搜索信息，使走进卖场的消费者可以及时获取家具产品的打折促销信息，并能够及时查询和分享家具商品信息。

（2）引导消费者进行信息涉入。家具企业在对家具产品进行宣传时，可以引导消费者主动对广告信息进行有效评估、提出建议并及时改进，通过为消费者提供有价值的、全面的参考信息来满足消费者的心理诉求。

（3）通过其他丰富的线下体验活动来增强与消费者的互动。在实体店中，家具企业可以将网站 Logo、网址和广告宣传等放在醒目位置，通过提供优质服务来留住客户，并采取抽奖、积分、满减等活动来引导消费者参与到实木家具购买的过程中。

第二篇

不同商业模式对家具消费者购买行为的影响研究

第5章 商业模式及购买行为理论研究

5.1 商业模式相关理论

5.1.1 商业模式的概念界定

商业模式日益受到商界和学术界的广泛关注，关于商业模式的定义，无论是实业派研究人员还是学术派研究人员都莫衷一是。早在 1939 年，Schumpeter 就指出：企业的最主要竞争不是来自价格和产出，而是来自新技术发展、新的原料供应和新的商业模式。后来德鲁克也明确指出：现代企业之间的竞争，不是不同产品之间的竞争，而是商业模式之间的竞争。近年来，企业家不断地设计、调整甚至重构商业模式，企业界和投资界对"商业模式"的关注与日俱增。IBM公司在 2008 年对一些企业 CEO（chief executive officer，即首席执行官）进行了调查，几乎所有接受调查的 CEO 都认为所在企业的商业模式需要调整，2/3 以上的 CEO 认为有必要进行大刀阔斧的变革，其中一些企业已经开始寻求商业模式的创新。但商业界对商业模式的定义一直不明确，更谈不上一致。表 5-1 为整理的商业模式定义。

表5-1 商业模式定义

作者	定义
Timmers（1998）	基于价值链理论角度，商业模式由产品流、服务流和信息流构成，其中包括对各个参与者的角色、各个参与者的潜在利益及收入来源的描述
Linder 和 Cantrell（2000）	基于组织理论的角度，认为商业模式是一个整体，有一定的结构，且各个组成部分有机联系在一起，共同作用，形成一个良性的循环，主要涵盖要素构成、运营和变革三个层面，是组织创造价值的核心逻辑
Magretta（2002）	商业模式是一个企业对如何通过创造价值，为客户和维持企业正常运转的所有参与者服务的一系列设想
Osterwalder 等（2005）	基于信息系统理论的角度，商业模式建立在许多构成要素及其关系之上，用来说明特定企业商业逻辑的概念性工具，展现一个公司或企业给他人带来的价值
翁君奕（2004）	商业模式被定义为核心界面要素形态的有意义组合，即客户界面、内部构造和伙伴界面的各环节要素的可能组合，而每一种有意义的形态组合即称为商业模式原型

作者	定义
李乾文（2005）	商业模式概念本质阐述表明，人们对于商业模式内涵的认识，经历了由经济类、运营类向战略类不断发展演变的过程
原磊（2007）	商业模式定义的发展存在逻辑层级关系，在经历了经济、运营、战略层级之后，正在向整合概念递进
Amit 和 Zott（2012）	在描述了公司的框架结构和它的合作伙伴网络后，这些网络和结构用于进行市场营销、创造产品，并起到传递这些价值和资本的作用，以产生可持续收入的利润
傅世昌和王惠芬（2011）	商业模式定义发展的历程包括五个不同阶段，即运营类、经济类、现象类、整合类和战略类，且界定商业模式应由价值支撑、价值主张（value proposition）、价值保持构成的分析体系构成

资料来源：根据文献整理所得

　　通过以上综述得出，商业模式将支撑企业运作的内外要素进行整合，目标是实现客户价值最大化，从而形成一个内部结构化、整体、高效、利益相关的具有独特核心竞争力的企业运作体系，并采取最优方式以满足不同客户的不同需求，实现客户价值，使整个体系最终达成一种可持续性盈利的解决方案。尽管国内外的实业派与学术派对商业模式概念理解仍然存在差异，但目前已经基本形成了一致意见：商业模式的研究对象是企业（Gui 等，2012）；商业模式的核心是消费者，企业的运营、实现战略战术目标都是为了给客户创造更多价值（魏炜和朱武祥，2009）；商业模式下相对应的企业是一系列完整的逻辑发展体系，企业通过运用和改进这种商业模式，不断地进行模式创新发展，创造更有利的生存空间。

　　在当今商业模式日趋多元化的时代，电子商务在一定程度上冲击着传统商业模式，当电子商务由之前传统商业的补充逐渐转型为撬动内需的一种形式时，传统商业就面临着改造升级的趋势（王雪冬和董大海，2013）。不难理解，正确的发展路线，可以使企业处于盈利、发展的状态。学术界也将商业模式与企业运营流程做了明确划分，商业模式作为连接企业战略和运营流程的桥梁，与这两者都存在着交集；而企业运营流程比商业模式更加具体，且更注重执行过程。

5.1.2　商业模式的构成要素

　　研究认为，商业模式的概念构成了商业模式的内涵和外延，自然也包括商业模式构成要素的界定和描述，因此对商业模式构成要素的分析，应建立在特定商业模式概念的基础之上。

　　Timmers（1998）作为国外最早研究商业模式构成要素的学者之一，提出商业模式应包含三个方面：一是参与主体所扮演角色的描述及产品、服务和信息流体系结构；二是参与商业活动主体的利益描述；三是参与主体收入来源的描述。程愚和孙建国（2013）描述商业模式的基本构成要素主要包括：一是价值成果，从外向角度而言即企业给客户带去什么，也就是客户价值，从内向角度而言即企业得到了什么，也就是企业价值，总的来说价值成果是客户价值与企业价值的总和，是企业活动的最终成果；二是资源和能力，企业拥有雄厚的资源和能力是获得价值、财富的最基本保证，其中资源包括人力资源，而能力代表企业的综合实力，如产品的议价能力、产品免检能力、产品掌控能力及产品配置的话语权能力等；三是决策，主要是指企业日常活动的大小决策，包括两种维度，即层次维度和功能维度。

在商业模式基本构成元素中起到枢纽作用的元素有提供物、关键资源、关键流程、成本结构和收入模式。其中，提供物承载着目标顾客的利益需求信息，企业为实现提供物的创造、传递和最终收益获取，需要一整套相互关联的资源和流程来系统集合成企业创造价值、传递利益和获取盈利的活动体系，而必要的关键资源和流程将对企业的收入模式提供市场支持，同时为企业的成本结构提供技术支持。

在对商业模式进行研究的时候，因定位和角度不同，研究框架也会产生巨大差异。Afuall 和 Tucc 从盈利模式的视角提出商业模式主要是由客户价值（企业为客户提供了什么）、范围（其服务的客户对象和市场功能）、定价（产品和服务的价格）、收入来源、关联活动（与盈利有关的一切其他活动）、实现（为实现盈利各个要素的必要活动）、能力（各类活动所需的能力）、持久性（企业动态发展的动力）八个要素组成。而 Chesbrough 从价值理论的角度出发提出商业模式的六要素体系，分别是价值主张（客户需求及产品定位）、市场分割（对于细分市场的划分）、价值链结构（不同企业在价值链当中的位置和主要作用）、收入来源和成本结构、价值网中的位置（在竞合体系中价值网络的位置）及竞争战略（企业短期和长期的发展策略）。Alt 和 Zimmerma（2001）从体系论的角度指出，商业模式包含六个要素，分别是使命、结构、过程、盈利、法律和技术，并且商业模式是由多个维度构成的，没有单一存在的商业模式类型。从整合理论的角度来看，庄建武（2010）认为商业模式的构成要素包括三个部分：①用户的价值定位，主要是企业创造价值的方法；②成本的结构，主要是指企业在运营过程中的资源耗损；③利润，是企业保持运营和创新的动力，是保持竞争的物质保证，主要通过一定的市场回馈来保证。

我国学者普遍认为商业模式由业务系统、企业定位、企业价值、盈利模式、关键资源能力和现金流结构这六要素构成，每一要素都反映了交易结构的一个立面，也都需要进行交易风险、交易成本和交易价值的考量，进而提出了商业模式六要素模型。奥斯特瓦德等依据商业模式定义等研究理论，提出了四要素参考模型，该模型包含三个要素九个组成因子：价值观的产品要素；目标顾客、分销渠道及客户关系的客户要素；价值配置、核心竞争力、合作伙伴网络的基础管理要素；成本结构和收入模型的财务要素。其他一些国外著名专业研究机构基于其公司运营的经验也创造性地提出了各自的商业模式构成要素理论，因其本身就是一个成功案例，其采用的商业模式也是经过市场检验的，使其结论对其他企业具有现实性指导意义。

综上所述，商业模式的构成要素分析，要有总体性的发展阶段的归纳和预测。不同的商业模式有不同的特点，企业要根据自身的发展规划选择合适的发展模式，在相应的发展阶段予以实施。从单个商业模式的构成要素来看主要有以下两个大部分。

1. 外部环境部分

这部分的要素是维持企业发展的外部环境要素，是商业模式在横向角度体现出来的特征，主要包括以下三个部分。

（1）政策管制：包括运营商业模式所在的区域政治法律环境，相关监管制度和政策法规，市场竞争体系和格局，企业生存空间，自由度和开放性等内容。

（2）技术创新：包括核心技术及辅助技术发展的历史、现状和未来趋势，技术创新的促进和阻碍因素，等等。

（3）产业需求：包括行业的资源获得情况，产品特色，客户主要来源及特征，客户的消费情况，需求发展历史，现状和趋势，主要和潜在目标客户，产业推动力，等等。

2. 内部系统部分

这部分是商业模式的核心内容，主要体现在系统内部的静态节点、自身运转及交互机制等三个方面。

（1）静态节点：包括同一个商业模式下所包含的企业或者个体的类型、各自特点、分布位置、整体价值链等。

（2）自身运转：主要包括个体自身的战略定位、核心竞争力、经营范围、运营机制、实现模式、成本定价机制、营销模式、盈利模式、收入分配模式和关联活动等。

（3）交互机制：主要包括个体间的竞合博弈关系、价值流、资金流、信息流和物流的流动作用形式等。

5.1.3　商业模式的类型

商业模式一词最早出现在 1957 年的一篇论文当中，1960 年开始出现在论文的摘要和题目当中（原磊，2007），而商业模式的理论研究在 2000 年后才迅速升温。这一年里，以商业模式为篇名或主题的文章较上年增长了近 6 倍。此后，由于互联网泡沫的破灭，有关商业模式的研究也受到影响，但在 2005 年后又进入快速发展时期。总体而言，我国学者对商业模式理论的研究与互联网及电子商务的发展密切相关，本书依据前人研究及对商业模式的分类，对传统实体店商业模式和电子商务模式进行探讨。

1. 实体店模式

我国家具行业的传统商业模式主要是生产商通过零售商、代理商将商品售卖给消费者。传统的商业模式主要的营销渠道就是广告宣传，零售商和代理商将店铺开设在大型商城或沿街面，这是最为传统也是最常见的消费者购买模式。学者蒋红兰在对四川地区几家典型的家具企业和家具工业园的物流运作模式分析之后，提出了相应的物流改进对策。也有研究人员通过对餐饮业实体店的创新路径研究，认为创新要素包括供应商、内部和顾客 3 个层面所涉及的诸多要素，最为关键的创新要素就是目标顾客关注的要素本身。传统家具门店与顾客的接触最为频繁和直接，搜集消费者需求信息，及时反馈给供应商，对产品创新有极大好处。

2. 电子商务模式

电子商务是企业利用现代的网络技术和电子信息技术所从事的各项商务活动，如现今的淘宝网、京东、亚马逊都是企业利用电子技术从事的商业活动，越来越多的消费者已经开始转变传统的消费理念，电子商务模式必将跟上消费者的步伐，其未来发展空间无比巨大，同时也对现有传统企业提出了重大挑战。早期的商业模式研究主要起源于电子商务，学者们对电子商务的分类进行了大量的研究，Timmers（1998）基于价值链分解、交互模式、价值链重构的视角提出电子商务模式分为电子商店、电子采购、协作平台、信用服务、信用中介等类型。Tapscott 和 Ticoll（2000）基于控制和价值链整合的视角将电子商务分为集市、整合、价值链、联盟、分配网络等类型。Rappa（2001）从价值主张和价值实现的角度得出经纪模式、广告模式、信息中介模式、商人模式、制造商模式等为电子商务模式的主要类型。Weill 和 Vitale（2001）认为电子商务模式包括内容供应商、直销商、全业务提供商、信息中介、共享基础设施、价值网络整合商、虚拟社区等，该分类体系反映了组织模块化的思想。按照交易主体的不同，电子商务模式可以划分为 O2O、B2C（business to customer）、C2C（customer to customer）、C2B（customer to business）、G2B（government to business）、G2C（government to customer）、B2B 等模式，其中 O2O 是电子商务中最为常见的模式之一，也是家具企业最常用的电子商务模式。

O2O 电子商务模式是线上做展示、线下做服务的商业模式，其本质是线上资源和线下资源的一种对接。电子商务通常包括信息流、资金流、物流和消费流，O2O 商业模式的信息流和资金流发生在线上，而物流和消费流是去实体店消费，是通过快递形式传递给消费者。因此家具企业要想跟上时代的步伐，必须衔接好线上与线下服务。O2O 电子商务模式作为目前新兴电子商务的一种，与其他电子商务相比最主要的不同在于线下消费和线下体验，运行的过程中利益相关者主要分为四类，分别是 O2O 电子商务网站企业、线下实体店、支付厂商和终端消费者。O2O 电子商务模式在我国各行各业的兴起具有必然性与有效性，同时销售终端门店在 O2O 模式运作体系中发挥着不可或缺的重要作用（罗小鹏和刘莉，2012）。目前大多数企业所发展的电子商务模式存在通病，他们只是建立了线上平台信息的互动，而忽视了线下和线上的信息对接，O2O 电子商务模式的实质是将所有掌握的资源进行整合，通过电子商务平台进行资源共享，并将整合的资源信息加以最大化的利用。

5.1.4　商业模式创新

1. 商业模式创新的概念

商业模式的概念提出本身就有创新的含义，日本企业之所以在全球一体化的过程中脱颖而出，最主要的原因就是用商业模式创新来增强竞争地位，在创新时兼顾公司、顾客和竞争等层面，因此商业模式创新是商业模式研究的重要议题。

商业模式创新是一个多维度复杂概念，已有相关研究从不同的特定视角描述了商业模式创新的特定内容。商业模式创新作为一个概念有过程性和行为性两个核心特征。

一方面，商业模式创新概念具有过程性特征，不同视角下的商业模式创新概念描述了商业模式创新作为一个过程在不同阶段的特征。例如，营销学视角下的商业模式创新概念重点关注这一过程的前端，商业模式创新的起点是顾客，是企业对顾客和顾客价值主张的重新认识和定义，并且是主动性市场导向型的创新模式，这里强调市场在创新过程中的作用。商业模式创新是对商业模式构成要素进行变革，概念则强调这一过程的中间阶段，是一种系统层次的创新，将商业模式创新理解为商业模式内部构成要素及其相互关系发生变化的过程，在这一过程中企业实现了商业模式内部构成要素的系统性创新。战略学视角下的商业模式创新则聚焦在这一过程的后端，战略学者将商业模式创新理解为企业层级的一种变革过程，是企业实现战略更新的一种变革过程。技术创新学者和战略学者都注意到了商业模式创新特有的颠覆性特征，"根本性创新"则反映了商业模式创新的程度，即商业模式创新对企业所在市场是颠覆性的。

另一方面，商业模式创新概念具有行为性特征，它的行为性特征又可以细分为类别、层次、程度、形式四个子特征（罗小鹏和刘莉，2012）。首先，从类别上看，"创新"是"商业模式创新"概念的本质属性，商业模式创新是一种新的类别的创新，是一种不同于技术创新、产品创新、流程创新等传统创新类别的全新创新类别。技术创新学者把这种新类别创新视为思维范式创新、理念创新，而战略学者则把它理解为一种非常规的长期性特殊战略变革行为。其次，从层次上看，商业模式创新并不是产品层次或者业务单元层次的创新，而是企业层次的创新，是企业整体层次上的一种战略变革。最后，从程度上看，商业模式创新是一种极具颠覆性的激进式创新，通常会颠覆行业的基本假设和竞争规则。一旦取得成功，创新企业就能获得快速成长。

目前，从商业模式构成要素的视角来分析创新的路径（林小兰，2014），已成为一个比较成熟的研究方向。商业模式创新是通过其各构成要素的组合形式的创新而得以创新，由价值诉求、价值创造和价值提供这三大部分组成使用模式创新要素。其中价值诉求包括企业家精神、企业文化、洞察力、战略；价值创造包括创新能力、营销手段、组织管理、战略资产；价值提供包括产品、联系动态、市场范围和供应网络。零售企业若要进行商业模式创新，要做到系统把握和整体设计，依据价值诉求—价值创造—价值提供这一层次逐一展开，根据要素之间的关系进行模式创新设计。

O2O 模式作为一种创新型的商业模式，在我国各行业被广泛应用，其未来发展潜力巨大（王雪冬和董大海，2013）。O2O 模式核心的地方就是"电子商务变成了商务的电子化"，它代表着电子商务的部门和组织职能在企业里发生了巨大的变化，将从简单的销售部门演化成为重要的企业战略部门。这是各类行业发展的大体趋势，电子商务部门和传统商业模式结合引流已经是物流发展的商业战略，而 O2O 模式是解决传统商业模式的大数据和战略布局问题的关键所在（梅瑜，2013）。

从商业模式的创业研究现状来看，Sorescu 等（2011）基于商业模式的创新视角对传统行业中的零售业进行商业模式分析，认为零售行业的商业模式如果能够随着顾客对服务等方面的需求改变而不断创新，更能符合该行业在发展过程中的需要，有助于营业额的提升。Boons 和 Ludeke-Freund（2012）认为，随着全球化进程的加快和信息技术的发展，企业想要在激烈的市场竞争中长期保持一定的竞争优势非常困难，通过商业模式来支撑企业的持续创新已经成为一种新趋势。刁玉柱和白景坤（2012）构建了一个基于商业模式创新机理的二维分析框架，研究认为商业模式创新应包括企业战略分析、创新的要素利用和收入模式设计这三大模块。李飞等（2013）通过对海底捞的商业模式创新研究，得出由内向外的创新路径，即先整合员工资源和组织文化；再通过员工主动进行创新，进而实现服务流程和服务项目的双重创新，并逐步形成以优质服务为主要优势、企业产品为次要优势的营销模式，最后为顾客带来其独特的价值即惊喜和精细服务。甄冰（2014）针对 O2O 电子商务模式创新提出线下物流和线上信息流的整合对接，需要企业进行革命性的改革、产业信息化的改造、技术服务质量的更新，这些都会成为实现 O2O 电子商务模式创新的重要组成因素。这其中需要投入大量的资金和人力，更离不开信息和技术的全面升级。

2. 商业模式创新理念

1）企业战略对接商业模式

一个企业如何制定战略规划必将影响一个企业的商业模式，而商业模式又是实施战略的主要依据（希尔和琼斯，2007）。企业的发展战略和商业模式在某些方面会共享关键要素，它们是一种垂直水平式交融关系。在商业模式概念正式提出之前，企业的战略是独立的，局部发挥作用，与商业模式的关联是没有人为因素影响而自然发生的，而商业模式的概念提出以后，人为地将企业战略与商业模式对接，使其整体发挥作用。在进行商业模式创新的时候必须考虑到企业的战略目的和意图，而在正式实施企业战略的时候要以商业模式作为蓝图整合（沈永言和吕廷杰，2011），可以看出，企业发展战略是商业模式的理论基础，对商业模式的创新具有指导作用。

与企业资源相关的要素主要包括人力资源、物质资源、组织形式。而商业模式与治理相关的要素包括资源、资源配置、利益相关者（Bamey，1991）。从已有的研究中看，商业模式与企业治理的内在联系并没有引起学者的注意，但是从两者包含的要素来看，资源是企业治理与商业模式的主要联系。企业治理规定了企业运作的基本框架和运作机制，是协调股东与其他利益相关者之间的制度安排。商业模式是企业资源的配置和转换的方式，企业资源主要包括人力、物力和组织三大类。企业的人力资本及运营模式是企业的重要宝贵财富，是市场获得有利竞争的关键因素，在知识经济的时代，拥有知识技能就能够占领市场。特别是企业家已经成为一种稀缺资源，他们是企业规划、内部治理、投资决策和市场开拓等重大问题的组织实施者和倡导者，对企业的未来发展和走向起着关键的作用。因此基于人力资本治理的企业产权规划机制、约束机制、奖励机制必然能够促进企业商业模式创新（姚伟峰，2011）。

2）创造企业价值，兼顾社会责任

企业作为市场竞争的主体，不断地为客户创造价值，进而实现自身的价值，这也是企业商业模式最主要的功能。企业只有通过体现低价格和差异化的商业模式，不断为客户创造独特价值，才能赢得客户的忠诚，避免恶性竞争和零和博弈。Kim（1997）从客户差异化发展战略中指出客户在不同价值要素上做出取舍，以提供与众不同的价值曲线来实现顾客价值的快速增加。而 Mintzberg（1988）将客户差异化具体细分为五种，包括形象差异化、设计差异化、质量差异化、支持差异化和无差异。从已有的研究理论中可以看出差异化发展战略在商业模式价值创新中具有实用性。

企业是社会发展的最主要形式，而社会是企业发展的依托和保障，企业在兼顾自身价值和客户价值的同时也要关注社会价值，不能仅仅局限在实现利润最大化。在商业模式创新的过程要充分考虑企业的活动给社会带来的潜在影响，比较社会成本和社会收益。Porter 和 Kamer（2006）认为企业的社会责任并不是一种负担、一个成本约束或者是一项慈善事业，而是企业正在孕育的一个潜在的获取竞争优势和占领市场的机会。企业商业模式创新考虑社会价值，如注重环保、发展绿色产业、投资教育、关注弱势群体等，是不断地将企业内部的有形资产转化成无形资产的过程，把社会利益纳入企业运营的商业模式中，才能使企业实现更强、更大、更持久的发展。

3）整合已有资源，发掘无限潜力

商业模式是企业资源的配置和转换的方式，以创造更大的价值，客观上表现为各种能力，因此商业模式创新的过程也不断表现为整合各种资源、发掘企业潜力的过程。企业要想发展就必须要有资源的支撑，而能力是运用资源的手段，因此可以说企业是资源和能力的集合体，资源和能力是企业发展的最基本要素，是构成商业模式运行的基础。

整合资源的目的是运用科学方法，对不同来源、层次、结构和内容的资源，特别是对人力、组织、流程、知识、制度、关系、品牌、文化等有价值、稀缺、难以模仿、难以替代的战略资源进行综合和集成，通过优化资源配置，改善资源的产出效果和效率，发挥资源的协同效应，来提高企业的价值创造和租金获取能力（余光胜，2008）。

资源和能力是相辅相成存在的，资源依靠能力发挥作用，没有能力资源也毫无价值，而没有资源，能力也将无处发挥作用。因此企业要想长久地生存和发展，必须同时拥有资源和能力，二者相互补充、有效融合，才能使企业获得竞争优势。

4）重视商业生态系统，着眼于产业发展

苹果、微软等世界级企业成功的案例表明，企业要想获得成功，不仅取决于自身的价值资源和核心能力，更要取决于所处商业生态系统的健康状态，企业创造价值要依赖经营客户、供应商、销售渠道、其他企业、社会组织、政府等的通力合作，因此任何企业都存在于商业系统中，从中获取价值和创造价值。例如，现今东南亚合作组织、南亚合作组织等经济联合体，参与成员国从中获得资源，在共同秩序的约束下实现利益最大化。NEC（Nippon Electronic Company，日本电器公司）是以开发半导体为主的企业，到 1987 年，其结盟的企业就达到 100 多个，其目的是通过合作获取资源，降低成本来占领市场（余光胜，2008）。

企业的产业竞争主要分为三个阶段，即产业先见之争、核心能力之争和市场地位之争，前两个阶段的竞争是产业形成阶段的竞争，是企业如何以最快最经济的途径将产业的概念转化为现实的竞争，它们是市场竞争的起点，决定了未来产业的竞争格局与竞争规则。而商业生态系统中主要重视企业在即有产业中的定位，如果企业能够掌握好产业先见之争和核心能力之争，自然而然地会占领市场地位，因此企业要着眼于产业的发展和培育核心产业，为企业的持续发展奠定基础（饶扬德，2005）。

5）合理优化企业局部，调配整体

从直观上来看，商业模式创新是企业价值提倡、价值生产、价值提交、价值获取等要素或活动方式的选择和组合，本质上则是战略定位。李曼（2007）提出商业模式创新是企业在整体战略目标的指导下，对各组成要素进行统筹规划，整体适配。因此可以看出，商业模式的各个组成要素是相互关联、彼此影响的，并不是不相干的割裂部分。

也有研究者指出创造差异性是企业获取有效竞争的最主要因素，即有目的地选择整套不同的运营活动以创造一种独特的价值组合。另外各种活动之间相互加强和彼此调配，可以增强企业的整体实力和竞争优势，能够增强企业在同行中的差异性，减少成本，创造更多的价值，提高运营效率。例如，美国西南航空公司的核心竞争力就是利用各项活动之间的环环相扣，将模仿者拒之门外。由此说明合理优化企业布局、调配整体是战略定位的要领，也是商业模式创新的精髓。

5.1.5　基于价值网的商业模式研究

通过对商业模式的内涵、构成要素、类型及创新模式的深入剖析，许多学者开始关注基于价值网视角的商业模式研究。基于价值网的商业模式是在信息化革命、"互联网+"的时代背景下应运而生的，揭示了今后商业模式发展的新趋势，充分体现了商业模式价值的本质特征。因此，基于价值网的商业模式的研究就显得十分必要，它可以有效指导企业管理者根据自身实际情况解决商业模式创新时可能出现的问题，有利于为企业创造更多价值。本书试图基于价值网的商业模式进行分析，给出研究框架。

1. 商业模式的价值传递过程概述

一些学者从价值角度对商业模式的构成要素进行了一定的分析。其中，王水莲和常联伟（2014）认为价值主张、价值创造、价值获取应被看作商业模式的关键要素；而魏江等（2012）指出了构成商业模式的五大要素，即价值主张、价值创造、价值获取、战略抉择及价值网。本书结合相关文献对价值视角下商业模式的构成要素以及相互作用关系进行分析与总结，如图 5-1 所示。

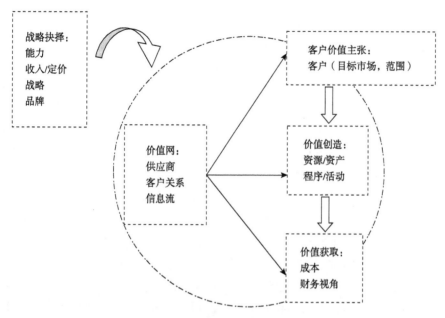

图 5-1　价值视角下商业模式的构成要素

根据价值视角下商业模式的构成要素以及相关文献，本书构建出基于价值网的商业模式分析框架。因为商业模式的关键在于寻求一种能够将价值传递给消费者、吸引消费者投资及将投资转化为经济效益的方法（Teece，2010），所以本书所构建的分析框架是依据价值的传递过程来描述基于价值网的商业模式，主要包括三个构成要素：价值主张、价值创造及价值实现，如图 5-2 所示。

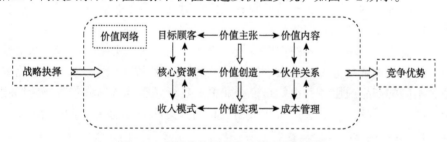

图 5-2　基于价值网的商业模式分析框架

根据图 5-2 的分析框架可知，企业依据自身战略来选择制定价值网络商业模式，首先对于目标顾客的需求要有自己的价值主张，然后在价值主张的基础上，基于一定的价值网络进行价值创造与获取，从而完成价值实现，获得企业竞争优势（吴晓波等，2014）。由此可见，基于价值网的商业模式的核心内容为价值主张、价值创造与价值实现。一个企业成功与否关键在于能否找到为顾客创造价值的商业模式。需要强调的是，企业的价值主张应该是特别的、可持续性的及可估量的，正确地构建与传递客户价值主张对于企业的发展具有十分重要的影响。而价值创造的水平受到目标客户对新产品或新服务的独特性与新颖性的主观评价影响，因此价值创造是以客户价值主张为前提的。另外，价值实现过程是企业商业模式的重要组成部分，价值实现过程与价值的创造过程有着一定的差别，企业实现的价值也不一定以创造价值为前提，可以说企业能够获得竞争优势需要创造价值与实现价值。综上所述，价值主张、价值创造、价值实现是基于价值网的商业模式的核心框架内容，其中客户是价值的决断者。

2. 价值主张的两个要素

商业模式成功的前提是要有独特的、明确的、一致的价值主张。企业要想获取竞争优势，必须要结合企业的战略资源与自身的核心能力提出适合企业的价值主张，且以一种独特新颖的要素组合方式来创造并实现价值。反过来，企业还可以通过价值的不断创新，对企业的战略资源以及自身核心能力进行进一步的更新。价值主张作为商业模式的战略起点，是通过向目标顾客提供价值产品或服务来满足相应的市场需求（黄勇和周学春，2013）。其中 Osterwalder 等（2011）认为，价值主张可以用来描述为特定顾客细分创造价值的系列产品或服务，也可以说价值主张就是提供给客户的特定利益组合，即企业通过一定的产品或服务向客户提供价值。价值主张依据顾客潜在需求制定，强调的是企业的"竞合思维"（冯雪飞等，2015）。因此，对具体内容进行划分，价值主张还能够进一步分解为目标顾客与价值内容两个要素。

1）目标顾客

目标顾客指的是企业的产品或服务主要针对的对象。企业在生产产品或提供服务的同时，需要考虑到哪些是自己最主要的顾客，而哪些是相对次要的顾客。同时，企业不应只关注顾客的现有价值，更要把关注重点集中在那些未来会给企业带来价值的顾客身上（阮瑜琳，2015）。为满足客户的不同需求，企业需要提供各种不同的产品或服务，也就是说企业根据目标顾客准备向哪些市场传递相应价值。因此，可将目标顾客按所在市场区间划分为低端市场顾客、中端市场顾客和高端市场顾客。

低端市场顾客是指无法为企业带来盈利的顾客，这时企业的总收益小于对顾客所付出的总成本。而企业之所以仍然保留低端市场的顾客，是为了提高企业的市场份额或者通过分摊企业的固定成本降低自身的经营风险。低收入群众商业模式提供的价值主张可分为三类，即能力价值、经济价值及关系价值（邢小强等，2015）。

中端市场顾客是指那些能够给企业带来一定利润的顾客。企业的利润一般来自这部分顾客，中端市场顾客的数量与质量对于企业的营利能力具有决定性的作用。

高端市场顾客是指利用自身拥有的知识与技能，能够为企业创造价值的顾客，这部分顾客可以被看作企业的战略资产。高端市场顾客是企业的宝贵资源，能在一定程度上不断为企业带来有价值的信息。

2）价值内容

价值内容是指企业提供哪些产品或服务才能为顾客创造价值，价值内容需要解决的问题是企业向目标顾客传递怎样的价值。每个商业模式都需要针对不同的顾客细分市场，其中可能包含一个或几个不同的价值主张。一些价值主张有可能是创新的，即一个全新的或破坏性的产品或服务，而有些价值主张则可能只是在市场上现有产品或服务的基础上进行的改进（吴朝晖等，2013）。因此，本书将价值内容分为基本价值与创新价值两个方面：基本价值是满足客户需求的产品或服务所包含的基本功能，其获得的价值是一种标准化的有形或无形的价值；创新价值可以看作一种能够给予客户相应的产品或服务的全新体验的价值，并能够满足顾客的个性化需要，给予顾客与众不同的感受。

3. 价值创造的两个要素

商业模式目标是使企业及其相关利益者创造价值（王晓明等，2010），而商业模式创新重点则在于创造价值的实现过程（刘盟和王晔，2015）。其中 Beltramello 等（2013）认为，商业模式的核心是价值创造，企业能够从获取的新机会、新市场中创造其价值。而在价值创造的过程中顾客是价值创造者，企业则为顾客创造价值提供有力支持（杜兰英和钱玲，2014）。价值主张是价值创造的基础，价值主张需要从客户价值创造的角度进行评估，而强有力的价值创造能够保证企业向目标客户传递其价值主张（Skålén et al.，2015）。Chatain（2010）分别考察价值创造、附加价值对企业绩效的影响，他认为同等能力的供应商得到的经济回报也有可能存在差异，不同的竞争者构成情况对于企业的经济回报的多少具有重要影响。因此，如何进行价值创造已成为人们普遍关注的问题。Amit 和 Zott（2012）指出商业模式创新有多种实现方式，包括增加新的活动、用新的方式链接创新活动及在一定程度上改变执行这些活动的方式。Landau 和 Bock（2013）指出企业能够通过垂直整合商业模式单元来对价值进行创造，这样可以达到减少治理成本的目的。综上所述，本书认为企业在构建价值创造时，其价值主张需要与企业的核心资源及能力相匹配，与此同时还需要通过不断培育和提升适应这种主张的资源和能力。另外，本书根据上述分析以及相关文献提出支撑企业实现价值创造的两个属性为核心资源与伙伴关系。

1）核心资源

随着资源基础观与能力学派的兴起与发展，人们对资源与能力对价值创造具有决定性作用已达成共识（程愚和孙建国，2013）。所以，将"核心资源"作为价值创造的一个基本要素是科学合理的。资源基础观关注的重点是企业如何提升自身的核心竞争力，如何通过流程组织使各种不同的企业组成一定的价值网络，从而实现价值的让渡（谢家平和葛夫财，2015）。核心资源与能力则指的是企业核心竞争力的关键资源与能力。核心资源与能力是区别于其他企业并能够给企业带来竞争优势的最主要因素，包括金融资源、信息、人力资源、无形资源、企业网络、客户关系、组织能力、交流能力、物流能力等。Johnson 等（2008）对核心资源进行了说明，他指出核心资源是指那些用于将价值主张传递给特定消费者的产品、技术、人员、设备及品牌等资源（Johnson et al., 2008）。而通过这些核心要素及要素间的相互作用可以为客户以及企业带来经济利润。因此，本书将核心资源进一步分为企业内部资源与企业外部资源两部分：企业内部资源是指支撑企业内部运作的各种资源，其中包括产品、人员、技术、设备、资金、信息、信誉与品牌等；而企业外部资源作为合作伙伴关系网络资源的辅助与支撑，可为企业拓宽其关系网络提供一定帮助。

2）伙伴关系

伙伴关系有很多种，包括竞争者之间的战略合作关系、非竞争者之间的战略联盟关系、为开发新业务两个或多个企业构建的合作关系、为确保可靠供应形成的购买方与供应商的关系。那么，企业与伙伴若想在价值创造的过程中实现"共赢"，该如何处理彼此之间的伙伴关系呢？本书为解决这一问题，将伙伴关系概括并划分为两种，即正式的契约安排与非正式的情感强关系。正式的契约安排是指企业通过建立正式的制度来进行约束，用以明确企业与伙伴间的信息交流、资源交换及利润分配等方面的关系。非正式的情感强关系可看做企业与伙伴之间的一种非正式制度，这种关系能够通过彼此的信任与合作来促进组织之间的相互沟通与交流，能够使企业与伙伴的联系更加紧密，进而扩展组织规模及其活动空间，降低企业交易成本。非正式的情感强关系与只有纯经济关系的联系相比，能够通过信息共享、相互信任及问题共同解决的方式，使企业获得低成本与高效率的优势。

4. 价值实现的两个要素

价值实现是商业模式的本质体现，是企业在为客户创造价值的同时如何获取经济利益模式的过程，价值实现决定了企业的营利能力以及能否获得可持续发展（郑祥龙和梅姝娥，2015）。任何商业模式都是以客户价值创造为出发点，以企业价值实现为最终目的，所以企业商业模式最后都要落在"企业该如何盈利、如何实现价值"这个最原始、最核心的问题上来。夏清华（2013）指出，企业最终价值的实现应该通过新颖性、锁定、互补及效率等四个因素来驱动，其中新颖性因素体现在活动系统中；锁定因素驱动是指商业模式创造的转换成本或者通过强化激励商业模式使参与者维持在活动系统之中；互补因素驱动是通过商业模式活动的相互依赖达到价值强化的效果；效率因素驱动是通过活动系统的相互关系达到成本节约的目的（夏清华，2013）。然而，多数企业的商业模式的创新过程表面看似很完善，但实际结果却是失败的，这中间的大部分原因就在于企业并没有设计出完整的、合理的、有效率的商业模式，最后的价值实现环节也往往被忽略。从具体内容上看，本书将价值实现进一步分为收入模式与成本管理两个要素。

1）收入模式

收入模式作为企业获取价值的基础，包括核心盈利点与定价方式。收入模式能够描述企业的主要收入来源与结构特征，包含价格与数量两个基本因素，其中价格因素涉及企业的收费方式、定价方式及价格策略等；数量因素则包含交易规模、市场规模、购买频率、附件产品或服务的销量及规模等相关要素。收入模式要解决的重点问题是企业如何对其创造的价值进行有效获取。对此，本书依照原磊（2007）的观点，将收入模式分为三种，即收入源、收入点、收入方式。

收入源：是指企业能够获取收入的那部分产品或服务的价值内容，即企业靠什么收费。

收入点：是指企业能够获取收入的那部分目标顾客，即企业该向谁收取费用。

收入方式：是指企业获取收入采取的手段，包含收费方式、定价方式、营销策略等手段。其中，分类定价可能会影响价值获取机制。

2）成本管理

成本管理是指企业对成本进行管理的方式，要解决的主要问题是企业在创造价值的过程中，如何对企业的成本进行成本分配与成本控制。对此，本书将成本管理过程进一步分为成本分配与成本控制两个部分：成本分配能够确定企业各项的成本分配情况，如将企业成本分为管理费用、研发费用、人员工资、财务费用等；成本控制是对企业所产生的各部分成本进行前中后期有效控制，也是对企业进行全方位的成本监控。

综上所述，本书提出了基于价值网的商业模式的分析框架。该框架分为三个主要的维度，并由六个支撑属性以及十四个子项构成，能够系统且全面地对企业的商业模式进行深入剖析，为企业选择并构建自己的商业模式提供有力支撑。根据分析框架可知，商业模式的三个构成要素（即价值主张、价值创造及价值实现）缺一不可，若没有好的价值主张，企业的商业模式就找不到根本的落脚点；若企业在提出了有效的价值主张后，缺少强有力的价值创造，那么企业的该项价值主张就很可能会落空或在实施过程中被各种各样的不利因素所抵消；最后，只有企业的价值得到了有效实现，整个商业模式才能够得以最终实现。

5.2　消费者购买行为相关理论

消费者购买行为是指消费者为满足某种需要，在一定购买动机的驱使下，以货币换取商品的行动。在实体店模式下，消费者通过与相关服务人员进行接触后发生购买行为，电子商务模式下，消费者通过网络平台对相关产品和服务进行消费。因此消费者购买行为是一项比较复杂的活动，受自身原因及外在环境等多种因素交互影响，具有动态性、多样性、冲动性和交易性等特点。消费者购买行为是人类社会中存在的最具普遍性的一种行为方式，它并不是单一的环节，而是由一系列的环节组成。从微观上看，个体消费者的购买行为表现出单个性、分散性和家庭性等特点，消费者基于个人不同需求和动机产生不同的购买行为。因此，个体消费者的购买行为不存在固定的模式，体现出比较随意的特点。但从宏观上看，一般团体消费者的购买行为又具有时代性、整体性等特性，可以从消费者心理学、行为学的角度来研究大众消费行为内在特点及规律，以及在一定的社会经济条件下，消费者购买行为的共性特点。随着市场经济的发展，消费者受竞争市场的影响日益复杂多样，企业要想在竞争的市场中占有一席之地，实现自己的营销热点和营销价值，就必须深入了解消费者购买行为，这对企业的发展具有深远的意义。

5.2.1　消费者购买行为的类型

按照消费者需求的个性化以及需求表述的强弱可以把消费者购买行为划分为四类：确定型、偏好型、习惯型和简单型。

（1）确定型购买行为一般发生在消费者刚性选购的情况下，表现出个性化较强的特征，然而又不同于一般的高档消费，它是物质消费和文化消费的综合反映。另外消费者一般不会在购买过程中对所选购的产品属性、服务要求等做出临时性改变，消费者的实际购买结果不会和购前设想产生很大偏差。

（2）偏好型购买行为多发生在消费者认为商品能为自己提供特别利益、个性化需求较高但需求表述模糊的情况下。消费者对所购产品有其特殊偏好，但这种偏好更多的是一种主观、抽象的成分，如家具的风格、情调等非理性的特质，因此在需求的表述上不能明确，受外界情境的影响十分显著，导致购买决策容易做出临时改变。

（3）习惯型购买行为是指人们主要根据生理需要，在实用信息的支配下，到习惯的场所或网络平台购买商品，一般是日常生活必需品或劳务的一种购买行为。消费者的主要特点表现在需求表述较强，但个性化较弱。一般而言，消费者购买这类产品以传统购买习惯为依据，是传统购买行为在网上的延伸，也可以是多次购买后形成的常规购买反应。产品的网上购买主要是追求购买过程的简单化、便利化，消费者在网上不需要做太多选择、耗费太多的时间与精力，网上购买过程较简单，但消费者注重网店的信誉等情况。

（4）简单型购买行为是指消费者的购买行为比较随意、简单，购前也不会认真地、主动地收集信息进行分析筛选，而以点击方便性、支付便利性作为首要条件。消费者对此类产品的购买多为临时产生的冲动型购买。因此此类产品大多是价格不高的商品，产品品质差别不大，衡量的标准单一，但是种类繁多，一般属于同质市场。这类购买行为下消费者对商品的个性化要求不高，经常变换产品或品牌，因此很难形成对产品品牌的忠诚度。

5.2.2 消费者购买行为的影响因素

消费者在形成购买意愿、购买决策及实施购买行为的过程中，受到外部因素和内部因素共同作用。我国消费者的外部影响因素主要包括经济因素、文化因素、社会因素、体制因素和企业的市场营销手段等。内部因素主要包括消费者的心理因素和个人因素（年龄、职业、个性和生活方式等）。总的来说，可将消费者购买行为的影响因素分为以下几类。

1. 消费者个性特征

消费者个性特征主要表现在性别、年龄和受教育程度等方面。在传统实体店模式下还有电子商务模式下，男性和女性的消费行为存在很大的差别，男性购买决策更加理性，而女性在购买过程中会受感性心理影响，比较感性，她们消费决策随机，总会在不知不觉中购买许多闲置商品；年龄对购买行为的影响主要体现在消费的模式上，老年人一般会选择实体店购买，而互联网的用户群体主体是年轻人，他们喜欢追求新鲜和时尚；另外受教育程度较高的人也多会选择在网络平台上购物。

2. 产品特征

产品特征是指关于产品的一些信息，如质量、价格和用途等，这些因素会对网络再次购买行为产生影响。产品质量是企业竞争力形成来源之一，能大大提高顾客对产品的持久性和可靠性要求。实体店消费的情景下消费者能够直接体验产品，对产品的质量有直接的感受，因此实体店消费者的购买行为较多地受产品质量的影响。而从产品的价格来看，同质产品电子商务模式下价格显得更多样化，网络购物的低价格是吸引消费者的原因，但低价格不意味着产品质量低，人们期望得到物美价廉的商品，因此价格也是影响消费者的购买行为的重要因素。网络产品类别繁多，商品表现出新颖和个性化的特征，可供消费者选择，满足消费者对产品多样性的需求。

3. 中间商特征

中间商特征对消费者购买行为的影响体现在网络营销商服务水平对消费者行为的影响上。中间商通过网络平台对产品进行展示和推销吸引消费者，而网络营销产品服务可以划分为售前服务、售中服务和售后服务。售前服务是指通过网络宣传产品和提供产品信息，通过这种方式引起消费者的注意力，来增加消费者的购买意愿，使其产生购买行为。售中服务是指在消费过程中，卖家向买家详细说明信息，包括产品的相关信息、订单情况和物流运输情况等。售后服务有两类：一类是包括产品运送、调换退赔、客户投诉处理等的基本售后服务，另一类是网上产品支持和技术服务等。

4. 网站特征

网站特征主要包括网站的页面设置以及网站安全特征。网站的设计模式很重要，它能给消费者留下好或不好的第一印象，一般赏心悦目且配有背景音乐的网站页面会使人能够较长时间浏览并且产生购买的冲动，而给人印象不好的网站，使大多数消费者选择关闭离开。另外厂家除了装饰和点缀网站外还要列出商品分类目录和图片信息，在给消费者便利的同时增加了他们的购买意愿。此外随着近年来互联网诈骗信息的增多，网络的可靠性和安全性不明，消费者担心自己银行卡的安全问题，因此消费者越来越关注网络安全。由此可见一个良好的网络环境能给消费者带来可靠的消费体验，因此网站的安全性也会影响消费者购买行为。

5. 环境影响

消费者生活在一定的社会环境中，与其他社会成员、群体和组织发生直接或间接的联系。因此，外界的宏观环境因素在很大程度上影响和制约着消费者行为。影响网络消费者购买行为的环境因素包括政治法律环境、人口环境、社会经济文化环境、技术环境和物流配送环境等。政治法律环境包括政治制度和国家政策、法规，我国现行的法律法规对于 B2C、O2O 等商务模式的各方权利、义务、责任的划分比较明晰，只有大力加强法律法规建设才能促进消费者毫无顾虑的在网络平台上消费。人口环境是指人口数量的多少、素质的高低，人口基数大、素质高能增加消费者的网络购买行为。社会经济文化环境主要是指宏观的经济发展水平对消费者购买行为的影响。技术环境中，现如今互联网技术的发展，为消费者提供了信息技术服务，实现企业、社会、消费者的合理连接，推动电子商务的发展，使电子商业模式真正变成一种提升企业竞争力的模式。物流配送是电子商务发展的瓶颈，很多消费者因为物流问题而放弃购买，为解决此问题，许多大型购物网店已经或正在建立自己的物流配送公司。

5.2.3 消费者购买行为的现状研究

1. 购买行为影响因素的现状研究

传统的消费行为理论研究起源于马歇尔对消费者的边际效用、价格弹性、需求供给规律和消费者剩余等方面的研究，这些理论奠定了消费者购买行为理论的基础。Vitell 和 Muncy（1992）探究道德因素在消费行为过程中所起的作用，通过观察消费者、企业、政府的一般态度，并将这些态度相比较，发现消费者道德信仰的部分是确定的，而在消费中的不道德行为是属于卖方还是买方尚不确定；以更加积极的态度经营企业也不可能全部解决可疑消费行为，而且销售人员、政府的态度与消费者的道德信念不相关。Rizwan 探究了情境因素对消费者购物行为的影响，结果显示：商家提供免费样品、推出优惠券与消费者购买行为之间不存在显著关系；直接的价格折扣、买一送一活动及购物环境和消费者购买行为存在显著关系，并且价格折扣、买一送一活动和购物环境对购物行为的贡献率约为 46%。

2. 网络消费者购买行为研究

Andrews 和 Bianchi（2013）以智利为研究对象，在理性行动理论基础上，研究影响消费者网络购物行为的因素。他们研究了智利消费者的信念、对风险的认识和主观准则，结果表明：消费者对产品的态度是影响持续网上购物行为的因素，产品的兼容性和明确性会影响这种态度，进而影响购物行为。

在网上购物时，多数消费者会关注已经购买过此商品的消费者对商品的评论，Ludwig 等（2013）指出，当负面评论中的情感内容与语言风格相互匹配时，换言之，当负面文本内容质量高时，会降低消费者的购买意愿。Racherla 等（2012）认为当消费者面对着大量的商品评论信息时，很容易被舆论所影响，认为评价质量越好可信度越高，评价的内容包含的信息越具体、广泛、充分，消费者会更加满意。Cheung 和 Lee（2012）从集体主义、自我主义、利他主义、知识自我效用和原则五个维度建立了网络评论动机模型，模型结果表明：归属感、个人声誉等与网络口碑密切相关。

在网络消费过程方面，Novak 等（2000）把消费者在网上购物中的心态变化，定义为一种受聚焦注意力、挑战激励水平、技能控制水平、远程展示与交互能力这四种因素影响的认知状态，并建立起基于这个状态的结构模型，用于验证和测量消费者在网络环境下的消费过程中的体验度。

Liao 和 Zhong（2013）介绍电子商务和市场上消费者的忠诚度、信任和满意度相互之间的关系。顾客对电子商务满意度增加会提升顾客忠诚度，当他们信任卖家时，也会增加对卖家的忠诚度，现实市场的满意度受信任影响，但市场信任不会对消费者忠诚度产生直接影响。

李国庆等（2006）根据品牌知觉中的涉入度、知觉品牌差异和 H/U（享乐消费与实用消费）这三个因素的交互作用，将消费者购买行为划分为八种不同类型的购买行为，即冲动购买、习惯性购买、寻求多样化购买、忠诚购买、减少失调购买、影响购买、促销反应购买和复杂购买，消费者网络购买行为属于以上几种购买行为类型的综合。廖卫红（2013）认为在移动互联网下，网络消费行为的影响因素有消费者个性特征、物理终端能力、应用环境和区域商业文化氛围。同时她指出，在移动互联网下，消费者信息搜集受到限制，因而消费者在更少的信息下进行消费决策。

黄飞（2013）把网络消费定义为消费者在网络环境下为满足自身物质和精神需求，支付时间或者金钱的一种消费行为方式，包括网络购物、网络信息消费和网络游戏消费。在传统的家具行业中，消费者在购买商品之前，通常都会参考其他人的建议（陈旭和周梅华，2010）。也有学者从评论内容参考特征的角度探讨了在线评论对消费者购买行为的影响，他们肯定了在线评论内容的重要性，并得出结论，即线上的评价内容直接影响着消费者的购买（赵保国和成颖慧，2013）。张晓东和朱敏（2011）根据网络口碑、购买意向、感知价值与消费者购买行为的相互关系建立"网络口碑对消费者购买行为影响模型"，并通过实证得出网络口碑对商品的社会价值、功能价值和情感价值存在正面影响。陆海霞等（2014）则采用二项逻辑回归模型，检验用户负面评论和差评数量对潜在消费者购买行为的影响，得出的结论为：线上差评的数量和负面评论内容直接影响着消费者的购买行为。更为重要的是，差评数量和负面评论文本内容质量之间不存在交互作用，差评数量对消费者的购买行为产生负向影响低于负面的评论文本内容，只有当负面的线上评论文本内容质量很高时，线上差评数量才会影响消费者的购买欲望。

闫学元和张蕊（2014）则认为发展网络消费政府需做到以下几点：第一，提高居民整体收入水平；第二，坚持网络消费市场监督；第三，提高消费者网络安全意识；第四，规范网络运营商的行为；第五，加强基础设施建设。

3. 家具消费者购买行为研究

家具作为一种典型的耐用商品，有着单位价值高且购买频率低的特性，相比其他黏性商品，消费者的购买行为比较理性。Kumar 和 Benbasat（2006）总结出家具购买行为的四个特性，即短期的刚性需求、长期的弹性需求；家具购买行为受房屋等各类属性影响；家具消费者的消费感和消费风险高；家具购买行为具有很强的家庭性。闫丹婷和刘雪梅（2011）从家具产品的消费行为特征这一视角做了描述性统计分析，得出消费者行为直接影响家具的使用寿命的长短及其产生的环境效益，若要使家具产品在整个生命周期内取得良好的经济环境效益，必须在各阶段考虑到消费者的行为特性。

史益芳等（2013）以我国北方一处较大规模的家具销售集散地为研究样本，讨论与电子商务配套的家具物流模式的现状以及存在的问题，并对现有的物流模式提出相应改进建议；何建华（2013）以大学生网络购物消费者这一群体为研究对象，从个性特征、情境因素、营销刺激和其他因素这四方面进行具体分析，并为网络商家提供了营销建议。行业市场中，各类因素对消费者购买意愿的总影响力大小排序为绩效期望—感知风险—网络经验—产品特征—努力期望—社会影响—便利条件。

近年来，关于影响家具市场消费者购买行为因素方面的研究，在学术界近乎空白，没有统一或具有高度导向性的研究成果。本书另从民间研究成果和其他行业内影响消费者购买行为的因素等角度进行借鉴性研究，以支撑后续的问卷设计。李真（2012）在对绿色家具消费意愿及影响因素的研究中，将消费者购买行为影响因素分为消费者自身个性特征、家庭成员特征、传统家具消费者的行为特征、环保认知度和其他因素五个维度。在消费者自身个性特征中考虑了消费者性别、年龄、经济状况和受教育程度；家庭成员特征中考虑了是否有老人或儿童及家庭成员的身体状况；在传统家具消费者的行为特征方面考虑了家具产品的多样性，并从产品的价格、产品的风格款式、原材料是否用材优良、产品品牌和环保性能多方面进行研究分析；在环保认知度问题上，考虑了消费者是否熟悉我国关于环保的相关法律法规，以及地方性政策，等等；在其他因素方面，主要考虑了经济、文化、政治、法律四大方面（Teece，2010）。

根据中国家具网的调查，家具消费者受产品质量、价格、装修风格、运输费用、上门安装和售后服务等几个因素的影响。家居网调查结果显示，产品价格是影响消费者购买家具行为的最主要因素，占参与调查总人数的28%。除此之外，有23%的人认为影响他们购买家具产品的决定因素是产品的服务，22%的人更倾向于产品的口碑。有研究人员从谁担当决策人的角度考虑，发现在家具用品的整个决策过程中，多由女性负责前期的信息搜集和产品比较，男性是最终决策人。

经研究发现，当家庭中有儿童时会对整个家庭的支出起到一定的影响，这种影响因产品的使用者对产品认知度的不同而有所不同，我国著名的学者陈卓（2004）还从家具设计的角度对儿童的消费行为进行了专门研究。王铭聪（2012）认为家具消费者购买行为会受多因素影响，主要包括三个方面，即特定产品、特定时期和特定环境，其内容包括认知、感知、环境因素及行为自身的相互关联作用。

5.2.4　消费者购买行为过程

消费者的购买行为主要包括购买前的初步了解、购买过程比较，而购买过程比较包括消费模式比较及产品价格等的比较，然后是决策过程和购买后对企业的评价和反馈等一系列的过程，可以概括出消费者购买行为的基本模式实际上也就是需求-动机模型。图 5-3 为描述购买行为的一般模型，它由以下几个阶段组成。

图 5-3　购买行为一般模型

（1）确认需求。消费者的购买过程事实上从他需要某种产品和服务就开始了。消费者在内外因素的刺激下产生对某种产品或服务的需求，如自身对产品的需要或者是企业的促销、打折活动刺激，进而产生好感，形成购买意愿，因此确认需求是消费者的一个心理活动过程。

（2）寻求信息。消费者当对某种产品产生购买意愿后，会搜集相关产品的服务与信息情况，如购买的产品是大品牌还是中小品牌、知名的还是不知名的、去哪里购买等信息，还有关于产品自身的信息，如质量、价格、他人的评价等。产品的信息情况是决定消费者最终购买与否的关键因素。

（3）比较评价。消费者购买行为的第三阶段是比较评价，主要是哪种产品比较适合自己的需要，另外选择何种购买模式也是消费者进行比较的关键。现今电商平台的发展给消费者留下了更广阔的消费空间，消费者可以选择是在实体店购买还是在电商平台购买，通过比较两种购买模式下产品的价格、质量、物流服务等信息做出购买决策。此阶段的消费者主要受大众、市场、产品口碑的评价影响。

（4）决定购买。此阶段的消费者在获取关于产品和服务的信息，比较消费模式后，基本确定了购买意愿。一般情况下消费者会选择他们最中意的产品或品牌，但是他们选择也会临时受到他人的影响而发生改变。

（5）购后评价。最后阶段表现了消费者对获得的产品或服务做出客观评价。对于实体店消费，消费者可能会通过比较介绍产品信息，给他人以指导，如果是电子商务消费模式，消费者可能会在电商平台上做出评价，为后来的消费者提供导向作用，关系到该产品或服务的企业信誉。消费者的反馈也会形成口碑效应，带动潜在消费者的购买行为。

通过以上的研究分析得出，消费者购买行为是一个动态的发展过程，中间环节的寻求信息和比较评价是影响消费者购买决策的关键因素，其中不同商业模式下消费者的购买行为也会发生变化，因此就要深入分析消费者的感知需求、消费者感知实用及影响消费者购买行为的基本因素。

第6章 家具行业实体店模式对消费者购买行为的影响因素分析

6.1 家具行业实体店模式概述

我国家具行业的实体店模式主要是生产商通过零售商、代理商将商品售卖给消费者。零售商和代理商将店铺开设在大型家具商城或沿街铺面，主要的营销渠道就是广告宣传，这是最为传统也是最常见的家具零售模式。目前，美国作为电子商务模式最为发达的国家之一，线下消费依然是国民最主要的消费方式。根据美国 TrialPay 公司的研究结果，美国线下消费群体的比重仍高达 92%，而在我国，这一比例则更是高达97%（李真，2012）。

在现实生活中，传统大型的家具企业有着自身的优势，它拥有线下忠诚的用户群体、充足的资金储备及销售经验丰富的团队，以及专业的售前售后服务体系，更重要的是它积累了大量的良好品牌口碑。因为大部分消费者认为到实体店购买有助于产品质量把关和方便物流配送服务，所以家具实体店在我国仍有很大优势，我国家具实体店规模仍然很大，各大城市家具商城产品类目、品牌健全，方便消费者进行对比选购家具产品。但是目前单纯实体店销售的家具往往价格较高，这是实体店遭受网络冲击的最重要因素。同时，家具市场需求量的涨幅速度敌不过原材料价格的增长速度，销售环境日渐严峻。原材料价格上涨过快不断地压缩着家具行业的利润空间，行业内的激烈竞争不断压缩着销售者的利润。部分曾经定位于国际市场的家具品牌也调头抢占国内市场，品牌竞争形成外冷内热的局面，这些因素在某种程度上使营销成本不断攀升，挑战着传统销售模式。目前家具行业竞争激烈，市场经营模式日趋残酷，企业要想发展，就必须脚踏实地，提高产品的质量，加强售前售后服务，增强品牌价值，让品牌个性越来越明显。品牌的个性越突出，针对的目标客户就越集中。

　　随着家具生产原料成本的增加、大量卖场的进驻、产品及品牌大幅的跟进，竞争和整合的年代已经到来，家具企业要想更好地生存必须要有精准的市场定位、忠诚的客户群体、优质的品牌定位。家具企业要建立具有特色的品牌个性，要不断增强自身的竞争力，挖掘占据资源，通过不断的创新来拓展市场。各品牌企业之间要懂得资源共享，善用资源整合的杠杆原理，发展同业及异业联盟等多种合作体系，资源共享、优势互补等。品牌的整合创新、企业联盟是家具行业明显的特征，品牌内涵的建设已经成为各个企业发展的核心。企业之间应达成合作共存，创新营销模式，达到互利共赢。

　　我国家具行业传统的营销特点是消费者更愿意先进行实际体验，再进行消费。首先，家具和普通的商品不同，普通商品的销售可以完全借助电子商务平台完成，顾客对商品的实际体验需求相对于家居产品要低得多，商品时效性完全依附于第三方的快递公司。但因家具产品没有统一的、标准的样式，加之消费者的审美趋于个性化和多样化，所以购买家居产品是需要空间感进行体验消费的，这也是家具行业多选择实体店销售的原因。其次，消费者需要优质服务。对于家具产品来说，产品需要售前、售中和售后各环节的服务，为了让用户体验到优质的服务，企业要进行产品售前推广、售后安装运输、维修保养等工作，而在传统的电子商务平台上，电商没有能力独自完成这些环节。最后，家具行业发展需要商家具有高度的诚信。家具行业中商家对于商品质量及各种服务的承诺，都需要消费者来进行验证。家具产品是大宗消费品，消费者似乎更加相信品牌产品。与其他行业的电商所运营的商品品牌存在着差异，家具行业十分需要有品牌线下体验店来维护和保障消费者的各项权益。

6.2　影响因素分析方法

　　所谓描述性统计分析，就是对一组数据的各种特征进行分析，以便于描述测量样本的各种特征及其所代表的总体的特征。描述性统计分析的项目很多，常用的如平均数、标准差、中位数、频数分布、正态或偏态程度等（魏炜等，2012）。由于问卷调查的各个选项只是少数几个离散型数据，本书主要通过频数分布对问卷进行信息挖掘，即属性数据的描述性统计指标为所取各数值的百分比。

6.3　调查问卷设计

对于居民在实体店的购买行为，在《居民在实体店购买家具行为调查问卷》中设计，在哈尔滨居然之家、红旗家具、城新吉家具城和南岗、中央大街等商圈进行发放调查。

该项调查问卷正文设计包括以下内容。

（1）受访者基本情况。该项包括性别、年龄、职业、受教育程度和家庭人均月收入五个结构性选择问题，也包括受访者购买家具的途径、方式等选择性问题。

（2）《居民在实体店购买家具行为调查问卷》中包括受访者是否接触过O2O模式、是否愿意尝试该模式、购买家具的途径、购买习惯、购买前的信息获取途径、对质量的敏感度、对家具商场接送班车的需求、对以旧换新活动的期待程度、购买后的主要不满因素、品牌忠诚度十个结构化问题。

《居民在实体店购买家具行为调查问卷》共发放 482 份，得到有效问卷444 份。

6.4　基于《居民在实体店购买家具行为调查问卷》的影响因素分析

6.4.1　居民在实体店购买家具行为调查的总体描述性统计分析结果

（1）《居民在实体店购买家具行为调查问卷》受访者的个人基本情况如表 6-1 所示。

表6-1　居民在实体店购买家具行为调查问卷基本构成

项目名称		项目取值及分布情况/%						
受访者基本情况	性别 V1	男 42.8	女 57.2					
	年龄 V2	20 岁以下 7.2	20~30 岁 38.1	30~40 岁 32.8	40~50 岁 15.1	50 岁以上 6.8		
	文化程度 V3	初中 7.9	高中 26.9	专科 31.8	本科 28.6	硕士 3.9	博士 0.9	
	职业 V4	公务员 9.2	企业职员 24.8	自由职业者 21.6	农民 5.2	学生 7.9	个体经营者 16.4	退休 4.3　其他 10.6
	家庭人均月收入 V5	1 500 元以下 5.6	1 500~3 000 元 24.8	3 000~5 000 元 39.4	5 000~8 000 元 21.6	8 000 元以上 8.6		

表 6-1 数据总结如下。第一，性别比例：受访者中女性比例为 57.2%，男性比例为 42.8%，说明女性较男性参与购买家具的可能性更大。第二，年龄分布：调查数据显示，在实体店购买家具的受访者中，年龄集中在 20~30 岁的年轻人，比例占到 38.1%，年龄集中在 30~40 岁的中年人，比例占到 32.8%，这与该年龄段人群面临结婚等生活上的阶段性改变有着密切的联系。第三，学历分布：从受访者的受教育程度来看，绝大多数受访者具有高中及以上学历，其中专科学历和本科学历占主体，分别为 31.8% 和 28.6%。第四，收入分布：本次问卷样本来源较广，既有在校大学生，又有已经工作的人。样本中有 39.4% 的受访者收入在 3 000~5 000 元。此外有 21.6% 的受访者收入在 5 000~8 000 元，这些具有一定经济实力的人更倾向于在实体店购买家具。

综上所述，在实体店购买家具的消费者大多数是中高等收入、拥有较高学历的企事业单位职员，且女性消费者稍多。

（2）《居民在实体店购买家具行为调查问卷》受访者对 O2O 模式的认知及接受情况见图 6-1 和图 6-2。受访者中有 59.1% 的人听说过 O2O 这种商业模式，更有 70% 以上的受访者愿意尝试这种消费模式。

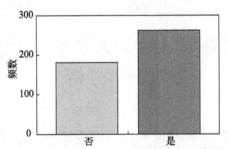

您是否听说或接触过网上销售家具，是否听说或体验过
在各大城市设体验馆供消费者验看家具的新型销售模式

图 6-1　受访者对 O2O 模式认知程度比例图

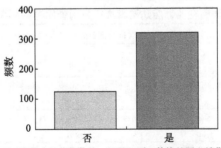

面对该模式的价格优势，以及区别于传统的网上销售模式，
让顾客直观体验商品，您是否愿意去体验馆体验体验商品？

图 6-2　受访者 O2O 模式尝试意愿比例图

（3）《居民在实体店购买家具行为调查问卷》受访者对家具以旧换新活动的态度如下：随着原木资源日益匮乏，为了有效利用资源、整合资源，有些企业筹划家具以旧换新的活动，有利于企业低价获取木材资源。经济的不断发展也使消费者的生活水平有了提高，人们对用旧的、过时的家具都会有更换的想法，只是出于节约的角度，没有实施，但以旧换新的活动正好解决了这个问题，企业会回收旧家具，以免造成浪费，消费者也可以得到经济上的弥补。通过频数分析，有 66.7%的受访者期待家具以旧换新的活动。

（4）《居民在实体店购买家具行为调查问卷》中受访者对家具商场班车的需求情况如表 6-2 所示。传统家具商城因其商品的特殊性，需要建在临近大型仓库、物流便捷的区域，并且考虑到土地资源情况，为节约成本，多不会建造在市中心，这就给消费者的交通带来严重不便。从表 6-2 可以看出，受访者对商场接送班车的需求是比较大的，为了更好地招揽顾客，提升企业销售额，大型家居商城可以考虑为方便顾客出行，安排区间定点往返班车。

表6-2　家具商城班车需求比例表

班车需求情况	频数/人	百分比/%	有效百分比/%	累积比率/%
否	137	30.9	30.9	30.9
是	307	69.1	69.1	69.1
总计	444	100.0	100.0	100.0

在对受访者品牌忠诚度的调查中显示，当顾客使用某品牌家具满意时，再次有购买需要还会选择该品牌家具的顾客比例为 73.4%，从而得出哈尔滨市消费者的品牌忠诚度很高。在 444 名受访者中，有 63 人看到喜欢的家具直接购买，221 人货比三家后再购买，有 155 人表示先考察市场再做决定，近 50%的人选择了货比三家后再购买，这说明对于家具这类大型商品，消费者的购物谨慎度是比较高的。

6.4.2　居民在实体店购买家具行为调查的总体关联性统计分析结果

将消费者性别设为 V1，年龄设为 V2，文化程度设为 V3，职业设为 V4，家庭人均月收入设为 V5，购买习惯设为 V6，品牌忠诚度设为 V7，接送车需求设为 V8。

对实体店消费者个人基本情况及购买习惯、品牌忠诚度、接送车需求进行两两关联性分析，各指标间的 χ^2 检验显著性概率及 Spearman 相关系数见表 6-3。

表6-3　居民在实体店购买家具行为指标的无关联性检验及关联度测量

研究指标	χ² 检验 Spearman 相关系数及显著性概率							
	V1	V2	V3	V4	V5	V6	V7	V8
V1	1.000	*					*	*
	·							
V2	−0.115*	1.000	**				*	
	0.015	·						
V3	−0.084	−0.142**	1.000	**	**			
	0.075	0.003	·					
V4	−0.008	0.029	−0.199**	1.000				
	0.868	0.542	0.000	·				
V5	−0.022	0.087	0.233**	−0.075	1.000			
	0.649	0.067	0.000	0.114	·			
V6	−0.077	−0.020	−0.039	0.021	−0.002	1.000		*
	0.107	0.675	0.410	0.659	0.963			
V7	−0.119*	0.106*	0.081	0.048	0.046	0.091	1.000	**
	0.012	0.025	0.090	0.316	0.330	0.057	·	
V8	−0.112*	−0.065	0.044	0.008	0.056	0.112*	0.172**	1.000
	0.018	0.168	0.353	0.874	0.241	0.018	0.000	

*表示 $P<0.1$ 的水平上显著相关，**表示 $P<0.05$ 的水平上显著相关

注：· 表示 V_1 与 V_2 的关联度测量仍然是 1，与关联性检验一致，无须报出。

对表 6-3 的数据进行分析，在显著性水平为 $\alpha=0.05$ 的情况下，性别与年龄、品牌忠诚度、接送车需求之间存在显著关联，年龄与文化程度、品牌忠诚度之间存在显著关联，文化程度与职业、家庭人均月收入之间存在显著关联，购买习惯与接送车需求之间存在显著关联，品牌忠诚度与接送车需求之间存在显著关联。因此，保留文化程度、购买习惯、品牌忠诚度等三个变量。Spearman 相关系数用来衡量有序变量间的相关程度，相关程度达到 0.2 以上的主要分析结论如下：文化程度影响职业选择，且人均月收入高的家庭中个人文化程度也较高；为提高顾客良好的忠诚度，商家应考虑提供免费班车接送。

6.4.3　我国家具行业实体店模式存在的主要问题

目前，我国家具行业实体店模式主要存在以下几个方面问题：第一，实体店家具价格偏高，相比于电子商务模式的低运营成本，实体店在价格上竞争力很低。一些实体店面在布置上不惜投入大量资金，打造"金碧辉煌"的奢华感。这种炫耀是为了表明卖家实力和品牌"档次"，但在无形中却增加了家具产品的成本，因此出现实体店家具产品价格虚高的情况。第二，实体店物流配送不便捷，

第 6.4.2 节的关联性统计分析表明，消费者比较注重接送车需求问题，由于电子商务模式下家具物流方便快捷，而且多是免费服务，相比实体店消费，一般的家具店不配带物流服务，即使有物流服务，也需要消费者额外消费。第三，缺少个性化定制家具产品，个性化定制产品能够满足不同消费者的需求，但是由于实体店家具产品都是统一生产的，个性定制家具不仅成本高昂，而且销路不确定，相比电商平台面对的消费者范围要少很多，因此实体店定制产品较少。

第7章　家具行业电子商务模式对消费者购买行为的影响因素分析

随着网络技术的进步与发展，互联网在人们的日常生活中逐渐普及。通过2017年8月中国互联网网络信息中心（China Internet Network Information Center, CNNIC）公布的第40次中国互联网网络发展统计报告，可以发现，截止到2016年12月，中国互联网注册用户数达到7.51亿人，比上年增加了6300万人；互联网的普及率达到54.3%，比2015年增长了2.4%。同时，根据该统计报告还发现商务类应用仍保持着较高的发展态势，其中网络购物最为明显。截止到2017年6月，中国网上购物人数达到5.14亿人，相较2016年低增加了8678万人，年增长率为41.6%，手机网络用户规模达到4.80亿，半年增长率为9.06%。根据以上数据可知，电子商务的快速发展和网购家具的价格优势，将促使未来有更多的消费者通过电子商务平台来购买家具。

7.1　家具行业电子商务模式的发展历程

1. 企业网站展示产品

家具企业对电子商务的最早使用是在线上产品的展示上，家具企业通过建立自己的网站介绍组织结构和资金规模等来宣传自己，同时展示企业生产的产品，建立品牌形象以达到招商的目的。但此类展示很少被消费者关注，很大原因在于消费者专业知识薄弱，以及对家具企业了解不多，尤其是一些中小型企业，在消费者从未听说或接触过该企业的情况下，消费者不可能搜寻其相关信息，所以企业网站尤其是中小型企业的网站起不到太大的宣传推广作用。

2. 借助第三方品牌推广平台

随着搜狐网、腾讯网等国内知名网络媒体的兴起，企业逐步采取一些与其合作的推广行为，如进入网络媒体的家具频道。消费者对于网络媒体更加熟悉，从他们的角度来考虑，网络媒体是比企业本身的网站可信度更高的平台，同时产品也显得更加专业、品种更加齐全。如果企业借助第三方品牌推广平台，企业的点击量会有所提升。

3. 构建家具企业自身品牌的网络商城

随着网络购物的兴起，一些国内知名家具企业意图构建自有家具品牌的网络商城，开始尝试与购物网站（如淘宝网）合作来推广产品。2010 年，曲美与淘宝网合作发起名为"曲亿团"的促销活动，仅在一个多月的时间内销售量就超过了13 000 件，曲美对外宣布这次活动线上的交易额已经超过曲美实体店的营业额。

这三种方式，虽然符合网络销售产品和展示产品这两个要素，但在宣传产品上功能过于单一，未能使行业资源得到有效的整合利用，营销方法还需改进。这些电子商务的模式，并没能真正地展示出电子商务的最大能量，概括地说，这三个阶段还是以 Web 1.0 为主的时代产物。

4. O2O 电子商务模式

O2O 电子商务模式的运行系统包含了整个交易的构型、角色与关系。利益相关者之间的联结方式所结连形成的网络拓扑结构即"构型"；拥有资源的能力被称为"角色"，即拥有实力的利益相关者；"关系"指的是利益相关者之间的治理关系、剩余收益索取权关系（王雪冬和董大海，2012）。O2O 的利益相关者主要由以下四类组成，分别是 O2O 电子商务平台企业、支付厂商、线下实体店和终端消费者（Johnson et al.，2008）。这其中，O2O 电子商务平台企业可以是像苏宁、国美或大型建材家居卖场等拥有实体店的商业企业；可以是制造类企业，如一些食品类企业自建的 O2O 电子商务网站；也可以是独立企业与线下实体店进行合作，如美团、途牛旅行网等。要实现 O2O 电子商务模式，企业必须在电子商务网站进行注册。消费者可以直接浏览企业电子商务网站或通过一些软件搜寻各类所需信息，然后通过网站平台下单、在线进行支付，再到线下实体店体验，反之也同样可行。体验完成后消费者需要在 O2O 电子商务平台进行如实的评论、及时地反馈产品质量服务等信息，以便企业能够更好地调整自身的战略发展策略。其中，引入利益相关者支付厂商能够更好地实现在线支付功能，消费者支付货款后，O2O 电子商务企业同样付款给支付厂商。

O2O 电子商务模式发展的必要性在家居行业中尤为突出，线上平台通过网络宣传和高效率的信息传播招揽客户资源，再引入线下做好产品的展示和服务。传统的家具店通过单个门店来进行区域性的覆盖，通过传统的促销渠道与消费者进行沟通，但在现今品牌多样性的竞争局面下，传统的沟通方式将大打折扣，随着行业内竞争越来越激烈，厂商企业和经销商的运营成本不断增加。线上平台的展示就是利用线上平台高效的信息传播、覆盖率的无线延伸、相对较低的运营成本等优势，通过独立的网站，或采用植入的方式进行产品展示。线下体验店要弥补线上无法做到的体验（视觉、触觉等多方面）、服务和诚信等。部分企业可以依托原有的实体店给消费者空间上的体验，不断完善售前、售中和售后的服务，提高消费者对品牌的忠诚度。

7.2　调查问卷设计

本章研究中居民网络购买行为所使用数据来自于《居民在网上购买家具行为调查问卷》。在哈尔滨居然之家、红旗家具、城新吉家具城和南岗、中央大街等商圈进行发放调查。

该项调查问卷正文设计包括以下几项。

（1）受访者基本情况。该项包括性别、年龄、职业、受教育程度和家庭人均月收入等 5 个结构性选择问题，也包括受访者购买家具的途径、方式等选择性问题。

（2）《居民在网上购买家具行为调查问卷》中受访者日常网络购物情况包括网购年限、网购起因、受访者对以往网购经历的满意度、受访者网购行为受互联网广告营销手段的影响程度、受访者网购千元以上商品时对不同类型购物网站的选择情况等 5 个结构性选择问题。受访者网络购买家具的基本情况包括受访者网络购买家具的价格耐受度、受访者对通过网络途径购买家具的主要顾虑因素等 9 个结构性选择问题。O2O 模式的推广及被接受情况包括受访者是否了解 O2O 模式及是否愿意尝试 O2O 模式等两个结构性选择问题。

《居民在网上购买家具行为调查问卷》共发放 453 份，得到有效问卷 395 份。对受访者调查数据运用 SPSS 软件进行录入，形成数据集，然后对数据集进行描述性统计分析和关联性分析。

7.3　基于《居民在网上购买家具行为调查问卷》的 影响因素分析

具体描述性统计分析方法和关联性统计分析的理论方法见第 6.2 节。

7.3.1　居民网络购买家具行为调查的总体描述性统计分析结果

1. 《居民在网上购买家具行为调查问卷》受访者的个人基本情况

表 7-1 为《居民在网上购买家具行为调查问卷》基本构成。

表7-1　居民在网上购买家具行为调查问卷基本构成

项目名称		项目取值及分布情况/%						
受访者基本情况	性别 V1	男 47	女 53					
	年龄 V2	20 岁以下 6.6	20~30 岁 52.8	30~40 岁 28.6	40~50 岁 9.4	50 岁以上 2.6		
	文化程度 V3	初中 6.6	高中 17.8	专科 29.7	本科 42.8	硕士 2.4	博士 0.7	
	职业 V4	公务员 4.7	企业职员 22.6	自由职业者 23.4	农民 1	学生 17.3	个体经营者 17.3	退休 其他 3.1 10.5
	家庭人均月收入 V5	1 500 元以下 7.1	1 500~3 000 元 25.2	3 000~5 000 元 39.1	5 000~8 000 元 19.8	8 000 元以上 8.9		

注：表中数据相加不等于100%，是因为进行过舍入修约

表 7-1 数据总结如下。

（1）性别比例：受访者中女性占 53%，男性占 47%，说明女性较男性网络购买家具的可能性更大。

（2）年龄分布：根据调查数据，在实体店购买家具的受访者中年龄集中在 20~30 岁的年轻人，比例占到 52.8%，年龄集中在 30~40 岁的中年人，比例占到 28.6%，这与该年龄段人群面临结婚等生活上的阶段性改变及对网络购物的喜爱有着密切的联系。

（3）学历分布：从受访者的受教育程度来看，绝大多数受访者具有高中及以上学历，其中专科和本科占主体，分别为 29.7%和 42.8%。这部分群体的文化程度较高，思维比较活跃，对于互联网的掌握程度较高，因此对于网络的接触也较为频繁，对于新事物的接受速度较快，更容易在网络上购买家具。

（4）职业分布：从受访者的职业分布来看，自由职业者占比最多，其次是企业职员，分别为 23.4%和 22.6%。另外学生和个体经营者也将近 20%。这说明网购家具在这部分人群中比较受欢迎。

（5）收入分布：本次问卷样本来源较广，既有在校大学生，又有已经工作的人。样本中有 39.1%的受访者收入在 3 000~5 000 元。同时有 25.2%的受访者收入在 1 500~3 000 元，相比在实体店购买家具的人群，选择在网上购买家具的人收入偏低。

综上所述，在网上购买家具的消费者大多数是中等收入、拥有较高学历的企

事业单位员工及自由职业者，女性消费者稍多。

2. 《居民在网上购买家具行为调查问卷》受访者的价格耐受度

由于网络购物有相当大的不确定性，消费者在网上购买家具时，不敢轻易购买支付额在心理价位以上的家具。受访者网上购买家具价格耐受度如图 7-1 所示。34.6%的受访者在购买 5 000 元以上的家具的时候，一定会选择实体店；30.2%的受访者在购买 2 500 元以上的家具的时候，一定选择实体店购买；19.2%的受访者在购买 1 000 元以上的家具的时候，一定选择实体店购买，只有 15.7%的受访者表示会在网络上购买 10 000 元以上的产品。由此可知，仅依靠线上销售贵重家具是不现实的，需要线下实体的支撑。

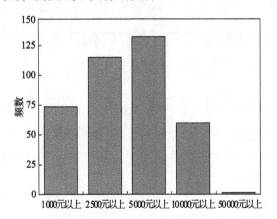

若购买实木等贵重家具时，什么价位以上的单件产品您
会在品牌店或家具商场购买

图 7-1　网上购买家具价格耐受度柱状图

3. 《居民在网上购买家具行为调查问卷》受访者对以往网络购物的满意程度

受访者都有过网络购物经历，其中50.1%的受访者对以往的购物经历表示比较满意，35.7%的受访者对以往的购物经历认为比较一般，仅有 29 人非常满意以往网络购物经历，而表示较不满意和非常不满意的受访者仅占 6.5%，说明我国的电子商务虽然在发展中出现了一些问题，但大环境还是值得肯定的。为带动我国各行各业的电子商务发展，提高网民的网购满意度就变得十分重要。

4. 《居民在网上购买家具行为调查问卷》受访者网络购买家具的顾虑因素

如图 7-2 所示，与在实体店购买家具相比，影响受访者借助电子平台消费的最主要因素是担心家具质量与网上介绍不符，再者是担心假冒商品、以次充好及物流和售后服务问题。我国近年来电子商务发展迅猛，但在电商和网民的交易中有些方面还不十分规范，商品质量与描述不符的情况普遍存在，而家具作为大宗消费品，需要长期使用，顾客尤为关心商品质量。在售后服务方面，顾客也表示担忧。因为时间、空间的原因，多数商家没有办法为顾客提供安装等服务，如果在使用过程中出现问题，退换货也十分麻烦。而且网络市场的规范性不高，没有严格的法律法规，个别商家过分追求利益，所提出的解决方案可行性不高，或者对消费者而言并不公平，存在搪塞顾客、推卸责任的嫌疑。还有一个重要原因是目前网店的准入门槛很低，每天都有上千个新的网络店铺诞生，又有成百上千个网店消亡，消费者并不能确定在很长一段时间之后，当商品出现问题时，还能否及时和商家取得联系。

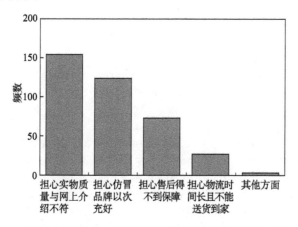

相比实体店购买，网上购买家具您主要担心哪个方面？

图 7-2　网上购买家具顾虑因素柱状图

5. 分析《居民在网上购买家具行为调查问卷》受访者的网龄与其选择的电子交易平台种类的关系

为了探索消费者网购年龄与选择交易平台种类的关系，通过研究网龄与电子商务平台的关联性统计分析与对应分析，探索消费者网购年龄与选择交易平台种类之间的关系，如表 7-2、图 7-3 所示。通过对应分析可知，P 值为 0.01，小于 0.05，模型具有较高显著性，结果见图 7-3。3 年网络购物经验以下的受访者偏向于在淘宝这类综合性购物平台购买家具，有着 3~6 年网络购物经验的受访者偏向于在美乐乐这类 O2O 模式下运营的购物平台消费，而有着 6~10 年消费经验的受访者偏向于凡客这类自产自销的购物平台。

表7-2　居民网络购买家具行为指标的无关联性检验及关联度测量

研究指标	χ² 检验 Spearman 相关系数及显著性概率											
	V1	V2	V3	V4	V5	V6	V7	V8	V9	V10	V11	V12
V1	1.000	**			*			**		**	*	*
	·											
V2	0.138**	1.000								*		
	0.007	·										
V3	−0.011	0.287*	1.000					*				
	0.829	0.002	·									
V4	0.017	0.071	0.007	1.000								
	0.748	0.168	0.887	·								
V5	−0.104*	−0.016	0.058	−0.006	1.000							
	0.042	0.753	0.258	0.905	·							
V6	0.064	−0.019	0.112*	−0.040	−0.043	1.000						
	0.216	0.710	0.029	0.439	0.405	·						
V7	0.059	−0.050	−0.063	0.005	0.027	0.095	1.000					
	0.258	0.340	0.229	0.921	0.610	0.067	·					
V8	0.139**	0.012	−0.093	−0.051	0.030	−0.019	0.050	1.000	*			
	0.007	0.812	0.070	0.318	0.565	0.717	0.337	·				
V9	−0.068	−0.029	0.116*	0.011	−0.006	−0.023	0.053	−0.130*	1.000	**		**
	0.189	0.568	0.024	0.831	0.904	0.654	0.306	0.013	·			
V10	0.229**	0.111*	−0.110*	−0.066	−0.025	−0.038	−0.050	0.103*	−0.21**	1.000	*	
	0.000	0.030	0.040	0.202	0.627	0.457	0.334	0.044	0.000	·		
V11	−0.125*	−0.10*	−0.074	0.026	−0.062	−0.061	0.004	−0.110*	−0.110*	1.000		
	0.014	0.046	0.148	0.879	0.617	0.231	0.240	0.933	0.038	0.026	·	
V12	0.115*	0.076	0.045	0.064	−0.020	−0.018	0.088	−0.053	0.130**	0.100	−0.066	1.000
	0.026	0.138	0.387	0.211	0.699	0.730	0.089	0.300	0.009	0.051	0.200	·

*代表 $P<0.1$ 的水平上显著相关；**表示 $P<0.05$ 的水平上显著相关

注：·表示 V_1 与 V_2 的关联度测量仍然是 1，与关联性检验一致，无须报出

在我国，淘宝网络交易平台可谓无人不知。截至 2013 年，淘宝网拥有近 5 亿的注册用户数，每天有超过 6 000 万名固定访客，同时每天的在线商品数已经超过 8 亿件，平均每分钟售出 4.8 万件商品。截止到 2011 年底，淘宝网单日交易额峰值达到 43.8 亿元，创造 270.8 万直接且充分的就业机会。随着淘宝网规模的扩大和用户数量的增加，淘宝也从单一的 C2C 网络集市变成了包括 C2C、团购、分销、拍卖等多种电子商务模式在内的综合性零售商圈。淘宝已经成为世界范围的电子商务交易平台之一。

淘宝作为我国最大的民众综合性交易平台，对于刚接触互联网和互联网购物的消费者而言，是最先接触的网络企业。随着对网络购物的熟悉，消费者对服务和质量要求不断提高，就像很多网络消费者在购买电子产品时更倾向于京东商城此类产品渠道更为安全的网络平台，有着 3~6 年网络购物经验的受访者普遍选择

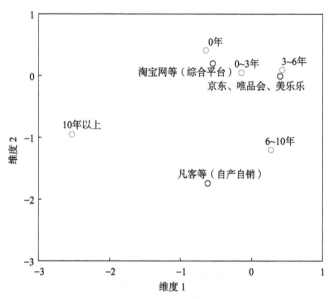

图 7-3　受访者网龄和所信赖网站模式对应图

如美乐乐此类的专业家具网购平台，某些有 0~3 年网络购物经验的受访者也较偏爱此类平台。而有着 6~10 年网络购物经验的受访者更加喜欢自产自销模式的网络平台，无疑此类平台会更加重视品牌形象，只是没有足够网络购物经验的消费者很难想到、直接接触到这种模式。而有着 10 年以上网络购物经验的受访者对三类模式都有涉猎，消费经验成熟，目的为经过综合分析，找到最适合自己的家具产品。

7.3.2　居民网络购买家具行为调查的总体关联性统计分析结果

将消费者经历的网上购物年数设为 V1，购买超过 1 000 元产品更为信赖的网站类别设为 V2，网上购买贵重家具的最高心理价位设为 V3，网络购物的满意度设为 V4，购买习惯设为 V5，对家具企业的忠诚度设为 V6，品牌忠诚度设为 V7，性别设为 V8，年龄设为 V9，文化程度设为 V10，职业设为 V11，家庭人均月收入设为 V12。

对表 7-2 的数据进行分析，在显著性水平为 $\alpha=0.05$ 的情况下，消费者经历的网上购物年数与购买超过 1 000 元产品更为信赖的网站类别、购买习惯、性别之间存在显著关联，网上购买贵重家具的最高心理价位与对家具企业的忠诚度、性别之间存在显著关联，年龄与性别、文化程度之间存在显著关联，文化程度与职业之间存在显著关联。因此，保留购买超过 1 000 元产品更为信赖的网站类别、网上购买贵重家具的最高心理价位、性别等 3 个变量。Spearman 相关系数用来衡量有序变量间的相关程度，相关程度达到 0.2 以上的主要分析结论如下：网上购买贵重家具的最高心理价位越高的人越可能在专业网站购买家具用品；男性消费者更可能在专业网站购买家具用品。

7.4 影响我国家具消费者购买行为因子的验证性分析

《居民在网上购买家具行为调查问卷》的第 8.1、8.2 和 10-16 题项（见附件 5），根据前文李真等的实证研究，卖家口碑对消费者购买行为产生很大影响，因为此方面的研究比较匮乏，没有成熟的指标以供借鉴，笔者通过淘宝网与多位家具卖家进行交流，发现消费者普遍反映对物流及时效比较关心且物流服务会在卖家口碑中明显体现，而在网络消费的环境下，心理因素必为一个重要因素，归纳总结得出消费者在对一个家具产品产生购买意愿后，其购买行为的结构维度分三个方面：卖家口碑维度、急切程度维度、网购满意度。在本书中，量表采用了利克特计分法，其中"1"="很不同意"，"2"="不同意"，"3"="说不准"，"4"="同意"，"5"="非常同意"。从该问卷的家具消费者网络购买行为的 3 个方面进行测量，其中 8.1、12、13 题项属于卖家口碑因素；8.2、14、15 题项属于急切程度因素；10、16 题项属于网购满意度因素。

7.4.1 影响网络家具消费者购买行为因子的度量表效度检验

设 F1=卖家口碑，F2=急切程度，F3=网购满意度，ZF=个案关于公因子的综合得分相关分量表和总分相关矩阵如表 7-3 所示。

表7-3 影响网络家具消费者购买行为因子的3维度分量表与总分的相关矩阵

量表维度	F1	F2	F3
F1	1		
F2	0.485**	1	
F3	0.254**	0.202**	1
ZF	0.324**	0.416**	0.355**

**表示 $P<0.05$ 的水平上显著相关

两因素相关均为显著，系数在 0.2~0.6，表明各因素之间是中度正相关即各因素方向一致，因素间虽然方向一致，但有所差异，所以无法取代。F1~F3 与消费者购买行为总分的相关系数在 0.3 以上，表明各因素与总分之间为中度正相关，即 3 个因子与总体概念一致，即问卷有较好的结构效度。

7.4.2　影响网络家具消费者购买行为因子的一阶验证性分析

根据图 7-4、表 7-4 和表 7-5 的结果模型验证，规范卡方 CMIN/DF=3.002 且小于 5，从而证明模型拟合合理；在本次测量中，样本方差和协方差与对应估计方差和协方差的平方和的算术平方根值 RMR 越小，则说明模型拟合程度越好。本次测量 RMR=0.133，比较理想；拟合优度（GFI、TLI）指数范围在 0~1，其数值越接近于 1 则证明该模型的拟合越合理，逐渐趋于理想模型，本次测量结果显示，GFI=0.903、TLI=0.928。以上数据表明，家具消费者购买行为一阶结构模型的各项拟合指数分别达到模型拟合要求。

表7-4　影响网络家具消费者购买行为因素一阶模型拟合指数

模型	RMR	GFI	AGFI	PGFI
违约模型	0.133	0.903	0.984	0.397
饱和模型	0.000	1.000		
独立模型	0.219	0.630	0.549	0.515

表7-5　影响网络家具消费者购买行为因素一阶模型拟合优度测量指数

模型	NFIDelta1	RFIrho1	IFIDelta2	TLIrho2	CFI
违约模型	0.982	0.959	0.978	0.928	0.903
饱和模型	1.000		1.000		1.000
独立模型	0.000	0.000	0.000	0.000	0.000

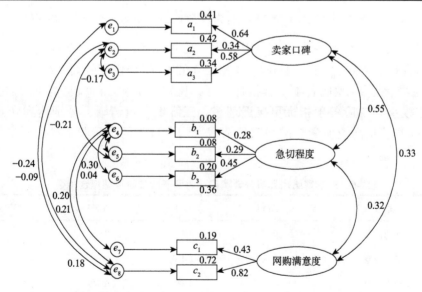

图 7-4　影响网络家具消费者购买行为因子的一阶验证性因素分析结构模型

7.4.3　影响网络家具消费者购买行为因子的二阶验证性分析

通过上文 SPSS 探索性因子分析及通过一阶验证性因子分析不难看出，三个维度实际上是通过外生显变量的加总获取的第一高阶内生潜变量，探索性因子分析和一阶验证的模型一定是粗略估计，因此需要做家具消费者购买行为探索性因子分析二阶结构模型验证，如图 7-5 所示。

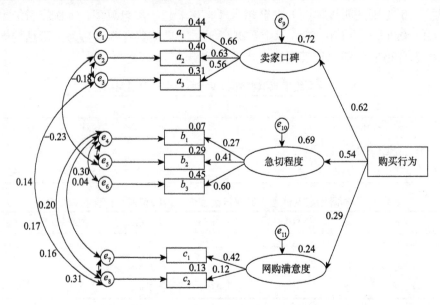

图 7-5　影响网络家具消费者购买行为因子的二阶验证性因子分析结构模型

建立二阶结构方程模型，可以看出，修正后的二阶内生潜变量结构方程模型拟合指数 CMIN/DF=3.190<5；RMR=0.020，拟合优度较高。综合表 7-6、表 7-7 数据结果反映的各项拟合指标良好，比较一阶和二阶家具消费者购买结构方程模型，二阶各项指标更接近理想，三维度权重清晰，分别达到 0.62、0.54、0.29。从而说明影响网络家具消费者购买行为的二阶验证性因子更加合理稳定。

表7-6　影响网络家具消费者购买行为因子的二阶模型拟合指数

模型	RMR	GFI	AGFI	PGFI
违约模型	0.020	0.990	0.985	0.380
饱和模型	0.000	1.000		
独立模型	0.220	0.631	0.549	0.516

表7-7 影响网络家具消费者购买行为因子的二阶模型拟合优度测量指数

模型	NFIDelta1	RFIrho1	IFIDelta2	TLIrho2	CFI
违约模型	0.985	0.968	0.990	0.939	0.960
饱和模型	1.000		1.000		1.000
独立模型	0.000	0.000	0.000	0.000	0.000

结合各个拟合指数的判断标准，三个观测指标上的标准化因子负荷分别为0.85、0.83、0.49，说明当网购消费者对一个产品产生购买意愿后，卖家口碑、消费者急切程度和网购满意度对购买行为的产生有很大影响，模型整体拟合效果良好。卖家口碑影响着消费者的购买行为，而影响口碑的因素有产品质量、物流情况等，为进一步探讨物流和质量等因素哪一个对家具消费者购买行为的影响更大，下面做影响消费者购买家具决策的二值 Logistic 回归分析。

7.5 物流因素影响购买家具决策的二值 Logistic 回归分析

现实中的很多现象都可以划分为两种可能，或者归结为两种状态，这两种状态分别用 0 和 1 表示。如果我们采用多个因素对 0 - 1 表示的某种现象进行因果关系解释，就可能应用到 Logistic 回归。Logistic 回归分为二值 Logistic 回归和多值 Logistic 回归两类。本书根据问卷所设问题进行二值 Logistic 回归。表 7-8 为居民是否网上购买家具行为指标的无关联性检验及关联度测量表。

表7-8 居民是否网上购买家具行为指标的无关联性检验及关联度测量

问卷题项		A	B	C	D	E	F	G	H	性别	年龄	文化程度	职业	家庭人均月收入
您是否在网上购买过家具用品?	皮尔森相关	0.20**	0.01	0.02	0.09	0.07	0.12*	0.21*	−0.03	0.05	0.10	0.13	0.03	0.09
	显著性相关	0.00	0.87	0.74	0.07	0.18	0.03	0.03	0.55	0.29	0.06	0.12	0.53	0.09

*表示在 P<0.1 的水平显著相关，**表示在 P<0.05 的水平显著相关

注：A 表示您有多久的网上购物经历；B 表示购买 1 000 元以上商品时，您更信赖哪类网站；C 表示购买贵重家具时，什么价位以上的单件产品您会在实体店购买；D 表示通过您的网上购物经历，总体上您是否感到满意；E 表示 O2O 模式认知情况；F 表示您对网络购买家具产品质量及品牌的担心情况；G 表示您对网络购买家具产品物流服务的担心情况；H 表示如使用某家具满意，当再次有购买需要时您还会选择该品牌家具吗

7.5.1　进行数据准备和选项设置

根据问卷数据分析影响受访者在网络上购买家具的因素，经检验，用二项 Logistic 模型分析受访者经历的网上购物年数、网购家具主要担心的方面，对受访者是否在网上购买过家具进行统计预测。

第一步：整理原始数据。在网上购买过家具的用 1 表示，没有在网上购买过家具的用 0 表示。受访者经历的网上购物年数根据选项的从低到高划分 5 个等级，受访者网购家具主要担心的方面主要归结为产品品牌及质量、物流售后两个方面。

第二步：打开"聚类分析"对话框。沿着主菜单的"Analyze→Regression→Binary Logistic"路径打开二值 Logistic 回归分析选项框。对数据进行多次拟合试验，结果表明，受访者年龄、学历、近年来对网上购物的满意度等因素对受访者是否在网上购买过家具影响不显著。因此，为了实例的典型性，我们采用两个变量作为自变量：一是受访者经历的网上购物年数；二是受访者网购家具主要担心的方面。

第三步：选项设置。首先，在源变量框中选中需要进行分析的变量，在本项调查中，将名义变量"受访者是否在网络上购买过家具"调入 Dependent（因变量）列表框，将"受访者经历的网上购物年数"和"网购家具主要担心的方面"两个因素调入 Covariates（协变量）列表框中。在 Method（方法）一栏有七个选项。本书采用第一种方法，即系统默认的强迫回归方法（Enter）。

第四步：设置 Options，选中 Hosmer-Lemeshow goodness-of-fit 和 CI for exp（B）两个选项。由于我们采用强迫回归，Probability for Stepwise（逐步回归概率）选项不选。

此外还有一个选项需要说明。一是 Classification cutoff（分类临界值），默认值为 0.5，即按四舍五入的原则将概率预测值化为 0 或者 1。二是 Maximum Iterations（最大迭代值），规定系统运算的迭代次数，默认值为 20 次，为安全起见，我们将迭代次数增加到 50。原因是，有时迭代次数太少，计算结果不能真正收敛。

7.5.2　结果分析

（1）样品处理摘要（case processing summary）。在输出结果中，首先给出样品处理摘要报告，包括如下信息：选择了 381 个样品，分析了 380 个样品，缺失了 1 个样品——缺失样品一般是因为数据中存在缺失值；选择的样品总数以及全体样品总数为 381。

（2）初始方程中的变量（variable in the equation）。从表 7-9 中可以看到系

统对模型的最初赋值方式。最开始仅仅对常数项赋值，结果为 $B=0.427$，标准误差=0.105，Wald=$(B/\text{SE})^2$，自由度为 1，P 值为 $0.000 < 0.05$。

表7-9　初始方程变量表

回归分析	回归系数	标准误差	χ^2 值	自由度	显著水平	Exp（B）
结果	0.427	0.105	16.588	1	0.000	1.533

（3）模型系数的混合检验（omnibus tests of model coefficients）。这主要是针对步骤、模块和模型开展模型系数的综合性检验。χ^2 值及其相应的自由度、P 值即 Sig.值。取显著性水平 0.05，考虑到自由度数目 df=2，在 Excel 中运用公式="CHIINV（0.05，2）"，可以查出 χ^2 临界值 5.991。本项调查计算出的 χ^2 值为 18.495，大于临界值，并且相应的 Sig.值小于 0.05。

（4）模型摘要（model summary）。模型摘要中给出最大似然平方的对数、Cox-Snell 拟合优度及 Nagelkerke 拟合优度值。最大似然平方的对数值（-2log likelihood=9.597）用于检验模型的整体性拟合效果，该值在理论上服从 χ^2 分布，上面给出的 χ^2 临界值为 5.991，因此，最大似然对数值检验通过，得到与对数似然比检验一致的结论，该模型整体显著。

（5）错判矩阵（classification table）。该模型对在实际上没有在网上购买过家具的人，错判率稍高，而对在网上购买过家具的人，正确率达到 93.9%，模型总的预测正确率为 72.9%，模型预测效果良好。

从回归系数的符号来看，"受访者经历的网上购物年数"和"网购家具主要担心的方面"与"受访者是否在网上购买过家具"呈正相关，这是与实际情况相符的，网购年数越多的人在网上购买家具的可能性就越大。根据问卷对网购家具主要担心的方面的选项的设定，受访者对售后服务不明、物流运输中可能出现问题所产生的担心，相比对质量、真假的担心，对其是否选择在网上购买家具的影响更大。

由表 7-10 可得，设受访者经历的网上购物年数为 V1，网购家具主要担心的两个方面分别为质量及品牌（V2）和物流服务（V3）。回归模型为

$$\text{logit}（P）=-1.202+0.501\text{V1}+0.215\text{V2}+0.360\text{V3}$$

表7-10　错判矩阵表

变量名称	回归系数	标准误差	χ^2 值	自由度	显著水平	Exp（B）	95% C.I.for EXP（B） 低	高
受访者经历的网上购物年数	0.501	0.141	12.675	1	0.000	1.650	1.253	2.174
质量及品牌	0.215	0.117	3.731	1	0.036	1.052	0.997	1.574
物流服务	0.360	0.132	6.942	1	0.012	1.114	1.015	1.965
结论	-1.202	0.406	8.782	1	0.003	0.301		

通过数据结果分析可知，本次调查的受访者选购家具主要担心售后的一系列问题，在保证服务质量的前提下，O2O 电子商务模式可以比较好地规避这些问题，所以该模式在哈尔滨市比较可行。

7.5.3　我国家具行业电子商务模式存在的主要问题

随着电子商务模式的兴起，家具行业也在广泛应用这种模式。可对于目前的家具市场来说，绝大多数的商业模式还处于摸索之中，没有形成商家所期盼的规模性发展和行业系统利益链，所以在商业模式的探索中，成功与失败并存。美乐乐电子商务平台，虽然在诞生后迅速发展，然而在随后的时间里其发展也逐渐受到了一些客观因素的阻碍，很大原因在于，随着电子商务的兴起，越来越多的家具厂商进入该领域，竞争越发激烈。从消费者的角度来看，则是由于我国网络消费者的消费意识愈加理性，消费行为也更加谨慎。目前由于监管政策还不完善，许多不良商家为达到销售目的在销售过程中存在虚假描述及不实承诺，而且这些商家售后服务差，且存在推脱责任情况。大部分顾客交易收到家具后又因昂贵的退换货物流费用，即使对产品不满意也只好作罢忍耐，这严重地打击了消费者对家具网络消费的信心，长期会对整个家具行业电子商务市场产生不良影响。家具行业电子商务市场总体有以下四大问题。

（1）物流、售后和安装不便。消费者网上购买家具用品出现的问题，并不都是家具的质量问题。一是家具作为大型家居用品，在搬运、运输途中会因受到外界撞击而损伤。二是安装家具具有专业性，很多大城市消费者都能享受专业人员上门安装配送服务，而很多县市级地区不在上门安装的地域范围，而非专业的错误操作会影响家具商品的总体质量和使用寿命。同时家具商品的售后服务也需要上门完成，而很多家具行业电商无法达到这项要求。

（2）消费者看不到实物，体验感不强。在每个家庭中，家具商品并不是独立摆放于房间中，它需要和其他家居用品搭配摆放才能产生良好的视觉效果，不仅如此，房屋的格局、装潢等因素也影响着家庭所需家具用品的样式等。网络图片很有可能和实物在颜色等方面出现偏差，而且二维图像呈现效果往往与消费者预想中的情况有所不符，这些情况都会引起消费者对电子商务的不满，从而成为消费者通过网络平台购买家具用品的最大阻碍。况且家具商品价值高，是非黏性商品，更换次数少，因此消费者更愿意相信能看到、摸到的商品。

（3）购买容易退换难。如果消费者购买到不满意的家具产品，绝大多数商家是不提供退换货服务的，而且考虑到退换货大型商品搬运麻烦且物流成本过高，可能会放弃退换货的权利。由此家具电商给予顾客的所谓的包退包换承诺就变得毫无意义。因为消费者的这些难处间接让一些无良商家钻空子，这些无良商家借机出售劣质商品，欺诈消费者，扰乱了家具市场电子商务模式的运营外围环境。

（4）绝大多数的家具厂商采用的是特许加盟机制，而实体店又大多开设在大型专业家居商场之内，需要缴纳高昂的房屋租金及商场各项费用。而线下实体店销售与网络销售同时进行时，其商品价格必然会出现一致，为了与网店竞争，实体店只能打价格战，降低线下实体和连锁卖场的利润。网络销售与渠道销售很难并存。我国家具市场一些传统的家具厂商，其产品销售极其依赖连锁家居卖场以及地区特许加盟商的经销，他们若大步进军电子商务市场，形成价格断面，容易造成因小失大的问题。

线下到线上的运营模式，是目前大多数家具企业电商化所要解决的问题。要实现线下的物流和线上的信息流对接，需要企业进行信息化改造，这也是实现O2O电子商务模式的重要投入和关键环节。

第8章 完善家具行业商业模式以促进购买行为的对策

8.1 物流和安装策略

传统的电子商务模式最大的弊端就是其物流模式无法满足消费者的需求，大多数电商销售的家具商品并不包括送货安装服务，它需要消费者自行承担产品运输物流费用、运输过程损坏风险等，即使有"送货上门，免费安装"等服务的商家，也仅仅局限于消费者与电商在同一城市或同一区域。对于损坏，无论是卖方还是第三方物流公司都不会承担非自己原因造成的损坏，因此消费者无法得到应有的赔偿，这些问题时刻打击着消费者对网络购买家具商品的信心。所以物流和安装问题严重限制着家具电子商务模式的发展。

8.1.1 开通保价业务

对于商品的物流配送服务大部分电商只能通过第三方物流公司进行产品的配送，而电商与物流公司仅仅是合作关系，对于第三方物流公司并没有任何的监管权，必然无法掌控产品运输过程中安全时效等因素，消费者需要花费更多的精力去考虑物流运输过程中对商品造成的损坏，而一旦商品损坏很难及时有效地得到应有的赔偿，第7章通过对受访者是否在网络上购买过家具的二元 Logistic 回归分析也可得出这些结论，相比家具产品质量未知性，受访者更加担心物流及售后服务问题。传统的电商模式下，多数电商在产品材料含有玻璃等易碎材质的运输问题上，会选择与德邦物流等大型规范的物流公司合作，同时实体店商和电商可以考虑同物流公司进行保价业务方面的合作，发货前做好检验工作，如出现运输途中的损坏，由物流公司承担责任。

8.1.2　开启安装合作服务

上门安装服务是 90% 以上的电商无法做到的承诺，由于大部分消费者并非专业的人员，在安装过程中如果导致家具商品部分损坏而无法使用，往往由消费者承担损失。而对于家具安装问题，家具生产企业可以为其全国销售商建立一个网络沟通合作的平台，由销售商自行联络，如黑龙江的用户在一家北京的销售商的网店下单购买家具，北京的销售商可以和黑龙江的销售商联系，提供安装服务，并给予一定的酬金。

在 O2O 电子商务模式中，商品的配送与安装问题将归属于各个网点的家具体验店，这些具有专业经验的体验店能够更好地服务于消费者，有效地解决消费者在配送安装问题上的顾虑。该模式下的专业物流公司属于平台的一部分，能够不断地提高自己的服务质量，在给消费者带来更好的服务质量同时消除了不良影响。在家具产品配送安装过程中只有厂家与体验网点两方，厂家统一配货给线下体验网点，体验网点送货上门安装，降低成本和风险，更好地服务于消费者。但由于 O2O 电子商务模式特有的吸引力，将吸引新的消费群体进行体验网点服务，所以扩大服务网点的覆盖率成为重要因素，以及物流部门需要不断增加物流配送范围，最终达到 100% 区域覆盖率，并且将物流与安装职能合二为一，节约资源，更好地为消费者服务。在电子商务模式下区域壁垒将被弱化，经常会出现消费者体验服务的网点与要求配送的网点并非同一区域，这时候就需要电子商务平台对整个体系进行整体的管理调控，来确保各方所得的利益。这样必然增加整个平台的工作量，需要处理大量的信息，整合资源，建立专业的物流中心进行物流管理，将投入大量的运营成本，根据不同的经销商不同的地区标准，制定不同的销售网络，保证商家的服务质量。

8.2　品　牌　策　略

传统的实体店是消费者接触产品品牌文化的最直接有效的途径，通过广告宣传等工作对产品的特色进行宣传，并且通过实体店的店员与顾客的沟通进一步宣传并得到顾客的反馈信息，有助于产品的换代升级，甚至是企业转型。一些厂商通过自建平台的发展，已经积累了众多口碑良好的线下网点，再加上多年来品牌的包装推广，品牌的价值基础已经得到充分的体现，并积累了大量忠诚的客户。由前面分析可知，哈尔滨市家具消费者对品牌认可度很高，而线上进行品牌包装宣传，主要是为了增强已有品牌的知名度与好评度，从而让更多的线上消费者认知品牌，增加对品牌的忠诚度。品牌价值是高端家具市场的最重要组成部分，企业通过良好的品牌效益能够获得更高的利润，所以提高品牌价值尤为重要。

而一个产品的品牌价值在于长久的积累，好的信誉、优质的服务、精湛的工艺等都是品牌价值的重要组成因素。所以在电子商务模式下，必须创建线上评价系统，消费者可以通过其他人对产品使用后的反馈情况，来了解产品各个方面的品牌价值，好的评价将增加消费者对产品使用的信心，增加销量。在 O2O 电子商务模式下，对于线上服务部门来说，各地区线下体验网点进行统一的管理，并建立健全的奖惩机制，以及具有专业知识技能先进的产品研发部门，能够不断地提高产品的品牌价值，给消费者带来更好的服务体验。与电子商务平台合作的厂商需要增强自身的品牌利益，否则在合作过程中很可能会无法适应电子商务平台的发展策略、宣传手段，甚至出现对方对自己品牌发展策略的干预的情况，企业之间合作是为了谋求企业的发展，从而寻找更好的发展契机，优化产品的品牌价值，提高产品行业内的竞争力，在新型商业模式转型过程，不要全盘否定已有的产品发展策略。电子商务平台将带来产品规模化效益，品牌认知度将得到更好的发展，带来更多的消费者，不同品牌的商品通过电子商务平台在得到充分展示的同时，同时也带来更加激烈的竞争模式。消费者通过商务平台更加直观地进行商品价格、质量等信息的对比，大大增加了品牌厂商之间的竞争压力，所以严格把握产品的质量关成为电子商务平台的重中之重。想要赢得这场战争的胜利，品牌厂商不仅要打败竞争对手，还要战胜曾经的自己，不断地优化产品，提高服务质量，只有好的产品才能获得消费者的认可，提高消费者对产品的忠诚度。

部分企业采取与电子商务平台合作的模式，在合作过程中与商务平台寻求"品牌双赢"的发展策略，且保持自己品牌的独立性，就是笔者上文所说的不要全盘否定已有品牌发展策略，不要成为电子商务平台品牌发展过程中的傀儡供应商，失去自身独立性而成为电子商务平台的附庸者。专业的电子商务平台要通过提高自身的服务质量，增强家具品牌的价值，让消费者对产品有足够的信心，重点是要严把家具产品的质量关。商家应尽量避免过于强势的价格和品牌策略，避免为了眼前利益和追求产品的生存空间，以牺牲产品质量为代价来做低成本的价格竞争，这将使供应商陷入恶性循环的危机。中小电商的线下体验店，无论从规模还是硬件条件等方面，都无法与实体店和大型的 O2O 电子商务平台模式下的体验网点相比较，这就需要它们通过提高服务质量、增强产品品牌价值等方面来弥补这一弱项。在品牌的推广过程中，中小电商可以充分地利用线上优势推广品牌，尽量避免与强势大品牌产生冲突矛盾。在品牌发展策略上，电子商务平台更需要一种平和、稳步的发展策略，避免同其他品牌进行激烈的竞争，过度消耗了自身的资源，而放弃了提高自身品牌价值的机会。

8.3　推广策略

随着企业对商品营销的重视，产品推广的方式也呈现多样化。大型家具商场内的一些醒目位置依然被大型家具品牌占据着，一些打折、促销的横幅也经常被店家悬挂在商铺中，出入口、电梯口处依然有很多店员分发宣传单，这是对实体店消费者最直接的消费刺激。

在电子商务模式中，通过网络上的推广宣传，家具厂商以该种方式刺激消费者的潜在购买欲望，并扩大消费者覆盖率和企业影响力，同时增强了品牌效应。在 O2O 电子商务模式之下，家具厂商应融合线上与线下的资源，发挥双方各自的优势。线上产品的高效传播速度、低成本的推广活动、高覆盖率都是线下所无可比拟的。消费者被引入线下实体店，再依赖有丰富销售经验的服务人员提供给其优质的服务，而具有代表性的产品将给消费者带来更多的视觉享受，这些是传统电子商务不具备的优势。线上与线下的有效融合对消费者的购买欲望进行了双向刺激，通过不同的服务感受，大大增加了消费者的购物信心。

电子商务模式的信息传播交流主要在线上进行，所以需要一套完整有效的线上推广策略。线上推广需要采取各种各样的推广手段，不仅需要搜索引擎推广、综合网页广告，更需要利用成本较低、自发性较强、多种多样的自媒体推广，最终目的都是吸引消费者进行线上购买线下体验。同时，线上的推广方式要进行综合考虑，不单是单件商品或者某个品牌特价促销优惠政策的简单推广，而是要增强电子商务平台的引导模式，增强消费者对电子商务平台的认可，最终让消费者产生购买行为。经调查研究，今天的消费者已经越来越趋于理性化消费，传统家具商品网络购物的弊端也越来越突显，这些因素都成为网络购物发展的阻碍，影响着消费者对家具商品购物的信任度。O2O 电子商务模式对于大多数人属于一种新的商业模式，理论上这种模式能很好地规避这些风险，提高消费者对网络购物的信任程度。

O2O 电子商务模式的推广具有鲜明的地域性特征，线上消费线下体验的经营模式有一定的局限性，因线下体验网点的覆盖率是有限的，同时根据不同地区的消费观念、消费水平、消费习惯等不同，需要针对其地区特点进行不同种类的推广，而线下体验店运营的成本、服务水平同样影响着消费者对 O2O 电子商务模式的认知。传统电子商务模式的"广撒网"式推广并不一定适用于 O2O 电子商务模式，O2O 电子商务模式的推广要做到明确消费群体、精准宣传手段等。

线上评价体系需要与线下体验评价相结合。在 O2O 电子商务模式下，消费者对产品的满意度仍然与传统模式一样，在线上进行信息交流，消费者对产品的综合评价成为是否决定消费的一个至关因素，因此完善的评价系统是必不可少的。将消费者的评价放在线上，可以刺激其他消费者的购买欲望，同时厂商可以更加直观地了解自身产品的质量、服务体系的优秀与薄弱之处，便于其不断提高自身的服务质量，增强品牌的基础价值，从而吸引更多的线上消费人群。

在新媒体时代下，形成了一种非常重要的推广方式——"自媒体推广"。自媒体的推广有其鲜明特点：①私人化。任何人都可以进行自媒体的传播与宣传，但是由于每个人受教育的程度、思想的不统一性，出现了很多良莠不齐的传播效果。其中既有价值千金的珍贵信息，同时也存在着一些混淆视听的谣言。②平民化。每个公民都可以享有自己的个性空间，可以在自己的微博、微信、QQ空间等进行自己认为有价值的信息宣传。③普泛化。自媒体无须进行严格审核和拥有专业技能知识。④自主化。自媒体没有时间和空间的限制，自由地向任何人群进行有效传播，迅速将信息传播到受众中，并迅速地收到受众对信息传播的反馈。未来企业的发展，需要利用自媒体的这一特点，采取一定有效的策略来进行自媒体的推广。自媒体的推广将是一种低成本投入却最为快捷有效的产品推广方式，能增强区域性销售能力，更准确地把握消费者的消费心理，增强消费者对品牌及产品的忠诚度。

8.4　支　付　策　略

8.4.1　开展分期付款业务

家具实体店应该顺应时代的潮流、消费人群消费观念的转变，支持分期付款，这样能最大限度地吸引购买行为受价格影响的年轻顾客，消费者能在体验到自己喜爱的家具产品的同时，短期内缓解资金上的压力。电子商务模式中线上支付将成为企业与个人、企业与企业之间最快捷、安全的结算方式，线上支付企业凭借自身强大的技术支撑，也可考虑通过开展分期付款业务来吸引消费者。在线支付在帮助企业实现销售资金的快速回笼、缩短收款周期的同时，也为个人提供了方便快捷的网上消费支付方式，真正地做到了足不出户、网上购物、送货到家的服务体验。

8.4.2　推广二次支付系统

线上支付是所有电子商务模式的最本质特征，没有在线支付功能的网络平台只能起到宣传的作用，成为线下传统经济模式的一种广告宣传手段，所以线上支付是电子商务模式的最重要环节。在线支付不仅仅是交易最终完成的一种标志，更是商品销售数据唯一可靠的考核标准，仅需通过在线支付平台的数据就能准确地进行产品受欢迎程度方面的评估，以及完善产品销售市场。对于专业电子商务平台来说，在线支付是其获得效益的一种有效方式，只有消费者在其平台上进行消费支付，才能避免沦为传统消费模式的宣传工具。电子商务平台将最准确的消费需求信息及时地反馈给家具厂商和销售商，不断地提高服务质量，并为厂商制定产品策略提供最准确的可靠依据。

从另一角度来分析，通过线上交易厂商和商务平台才能形成清晰且系统化的资金操作平台，从而提高成本优势，降低生产成本及提高运营利润。对于家具行业的电子商务模式，需要考虑家具消费的二次支付特点，所以电子商务平台的支付功能中设定二次支付系统非常必要，需要提供"订金—订金及欠款凭证—余额支付—交易完成凭证"的二次支付功能。一般家具商品消费金额数量较大，一些家具可能需要预定制作，其周期较长，存在一定的不可预料因素，所以大多数消费者并不愿意一次性支付全款，而且消费者在体验到服务之前，不希望一次性全额支付。O2O 电子商务平台运用二次支付系统，既能吸引消费者，又能体现较高的服务质量。

对于自有 O2O 电子商务平台的厂商来说，需要将传统线下实体店与线上销售数据进行汇总整合，这样既能提高对地区体验网点的监督管理，又能提高整体的销售额与服务质量，同时给商家提供一定的返利政策，更好地做到线上与线下实体店的共赢机制，从而避免电子商务模式对传统体验店的冲击，提高其线下实体店的忠诚度。这样还能够有效地监督线下体验网点实行 O2O 电子商务模式后的实际状况，不断更新调整营销策略，通过控制资金等强有力手段，避免人流引入线下体验店后，体验网点为谋求更高的利润而绕开 O2O 电子商务平台，成为厂家 O2O 电子商务战略的"绊脚石"。

第三篇

电子商务模式中在线评论对家具销量的影响研究

第9章 在线评论相关概念及理论

9.1 相关概念界定

最早关注到口碑的作用和价值的是社会学家，如 Katz 和 Lazarsfeld（1955），随后营销学领域的学者也开始关注口碑对消费者的影响，并开始研究消费者的口碑行为特点，如 Arndt（1976）。为了更好地理解口碑的传播过程，Brown 和 Reingen（1987）借助社会关系分析方法来了解口碑传播的过程和路径，以及口碑传播者之间的社会关系对口碑传播的作用。进入 21 世纪以来，互联网迅速发展，越来越多的企业将互联网作为产品开发、试销和推广的重要平台，网络口碑对消费者的作用也就越来越明显，很多学者也开始关注网络口碑对企业产生的价值和对消费者产生的影响。因此有必要清楚地界定口碑及网络口碑和在线评论的内涵相互之间的关系。

9.1.1 口碑内涵

在已有的研究中不同的学者从不同的视角对口碑的内涵进行界定，有面对面交流的视角、购后行为的视角、信息来源的视角、在线交流的视角，表 9-1分别对上述不同视角下的口碑内涵进行界定。

表9-1 口碑内涵界定

环境分类	定义视角	定义	相关作者
传统环境	面对面交流	主要是在传播者和接受者之间，以口头传播的交流形式交流，并且这种交流是非商业性质的	Arndt（1976） Westbrook（1987） Tax 等（1993） Bone（1995） 杨学成等（2009）
	购后行为	消费者购买后对产品或正向的推荐、或是抱怨的一种行为结果	Helm（1998） 李桂陵和杨光（2012）
	信息来源	口碑被定义为一种来源于个人的信息	Engel 等（1969） Sundaram 等（1998）

续表

环境分类	定义视角	定义	相关作者
网络环境	在线交流	消费者就产品或服务的体验在网络上进行交流	Henning-Thurau 等（2004） Godes 和 Mayzlin（2004）

资料来源：黄敏学等（2010）

1. 面对面交流的视角

口碑的概念界定及其对潜在消费者的影响作为热点问题一直存在于管理学研究领域。最先关于口碑的研究是 Asch（1956）首次通过实验的方法验证了社会从众心理的存在。之后是 Brooks（1957）论述了口碑在新产品拓展市场过程中的重要影响，但他对"口碑"的理解局限于普通的交流和沟通，对口碑的具体功能、内容、传播途径、动因机制和影响要素等具有一定深度的问题缺乏重视。首次对口碑概念进行界定的是 Arndt（1967），他强调口碑就是几个人（两人及以上）之间针对某个商品、服务或者品牌的口头传播，该形式的口头传播不具有任何商业目的，并会对其他人产生非正式性群体的作用。而 Westbrook（1987）将口碑定义为面向其他消费者，关于使用某种产品或服务的质量、过程、感受等的一系列的非正式沟通。与 Westbrook 的概念一致，Tax 等（1993）也认为口碑是消费者之间针对产品服务特点或者供应者方面的非正式交流。Bone（1995）也从面对面角度出发，认为口碑是非企业相关员工间进行的对商品信息和真实感受的交流。我国学者杨学成等（2009）认为口碑是指拥有信息感知能力的不以商业为目的的传递者与接受者之间针对某个具体商品、服务、品牌或者组织的非正式的人际交流，它是通过个人或者群体所发起和进行的双向式信息交流形式。

2. 购后行为的视角

很多的研究表明，口碑一般是作为购买后的一种行为结果出现的。正面的口碑一般是满意和忠诚的结果，对企业有正向的影响，负面的口碑一般是不满意的结果，对企业有负向的影响。Helm（1998）认为口碑是群体间（产品供给者、相关领域的专家、实际购买者和潜在消费者等）所进行的正面或者负面的口头交流。我国学者李桂陵和杨光（2012）认为口碑是消费者购买产品后与其他潜在消费者之间关于产品、品牌、服务等信息的相互交流，对消费者的消费心理和购买行为产生影响。Day 和 Landon（1976）研究表明，不满意的顾客将其不愉快的经历告诉他人，这就形成了一种负面的口碑传播。而 Richins（1983）表明负面的口碑被定义为消费者对所购买的商品不满意的一种结果，引起消费者不满的问题越严重，消费者负面口碑传播的可能性就会越大。

3. 信息来源的视角

人际影响指的是人际交流之后，个人在态度、行为和信念方面的改变。有学者研究指出人际影响发展的一种最重要的途径就是口碑的传播。在口碑的传播过程中，制造商和经销商或服务提供者都不知道消费者传播的信息，因此口碑传播能够较好地实现消费者信息的沟通和交流，使消费者能够真实得知产品的真实信息。国外学者将口碑传播作为一种信息来源，将其与其他媒介做比较，认为其与传统媒介有雷同的效果，在这些研究中，口碑被定义为一种信息来源。Engel 等（1969）研究得出，口碑作为一种信息来源，在消费者尝试新产品的决策中是最有影响力的。Liu（2006）的调查研究中指出口碑与其他的大众传媒相比较，效果更为显著，尤其是消费者对产品的真实体验所传播的信息更加具有说服力。

4. 在线交流的视角

伴随着互联网的普及和发展，人们不仅能在网上购物，也能在网上发表关于消费某产品和服务的感受，Singh（1990）在一书中用"创意病毒"代替传统的口头交流的方式，认为其传播的主要形式是互联网，传播的速度要比口头交流快得多，而且交流的范围非常广，并且这种传播方式更具有持久性的特点，影响力也比较大。Henning-Thurau 等（2004）将网络虚拟社区成员们发帖、阅读、回帖的循环过程称为一种口碑的传播，并进一步探索参与成员们的行为动机。Xue 和 Joseph（2004）认为通过互联网转发所接收电子邮件的行为也称为口碑的传播。

结合以往研究，本书认为口碑的内涵应该包含以下几点：口碑内容涉及评论对象的各个方面，如服务、质量、使用周期等；口碑具有极性，既可以是正面的也可以是负面的；口碑来源于不以商业为目的的消费者之间的非正式交流；口碑也是一种双向式的信息交流形式；口碑还能对潜在消费者的购买行为和最终决策产生影响。

9.1.2　网络口碑内涵

1. 网络口碑的定义

传统的口碑传播大多是发生在传播者和接受者之间的面对面的交流形式，然而随着互联网进入人们的生活中并逐渐改变人们的生活习惯和消费方式，消费者购买某种产品时更倾向于通过网络来搜集有关产品的信息和已购买者对此产品的消费体会，并且能够搜寻到有关产品消费体验、意见、经验等产品相关知识的分享。因此口碑传递形式已经不再局限于现实中的特定空间、时间，一种全新的传播形式——网络口碑应运而生，人与人之间的产品信息交流出现多样化。这种多样化最直接地体现在，关于某种产品质量、信息、消费感受等可以通过网络在最短的时间范围内传播到世界各地，并且其能够在互不相识的人与人之间进行传播。相较于传统的口碑来看，网络口碑多以文本的形式存在，可复制、保存的口碑信息可以供大量消费者进行参考，更是具有学术参考价值。网络口碑虽然是一个比较新颖的概念，但是在以前的学术研究中也存在一些与网络口碑类似的概念，具体如在线反馈（online feedback）、互联网口碑（internet word-of-mouth）、鼠碑（word-of-mouse）、网络沟通（internet communication）、病毒营销（viral marketing）及电子口碑（electronic word-of-mouth）等。

网络口碑最早的研究者是 Gelb 和 Johnson（1995），他们提出"在线口碑"概念，认为依托于网络环境进行的信息交流与传递也是口碑传播的一种方式。网络口碑的兴起引起了学者广泛的关注，网络营销成了研究和实践的焦点。本书选取部分学者对网络口碑的界定整理，如表 9-2 所示。

表9-2　网络口碑的定义汇总

作者	时间	定义
Stauss	1997	消费者在公司网站的留言板、新闻群等地方，通过对所购产品表示赞赏表扬，或对公司的服务表达抱怨或者投诉不满等来阐述自身观点
Resnick 和 Zeckhauser	2002	在网络平台，消费者拥有双向沟通的能力，能够针对公司的服务、产品质量或某事件在网络上分享消费体验和经验及对公司的意见，网络口碑亦可称为在线的客户反馈系统或声誉系统
Newman	2003	在互联网技术的支持下，研究正面口碑和负面口碑对消费者的影响，得出负面口碑能传播更远，对消费者的影响更大，即消费者更倾向于传播对产品消费不好的感受和对产品不满意的产品信息
毕继东	2009	互联网用户借由 BBS、博客、论坛、网络商品讨论区等即时通信工具在网上交流，撰写针对某个商品、服务、品牌或者组织的信息，其具体呈现形式有文本、符号、视频、图片等或者是前者的结合，与传统的口碑相比具有不限时间、空间的特点
李桂陵和杨光	2012	消费者通过互联网接收、传递和撰写针对某个商品、服务、品牌或者组织的口碑信息，与传统口碑相比网络口碑内容相同但形式不同，传播的主要内容包括文本、符号、视频、图片等或者是前者的结合

根据对表 9-2 的整理发现，网络口碑注重购买者利用互联网平台传递关于产品、服务或者企业各个方面的信息，与传统口碑相比传播的信息大体相同但是传播的载体不同。网络口碑不仅能够实现信息的交流，更重要的是利用网络扩大信息的影响，因此网络营销逐渐受到企业的欢迎。

2. 网络口碑的特点

网络口碑与传统的口碑相比更容易产生涟漪效应，影响力似乎更大。相对于企业的传播方式而言，网络口碑具有可信度高、针对性强、传播成本低、易于流行等特点。网络口碑传播除了具有上述特点外还具有一些新的特性。

1）网络口碑传播的双向性

互联网这一技术平台将企业组织与消费者之间的双向沟通变为可能，一方面企业可以将产品的信息和质量以低成本和前所未有的规模传递给消费者，另一方面消费者也可以将消费的感受及对产品的评价写在企业专门的网站上，消费者的感受及评价也能被企业的营销者实时地观测，这是营销史上的创新（Dellarocas，2003），有利于企业及时了解消费者对产品、服务的态度和信息以及出现的问题，便于生产者做出快速的反应。

2）网络口碑传播的效率更高

传统的口碑传播主要是传播者和接收者面对面的交流，起到了口耳相传的效果，这种传播不仅数量有限，而且信息扩散的速度也比较慢。而网络口碑则突破了这一局限，它依托于互联网的平台，打破了时间和空间的限制。消费者在网络传播的信息，可以通过复制、转载、网民浏览，在短时间被大量人知道，真正地做到了无处不在、无时不在的效果，这种传播速度是传统的口碑传播无法比拟的，传播效率也更高。

3）网络口碑传播内容的真实性受到质疑

一方面，传统的口碑传播是人与人面对面的交流，口碑交流的双方有一定的关系，无法做到匿名性，传播的内容比较真实可靠，但是在互联网虚拟的环境中，网民的真实身份难以证实，除非是网民自己暴露真实身份，网络传播大多都是匿名传播，所以消费者更能毫无顾忌地真实表达自己对产品消费的情况，尤其是更能够主动地吐露对消费的不满和抱怨。但是当这种言论活动失去严格的把关时就可能有消费者恶意地中伤企业，夸大不满意的态度，对企业造成比较大的负面影响。另一方面，对于企业来说，网络评论的匿名性给厂商操纵口碑信息提供了可能性，厂商可以发布虚假信息诋毁竞争对手声誉，以夸大自身的影响力从而提高自己声誉（Friedman and Resnick，2001）。以上两种情况都会对消费者的购买决策造成误导。

4）网络口碑比较容易测量

传统的口碑大多是消费者的口耳相传，是无形的，很难把握，对它的测量更是耗时耗力，在很多情况下都是难以实现的，更不用说企业对口碑的信息做出快速的反应，但是互联网的出现使口碑变成了有形过程，企业可以利用口碑信息进行有效的营销和公关，也为学术界和实业界提供了极大的方便。

9.1.3　在线评论内涵

1. 在线评论的定义

网络口碑的传递形式通常有七种，分别是即时通信、点对点邮件、分散式邮件、邮件包裹、探讨社区、聊天平台和在线评论。其中在线评论是最普遍的一种网络口碑方式。最早提出在线评论的是 Chatterjee（2001），他在论证潜在消费者的购买行为是否参考已购买者的评价时首次阐述了"在线评论"的概念。之后，关于在线评论概念的研究日益增加，其具体界定也逐步得以完善与科学。以往专家学者关于在线评论的界定如表 9-3 所示。

表9-3　在线评论定义汇总

作者	时间	定义
Stephen 等	2007	是在线口碑的常见表现形式，是随着互联网出现的一种特殊的口碑类型，它是消费者发布在公司网站或第三方平台上针对某一产品或服务的质量、特点、消费感受等相关的信息
Park 和 Lee	2009	是电子口碑的一种形式，是消费者通过网络对所购买产品或服务质量、感受等的正面或者负面评论
Mudambi 和 Schuff	2010	是购买者在产品提供企业网站或者第三方网站发布的关于所购商品的评价
郭国庆等	2010	又称为在线消费者评论，是网络口碑传递的最主要形式，是购买者通过互联网这一载体，以文字的形式发布对产品或服务的满意或抱怨，或表达出内心对该商品的使用感觉
尹英姿	2012	即消费者根据自身对某一产品消费的感受或别人的经历在购物平台或者论坛上、在线评论网站上表达出对此商品的真实感受
刘丽	2014	是消费者匿名发表的关于某一产品或者服务的相关信息，与传统的口碑传播方式相比具有数量大、传播速度快、信息含量高、可测量性与可匿名性等特点

根据表 9-3 我们发现，以往对在线评论的定义侧重的是其所包含的内容，然而对其具体形式却没有明确的描述。由于本书的研究对象选取的是淘宝网上针对实木家具的购买者评论，所以将在线评论界定为：消费者出于非商业性目的，在电商平台的在线评论系统中对所购产品或者服务的价格、质量、售后、物流等进行评价，其具体形式主要包括文字描述和指标打分。

2. 在线评论的特点

本章在以往研究的基础上，将在线评论的特点总结为以下四点。

特点一：互动沟通的多样性。在线评论的沟通主体往往既是评论的接收者又是评论的提供者，具有双重的身份，因此在线评论的互动沟通是非线性的，既可以是一对一和多对一的形式，也可以是一对多和多对多的形式。

特点二：获取信息的便利性。消费者依赖互联网平台随时随地发布关于所消费产品或者服务的信息，因此在线评论能够不受时间和空间的限制长时间保存在互联网上，并且便于人们查询。潜在消费者可以利用搜索功能，能够非常便利地查询自身所需求的产品信息。

特点三：传递信息的真实性。由于一般在线评论都是已购消费者对产品的质量、信息、服务等做出的评价，并且大多数网站会对消费者的消费进行记录和身份识别，因此传递的信息比较真实、可靠。

特点四：评论者信息的匿名性。在互联网的虚拟环境中，信息的传递者和接收者双方的身份不明确，不存在利害关系，因此评论撰写者更倾向于真实、客观地分享自己对所购产品或者服务的感受与意见。另外采用匿名的方式能够保护消费者的个人信息，这是出于网络安全的考虑。

9.2　口碑、网络口碑和在线评论的关系

9.2.1　口碑与网络口碑的关系

传统口碑与网络口碑均是购买者针对某产品的各方面信息或观点的发布与沟通。由于网络口碑载体——网络的特殊性，网络口碑与传统口碑之间存在显著差异，其具体区别表现为以下四个方面。

1. 个人信息的匿名性

出于网络安全和对信息发布者真实身份保护的考虑，通常网络口碑发布者的身份都是匿名的，即便是信息查询者，也只能查看其虚拟身份。因此同传统口碑相比，网络口碑发布者的自身隐私能够得到保障，并且所需承担的舆论压力也比较小，这样发布者就能够毫无顾忌地表达观点，传递出自身针对某个商品或者服务满意或不满意的真实感知。

2. 传播速度的快捷性

网络口碑是依托于网络的一种信息传播与沟通形式，因此它具有传统口碑不可比拟的多次传播性和强复制性。同时，传统口碑是受到时间和空间局限的口耳传播形式，它的传播速度受制于传播者人际圈子的大小。而网络口碑的传播却不局限于时间、空间和个人人际圈子的大小，即便是面对陌生人群也能够大范围地快速传播。

3. 沟通形式的多样性

根据沟通方式的划分，传统口碑的发布与传递是面对面的交流形式。而网络口碑是依托于互联网平台，通过 Facebook、QQ、MSN、微博、博客和网络社区等进行异步或者同步的信息交流，它打破了传统口碑中面对面沟通形式的局限性，其沟通形式既包括一一对应的特定传递也包括一对多的传递形态。网络口碑沟通形式的多样性一方面加快了沟通与传播的速度，另一方面也排除了口碑传播过程中客观环境的影响。

4. 口碑内容的有形化

传统口碑通常是通过口耳相传的方式进行传播的，其随传随逝的特性使得它很难以有形的方式进行保存，而且纯粹的口头传播容易让人不易琢磨和把握。相对于传统口碑而言，网络口碑一般都是有形的，它通过具体文字描述、图片展示或者多媒体录制等方式呈现出来。因此，网络口碑的有形化使口碑容易保存和传

播，并且有助于阅读者了解口碑发布者的真实意图和感受。

9.2.2　网络口碑与在线评论的关系

在线评论作为网络口碑的一种特殊方式，它与其他方式的网络口碑存在一定差异。在线评论不仅拥有网络口碑的所有特点，还具有其他网络口碑形式无法比拟的数据整体性较高、可进行定量研究的特性。总的来说，我们可将网络口碑与在线评论从是否易量化和是否易形成领导意见来进行区别。

1. 是否易量化

国内比较常见的在线评论表现方式既有非结构化的文字描述，也有许多是通过对产品各个方面的评分来体现的。评论者对产品相应指标的打分，我们可以理解为在线评论的情感倾向，并且它也为我们进行量化分析提供了直接的数据准备。而邮件、博客、聊天室和网上论坛等其他形式的网络口碑仅仅通过非结构化的文本形式来表现，因此存在着难以保存和不易量化的问题。通常学者分析这些方式的网络口碑时需要利用调查问卷或者模拟仿真的方法。

2. 是否易形成领导意见

除了在线评论以外的其他形式的网络口碑，由于其评论的主题比较单一，且评论发布者多为特定人群，因此容易形成领导意见。而电商平台上的在线评论通常会涉及产品或服务的多个方面，评论的侧重点会因为评论者的不同而存在差异。同时，在线评论的发布者通常不会是特定的人群，并且参与人数会随着销量的增长而增多。综上可知，在线评论与其他形式的网络口碑相比不易形成领导意见。

9.2.3　三者之间的关系

综上所述，口碑、网络口碑与在线评论之间是一种包含与被包含的关系。其中，网络口碑是口碑的一种特殊表现方式，而在线评论又是网络口碑的众多表现方式之一。三者之间最主要的不同是表现形式的差异性，其实质都是消费者之间针对所购产品或者服务的非正式的、不具有商业目的信息沟通与传递。

9.3　在线评论、购买意愿与产品销量的关系研究

关于在线评论的研究，自其提出就是一个热点话题。很多专家学者对其进行了分析与介绍，并对在线评论与购买意愿及产品销量的关系进行了深入的探索。

本书在以往学者对其研究归纳的基础上，将国内外关于在线用户评论的研究基于研究客体这个维度来归纳整理，并对在线评论、消费者购买意愿与产品销量的关系进行分析与总结。

9.3.1 关于在线评论自身所展开的研究

有关用户在线评论自身所展开的研究，大多数学者主要从情感分类、系统功能、评价机制、影响力、传播机制、可信度及效用这七个角度进行展开与分析，其中不同角度的研究深度与热度有所不同。通过相关文献整理可以发现，目前用户在线评论效用方面的研究一直是国内外学者的研究重点。其中，Ghose 和 Ipeirotis（2007）以搜索型产品为研究对象，实证分析了在线评论的主客观性、易读性及评论情感倾向的混合性对在线评论效用的影响程度。Korfiatis 等（2012）通过采取一系列的英文文本可读性（read-ability）方程式，分析了用户在线评论的易读性与在线评论效用之间的相互作用关系，从而得出了用户在线评论阅读的简易性与评论的效用存在显著的正相关关系。Mudambi 和 Schuff（2010）指出具有一定深度的用户在线评论可以有效提高潜在消费者对评论的判断能力，增强消费者的购买意愿，进而促进他们购买行为的发生。同时，Ghose 和 Ipeirotis（2007）还强调了评论者的以往评论情况对当前评论的效用具有重要影响。

9.3.2 关于在线评论对被评论商品购买意愿的影响研究

从评论者视角对用户在线评论的研究也呈现出多样性与多元化的趋势，而大部分的学者还是倾向于从用户在线评论的参与意愿以及被评论产品的购买意愿角度来展开研究。有关用户在线评论的参与意愿的研究，Hennig-Thurau 等（2004）提出了激励消费者撰写用户在线评论的八个影响要素。Dellarocas 等（2006）则实证研究并分析了潜在消费者撰写电影评论的影响因素。而后 Tong 等（2007）则在此基础上对潜在消费者撰写用户在线评论的影响因素的理论模型进行了初步构建。Hartwigsen（2011）将个人护理商品作为具体的研究对象，指出特定商品的用户在线评论的关注度会由于性别的不同而存在一定的差异。并且他指出购买后进行在线评论的主要目的是解决他们在网购中出现的问题，而潜在消费者则依据在线评论信息做出相关的决策。关于在线用户评论对被评论商品购买意愿的影响研究，一些学者认为正面评论和负面评论对消费者购买意愿会产生程度不同的影响，如 Lee 等（2007）指出，消费者在购买商品时，更倾向于关注负面评论，而对于消费者行为的指导，正面评论是比较有用的。Baum 和 Spann（2014）强调，消费者提供的在线评论不一定都有益于网络商家，这些评论可能会对消费者的购买决策产生负面影响。还有一些学者侧重于具体影响因素的研究，而通过对相关文献的归纳分析可知，有关消费者购买意愿具体影响因素的研究，其结论存在差异性。例如，Susan 和 David（2010）在对亚马逊网站的用户在线评论信息进行统计分析的基础上，分析了在线评论的产品类别、详实程度及评论的专业性对消费者购买意愿所产生的正面促进作用。而 Zhang 等（2010）在中国环境背景下，分析了消费者评论的数量、食品安全等级、餐厅服务与环境质量等因素与消费者购买意愿显著正相关，而在线评论的专业程度则与消费者购买意愿呈现显著的负相关。

9.3.3　关于在线评论对产品销量及卖家策略的影响研究

通过相关文献可以看出，一部分学者是从用户在线评论对产品销量和卖家销售策略的影响来进行展开分析。有关在线评论与产品销量的研究，Fang 等（2013）发现消费者评论数量、评论情感倾向及热点评论与产品销量呈现正相关，而评论字数长短、评价者的排名与产品销售呈负相关。而 Riegner（2007）的研究指出，用户在线评论对潜在消费者购买决策的影响会由于用户类型、产品类型及购买渠道的不同而存在差异。Lee 等（2011a）将研究对象具体分为主观评论商品（商品的评论指标大多为主观性的）与客观评论商品（商品的评论指标大多为客观性的），研究并分析了在线评论对不同类型商品销量的影响，同时证明了在线评论对客观评论商品的长尾效应具有抑制作用。对于在线评论与卖家销售策略的分析，学者们主要是集中在用户在线评论与卖家商品定价的关系的研究上。例如，Wang 等（2013）通过构建模型来研究在线用户评论对商品最优定价的影响，并结合具体案例进行实证研究与分析。研究表明，网络电商可通过提升具体产品评论中的信息包含量来提高具体产品的网络定价，进而实现销售额的增长。还有学者认为产品定价同样会对消费者评论产生影响，Fang 等（2011）建立了消费者评价与产品定价关系的分析模型并进行了实证分析，结果显示一个垄断公司不仅可以通过操纵其定价来影响产品销量，而且还能通过调整定价动态地影响在线消费者评论。

根据上述研究可以看出，在线评论、购买意愿与产品销量的关系研究目前已成为学者们研究的重点，但是绝大多数研究主要集中在用户在线评论的有用性以及在线评论对消费者购买意愿和购买决策等的影响方面，真正涉及对企业实际销量影响的研究并不多，且对不同类型产品的研究可能存在截然相反的研究结论。不一致结论产生的原因可归结为国家文化影响的差异（Koh et al.，2010；Fang et al.，2013）或产品类别的差异（王君珺和闫强，2013）。本书对实木家具在线评论对产品销量的影响进行研究，更具有针对性及现实意义。

9.4 相关基础理论

9.4.1 消费者购买决策理论

消费者的购买决策通常表现为购买者在自身某购买动机操控下，从几个可供选取的方案里，通过思考、评论、选取后采取最优购买方案，以及购买行为发生后针对该产品或者服务评论的全部活动过程。在以往涉及该理论的文献中，主要是从具体的理论和模型两大方面来进行阐述，其模型大致有消费者购买决策的普通模式、科特勒行为选择模型、尼科西亚模式和恩格尔模式。而本节对于消费者购买决策理论的分析，具体将从涉入理论、感知风险理论和信息处理理论来论述。

1. 涉入理论

涉入理论由消费者心理学家 Krugman 于 20 世纪 60 年代提出，他首次将涉入的概念带入营销学研究领域。本书具体通过涉入度、情境涉入度、持久涉入度和购买决策涉入度的概念来对涉入理论进行理解研究。涉入度即购买者根据实际需求、价值观念及利益，主观上认知的自身与产品或者服务的关联程度。它既可能长期持久存在，也可能在特定情景环境下存在。情境涉入度即购买者在某种特定环境下，关于某种事物临时的关注或者兴趣程度。持久涉入度即购买者在较长的时间范围里对某商品或者服务稳定的关注程度。购买决策涉入度即购买者关于某产品或者服务的购买行为和最终选择的关注程度。

购买者自身的主观感知与商品或者服务的关联度愈大，那么涉入度也愈大。产品涉入作为购买行为中的心理活动，我们可以将其理解为消费者的行为动机之一，进而对消费者购买决策过程进行解释分析，具体涉及信息搜集范围、购买决策周期、购买意向和态度、最终购买行为等。涉入度不仅会影响购买者对商品的相关资料获取、对商品特点与品质的认识，还会对购买者的最终购买决策产生影响。所以，对购买者产品涉入状况进行研究分析能够呈现出他们对商品或者服务的态度与认识，反之人们也能够通过购买者关于某商品或者服务的态度与认识来得出其对该商品或者服务的涉入度。

2. 感知风险理论

感知风险理论指出，消费者通常无法预测购买行为的发生会造成什么影响，它既可能让消费者感觉满意，也可能让其感觉失望，因此购买行为实质是一种风险承担行为。Mitchell（1996）指出这种风险是主观感知的，而非客观存在的，由于某些风险无法被消费者主观感知察觉，因而不能采取应对措施，所以他强调感知风险与客观风险不对等。感知风险理论通常包含两个因素：决策结论的非确定性和决策失误的严重性。如果决策结果的非确定性较大，那么潜在消费者就会更加倾向于质量值得信任的服务或者产品。如果决策失误的严重性较高，那么潜在消费者在进行购买决策时就会更加的严谨细心，花费更多的时间成本去搜集和比较产品信息与评论。

消费者的感知风险是指关于风险的内心预期对其最终选择具有显著影响。有研究指出，购买者的感知风险将随着购买决策过程的不同而不同。通常，在自身的需求识别阶段，由于消费者刚刚感知问题，因而会出现短暂的意识盲区，所以感知风险会剧增；在资料获取阶段，由于消费者所掌握信息量的增加，进而其感知风险逐步减少；在购买决策阶段，由于购买行为的无法预测性，所以感知风险会有所回升；在最后的评论阶段，因为已经进入实际的使用阶段，所以感知风险又将减少。综上可知，购买者在进行最终选择时应该最大化地规避感知风险，基于风险最低的准则进行最终选择。

3. 信息处理理论

信息处理理论强调人的理性是有度的，并且消费者关于某商品或者服务的感知能力与大脑整理信息的能力同样是有度的。购买者在购买选择过程中，既不会对相关商品或者服务的信息全部掌控，也不会对这些信息全部处理，因此他们做出的最终选择难以实现"完美化"。信息处理理论指出，在购买行为始末，购买者实质上是问题处理者，而整个购买行为实际上就是对问题的分析和解决的过程，购买者会努力搜索与选取自身需要的商品或者服务，并依托于所获取的全部信息，在一定时间范围内进行最优决策。

精细加工的可能性模型（elaboration likelihood model，ELM）作为消费者信息处理理论中比较重要的一个理论模型，它是一个双重路径的选择模型，并且验证了态度的改变是由于信息处理能力的差异。根据该模型我们发现潜在消费者通常借助于边缘路径或中心路径对产品和服务的相关信息进行处理。它假设潜在消费者如果有处理信息的能力或者动机，那么很可能会通过中心路径来进行说服尝试，即通过对产品或者服务的相关信息进行积极思考和加工来形成自身的情感态度和意愿。然而，如果潜在消费者没有具体的能力或者动机，那么信息处理将会通过边缘路径来实现，也就是在精神层面上对其简单处理。

9.4.2　社会心理学相关理论

对于在线评论对产品销量的影响，众多的社会心理学相关理论也会对其产生一定的影响，并有助于对部分结论和原因进行解释与分析。本节将主要选取首因效应（primacy effect）、前景理论和从众理论来进行相关论述。

1. 首因效应

首因效应指的是人们在社会认知的过程中，根据首次接收的信息内容对个体之后的认识行为所产生重要影响的作用，通常它是通过首次印象（或称第一印象）导致的一种心理作用，人们通常将其称为"第一感"。

首因效应一般被用来分析陌生人群间的人际印象问题。其实质是一种优先作用，在大量具有差异性的信息面前，人们通常更加倾向于首次所接收的信息。伴随着互联网应用的普及，首因效应不但对线下人际交往产生一定的影响，有学者指出，它对网络购物中购买者的最终选择也起着至关重要的作用。例如，在C2C的电商网站上，某些电商选择在商品的详细情况描述中插入以往消费者的正面评论。这相对于没有在商品信息描述中插入评论截图的电商来说，肯定会形成首因效应，给评论阅读者首先灌输一种该产品是优秀商品的感知，从而提高了其购买行为发生的可能性。又如，在查看评论信息时，面对成千上万的信息，潜在消费者往往倾向于细读最先看见的评论，并且由于时间成本或者认知储存量的关系，也会导致首因效应。

2. 前景理论

前景理论是行为科学和心理学的重要研究成果，它于 1979 年由阿莫斯·特沃斯基（Amos Tversky）和丹尼尔·卡尼曼（Daniel Kahneman）提出。由于该理论对非确定情形下的判定决策做出了重要的贡献，因此丹尼尔荣获了诺贝尔经济学奖。该理论重点阐述了两个定律：①人们对于收益和损失的感知敏锐度是不同的，通常情况下，人们对于收益的喜好程度要低于他们对于损失的痛恶程度，即一定量的收益所带来的欢乐要低于等量的损失所带给人们的伤心；②人们在收益面前，通常表现出风险逃避，不愿意采取冒险行为，然而在损失面前，却一般表现出风险选择，倾向于选择冒险行为。

根据前景理论，可以得出购买者在进行最终决策时，相对于获得收益而言，他们更愿意规避风险。由于互联网购物的虚拟性和信息的不确定性，购买者必然存在种种顾虑与担忧。而通过在线评论系统中其他购买者关于该商品或者服务各方面的评论，购买者可以从中查看自己所需的相关信息，进而做出购买与否的判断。因此，充分合理地查看在线评论对潜在消费者而言显得非常重要。同时，从在线评论情感倾向的视角来说，购买者相对收益而言更加关注损失，负面评论比正面评论对购买者最终选择的影响更大，所以电商应该尽可能鼓励消费者发表正面评论。

3. 从众理论

从众理论作为一种较为常见的人类社会活动行为，一直是社会学家的关注重点。它是一种根据心理学视角对个体行为进行研究的理论。从众强调的是在群体的选择或者压力下，个体对自身的行为倾向进行跟从或者改变。Asch（1956）指出，从众作为个体的普遍行为，实质上反映出了绝大多数人的选择对个体影响的各类社会现象。

在现实生活中，人们一般会存在一种相同的心理倾向，他们希望自身归属于群体人数较多的一方，也希望自身被大多数人认可与接受，这样可以获得群体的支持、帮扶和保护，也可以与大多数人的行为选择趋于一致。同时，由于个体对自身行为信心的缺乏，感知绝大多数人的建议是值得信任的，因此也会存在从众行为。根据从众理论，人们在进行购物选择时通常会选择在线评论数较多的产品，这样既与大多数人的选择行为保持一致，也增强了个体行为的信心。

第 10 章　在线评论对产品销量影响的特征变量筛选

10.1　在线评论对产品销量影响的定性分析

在线用户评论对消费者进行购买决策起着举足轻重的作用。所以,重视用户评论的作用、了解用户评论如何影响产品销量对网络零售商来说具有重要意义。同时,随着电子商务的逐步发展与扩大,以往比较不易在网上销售的大型家具和电器也逐渐打破传统购物模式,其网络购买现象日益普遍。因此,开展实木家具在线用户评论对销量的影响研究,对于完善家具电子商务模式具有非常重要的现实意义。为探索在线评论对产品销量的影响,本书首先从在线评论特征、商品特征、其他特征三个维度对产品销量的影响进行定性的分析。

10.1.1　在线评论对产品销量的影响

随着互联网技术的不断发展与网络应用的日益普及,网络购物已经成为人们较为常见的消费方式。由于互联网具有虚拟性以及信息不确定性特点,人们对网络购物仍然存在许多顾虑。而用户在线评论体系的出现能够为潜在消费者针对具体商品提供较好的信息服务,大大降低了消费者对网络购物风险的担忧。潜在消费者能够通过在线评论了解到以往消费者对于该商品或服务的评论信息,有助于消费者筛选出自己所重视或需要的信息内容。由此可见,用户在线评论在减少潜在消费者对信息不确定性担忧的同时,也为其做出购买决策提供了有力的支撑。

通过 2014 年我国的网络购物调研报告我们可以发现,在网络消费者做出不熟悉商品的购买决策时,用户在线评论起到了主导作用,具体表现为 71.1%的用户表明在进行决策时,用户评论是他们的主要参考因素,其次 62.3%的用户在进行决策时还会考虑网站或商家的信誉。根据上述数据可以看出,多数消费者对某商品做出购买决策前都会查询并参考其相关的用户在线评论内容,且目前的网络购物平台在介绍具体商品或服务时，一般都会对潜在消费者提供该商品或服务的用户在线评论的内容。因此，相比传统的实体店来说，潜在消费者可以在网络平台获得更多的以往购买者的相关评论信息。潜在消费者可以依据自己的购物习惯以及关注重点对不同商品进行对比，从而选出消费者自己最满意的产品进行购买。综上可知，对于网络购物来说，在线评论对产品销量具有十分重要的影响。

10.1.2　商品特征对产品销量的影响

无论是传统或是网络的购物方式，线上或是线下的交易模式，商品自身特征对于产品销售的影响是不能忽视的。商品自身特征作为产品或者服务的根本属性，始终是潜在消费者进行购买决策时所需要考虑的首要因素。商品的销售情况一定会受到其属性、价格及上架时间等相关商品特征的影响。

首先，商品价格对于产品销量起着关键的作用。潜在消费者在做出任何形式的购买决策时首先都会考虑到自身的经济实力，并存在一个内心的预期价格。依据交易成本理论，在商品属性与质量水平相同或者能基本满足购买者需求的时候，潜在消费者往往会选择价格偏低的商品。其次，商品属性对于产品的选择与购买具有基本的限定作用。人们购买产品或服务是为了满足一定的需求，若商品属性不能满足消费者的具体需要，即便商品价格再低或评论再高，对消费者而言也不会产生任何购买欲望。最后，商品的上架时间对其产品销量同样具有一定影响。随着人们生活水平不断提高，人们的选择标准不仅仅是为了满足基本的物质需求，在进行购买决策时还会考虑到流行、时尚及新颖等一系列精神方面的需求。而上架时间的远近则代表了商品的时间新旧性，同时在一定意义上还代表了其流行的程度。总而言之，商品特征对购买者最终的购买决策以及商品销量所产生的影响力是毋庸置疑的。

10.1.3　其他因素对产品销量的影响

网络产品销量的影响因素不仅包含上述的在线评论与商品特征，还包含了许多其他的因素，如商家特征、消费者特征及购物环境等。它们对购买者做出最终决策以及产品销量都具有不容忽视的作用，下面分别对其进行具体分析。

1. 商家特征对产品销量的影响

商家特征对产品销量会产生十分重要的影响，它具体涉及商家的实力规模情况、营销手段、网络店铺装修等因素对于消费者购买决策所产生的影响。首先，网络电商的实力规模会对购买者做出的相关决策产生影响。与传统的线下交易相同，商家的实力规模一般代表着商家销售实力与服务水平。潜在消费者为了减少自身的感知风险，往往会选择一些实力雄厚的大型电商的商品进行购买。其次，网络电商的营销手段也对产品销量产生直接的影响。电商在互联网上销售商品并非意味着抛弃了传统营销模式，网络时代的到来使商家逐渐形成了一些基于互联网的新型营销手段。例如，在其他软件中植入一些关于商品的广告介绍，淘宝网平台上较为常见的满额减免以及产品包邮策略，这些营销手段在很大程度上刺激了消费者的购买欲望并增加了其购物的可能性。最后，网络店铺的装修样式能够通过首因效应而对潜在消费者的内心感知与购物心情产生影响，并从侧面对潜在消费者的最终决策产生一定影响。

2. 消费者特征对产品销量的影响

消费者特征会对产品销量产生直观的影响，如消费者的性别、年龄、购物习惯及经济实力等特征都能够对具体商品的购买决策产生非常重要的作用。其中，由于消费者性别与年龄的不同，他们的侧重视角、购买习惯等也会存在着一定的差异。例如，在特定产品的加工设计阶段会有针对性的消费群体，只有当产品的针对性消费人群与潜在的消费人群相符时，才有可能实现最终的消费购买。同时，消费者的经济实力也会对最终决策产生影响，企业一般会生产出不同价位的产品以供不同经济实力的消费者进行选择。消费者会对具体产品有一个预期的心理价位，而经济实力的高低则会影响到消费者购买具体产品时的最高可接受价位。

3. 购物环境对产品销量的影响

购物环境对产品销量具有重要的影响，它包括时间环境以及电商平台环境。其中，由于时间环境的不同，那些对时间较敏感的商品会产生显著性的差异，如夏装，其产品的销售旺季一般在夏季，而冬季销售量会比较低，所以产品销量会随着时间的变化产生较大幅度的变化。同时，电商平台环境对产品销量也会产生影响。产品的销售一般会依托于某个或多个具体的电商服务平台，而网民对电商服务平台的认可度也会对平台上所有产品销售产生显著的影响。例如，把同一产品分别放在两个不同的电商平台销售，一个是人们较为认可的电商平台，而另一个是不被人们过多关注的电商平台，那么两者销售情况的差异必定十分明显。

10.2　在线评论对产品销量影响的特征变量选择

依据上文的用户在线评论对产品销量影响的定性分析，本节将从在线评论特征、商品特征及其他特征变量三个方面对具体的特征变量进行仔细筛选。其筛选的结果如表 10-1 所示。

表10-1　用户在线评论对产品销量影响的特征变量筛选结果

特征变量类型	具体特征变量
在线评论特征变量	在线评论数量、在线评论平均字数、在线评论情感倾向、评论者信誉等级
商品特征变量	上架时长、折扣系数、商品属性
其他方面特征变量	无

10.2.1　在线评论特征变量筛选

根据研究需要，在对以往文献研究的基础上，结合消费者购买行为理论与消费者购买决策理论，本书选取的在线评论的特征变量包括消费者在线评论的数量、在线评论的情感倾向、评论者信誉等级、时效性、其他这五个在线评论指标进行实证研究，其具体分析如下。

1. 在线评论的数量

用户在线评论数量可以认为是某产品或服务的用户在线评论的规模大小或实际数量，可通过具体的用户在线评论数量的数值进行衡量（Bowman and Narayandas，2001）。在线评论数量不仅可以代表产品被人们所接受的程度，更重要的是它在潜在消费者进行评论查询时具有信息通知功能，能够告知评论查询者多少人已购买或使用过该产品。这些信息将会对潜在消费者对产品的认知产生一定的影响，使潜在消费者在进行购买选择时加大对该产品的关注，可能会进一步引发潜在消费者的从众心理以及从众行为，进而产生购买行为（Godes and Mayzlin，2004）。因此，在线评论数量可以认为是影响产品销量重要的评论特征变量。

目前，国内外文献都有涉及用户在线评论的数量对产品销量的影响，但不同研究的具体结论却是不同的。虽有少部分学者的研究认为用户在线评论数量与产品销量之间是不相关的，但大部分的研究认为两者存在显著的正相关。一方面，当用户在线评论数量突破一定的数量时，潜在消费者在从众心理的作用下对产品的关注度以及认可度会急剧升高，引发的从众行为会导致产品销量的增长（Godes and Mayzlin，2004）。例如，通常淘宝平台会根据产品销量来对相关产品进行排序，而排名越靠前，则说明其销量越高，这将会使排名靠前的商品有较大的可能性被消费者关注，从而实现最终的购买。另一方面，较多的用户在线评论数量意味着评论查询者可获得有用评论信息可能性就会越大，则其对潜在消费者购买决策以及产品销量的影响也就越大（Chevalier and Mayzlin，2006）。另外，研究产品扩散模型的文献也通常采用购买者与非购买者间的互动来衡量口碑效应。例如，Dellarocas 等（2006）将评论数量加入产品销量的预测模型中，发现模型的预测精度有显著提高。由此，我们推测在线评论数量对产品销量有显著的正向影响。

2. 在线评论的情感倾向

在线用户评论的情感倾向也可称为在线用户评论的效价或极性，一般用评论分数的平均值或正负面评论的比例来衡量。评论效价对产品销量的影响通常被称作说服效应（persuasive effect），即产品或服务的正面评价越多或者评分越高，其消费者的态度越容易发生转变，从而能够说服消费者接受并购买该产品。而从用户评论的极性角度来看，可将其划分为正面评论、负面评论及中立评论。正面评论能够使消费者对产品信息有比较全面的了解，并能够增加消费者对于产品的乐观态度，有利于提高该产品购买的可能性。而负面的评论将会对产品的销售产生负面影响，减少消费者最终购买该产品的可能性。

很多国内外学者对于在线评论的情感倾向与产品销量的关系十分关注，而不同文献的研究结论也存在着一定的差异性。大部分学者都认为在线评论的情感倾向与产品销量之间呈现出显著的正相关关系。其中，Duan 等（2009）发现 22% 的消费者在查看 CNET 网站上的产品信息时都会按照评分来排序，说明评论分数是消费者进行购买决策的重要依据。Chintagunta 和 Desai（2010）将电影行业的网络口碑研究扩展到多个市场，发现评论效价是最为重要的影响因素，评分越高或正面评价越多，其销量越高。同时，依据前景理论我们可知，消费者对待获利与损失的态度往往是不同的。在通常情况下，人们对损失的痛恶程度要高于对收益的喜好程度，也就是说损失所带来的恐惧要大于收益所带来的快乐。因此，大多数学者也会认为负面评论的影响相对正面评论的影响更为重要，消费者在做最终决策时为了规避风险更愿意信任负面评论。另外，部分学者还提出情感倾向划分标准对购买决策或产品具有影响，如可以将在线评论的情感倾向划分为"好""中""差"三个等级，也可以划分为"非常不满意""比较不满意""一般""较满意""非常满意"五个等级，划分级数的不同会造成实证分析结果的差异。

3. 在线评论的评论者信誉等级

用户在线评论的评论者威望也可称为评论者信誉，可用评论者的信誉等级指标来进行衡量。评论者信誉体现了消费者网络购物经验的丰富程度，高信誉的消费者进行的评论往往更有价值，评论的"引导作用"一般要比低信誉评论者作用更强。对于缺少购物经验的网络消费者而言，高信誉评论者所发挥的"意见领袖"作用会更加明显。

在关于在线评论的评论者信誉的等级对产品销量影响的实证研究中，不同文献的研究结论也具有一定的差异。但大部分学者都认同评论者信誉等级对产品销售量具有正向的影响。例如，Forman 等（2008）认为评论者相关的信息对消费者判别产品的质量和可信度有着较为重要的影响，评论者的信誉等级对产品的销量有着显著性影响。因此，潜在消费者在做出决策之前，往往会愿意参考相关方面的权威专家或经验丰富的购买者的意见。另外，李健（2012）的研究指出，由于评论者与购买者之间的信息不对称，顾客更加关注信誉等级高的评论者，以此来降低他们对产品质量所产生的不确定性。因此，评论者的可信度会直接影响潜在消费者对于评论质量的感知。同时，也有学者认为评论者信誉等级与产品销量没有关系甚至负向相关，原因是目前国内用户在线评论的评论者信誉等级是根据其购物次数来划分的，他们认为这是不科学的，也并不能代表其以往评论内容的可信度。

4. 在线评论的时效性

在线评论的时效性是指评论的相关信息是否为最近时间发布的。评论的时效性可采用查询评论时间与评论最新发布的时间差值来进行测量，这个时间差值越小，则在线评论的时效性越强。

在线评论对产品销量影响的研究若忽视了时效性的问题，将会使研究结果出现部分的偏差。根据相关文献，多数学者认为在线评论的时效性会对产品销量产生重要的影响，其部分评论的特征变量（如评论数量、情感倾向等）也会随着时间的延长发生一定的变化。孙文俊和薛博如（2011）通过实证分析的方法研究了在线评论的时效性对产品销量的影响，其研究表明随着评论时间差值的增大，在线评论对产品销量的影响将会减小，也就是说评论查询时间与在线评论的发布时间的间隔越长，其对产品销量的影响程度就会越小。

5. 在线评论的其他特征变量

在线评论存在众多的特征变量，目前的研究主要是根据上面的四个变量来展开的，而对于其他特征变量所进行的研究还相对较少，如在线用户评论的内容、评论质量等。

其中，关于用户在线评论内容的定义存在广义与狭义的区别。广义的用户在线评论内容包含用户在线评论的所有特征变量，其中也包括评论的数量、评论者威望及评论情感倾向等，而狭义的用户在线评论仅仅是针对用户在线评论自身所包含的具体指标，如产品描述相符、服务态度和发货速度等。本书用户在线评论内容指的是狭义的定义，选用在线评论各个主体指标打分的平均分数作为衡量标准。通过相关研究可知，在线评论内容指标的设定与消费者购买决策具有很大的关系，进而会对产品销量产生正向作用。

同时，用户在线评论的质量会对产品销量产生影响。用户在线评论的质量涉及在线评论信息内容的相关性、可信性、翔实性及易懂性。其中，信息内容的相关性是指用户在线评论包含的具体信息是否与潜在消费者所需要的信息相关；内容的可信性是指用户在线评论包含的信息是否真实可靠并值得信任；内容的翔实性是指用户在线评论的信息是否足够充分与丰富；内容的易懂性是指用户在线评论的信息是否能够相对容易地被评论的接收者所理解。根据相关文献以及日常经验可以知道，用户在线评论的质量与购买决策和产品销量具有显著的正相关关系。为了方便搜取数据，本书选取在线评论的平均字数作为用户在线评论的质量的衡量指标。用户在线评论的平均字数即每件商品的平均评论字数，通常可通过对该商品的所有评论进行求算术平均数获得。一般而言，越长的评论字数意味着评论中所包含的信息量越大，能够满足评论阅读者搜索需求的可能性越大，评论的有用性也越大（Ghose and Ipeirotis，2011）。同时，较长的在线评论可能会刺激评论阅读者进行浏览，加深或改变原有的感知，提高对产品的认知度（Mudambi and Schuff，2010）。而对产品的认知度的加深则会增强消费者在进行决策时的信心，进而可能促进产品销量的增加。

10.2.2　商品特征变量筛选

本章主要是关于在线评论对产品销量的影响的研究，因此我们将商品特征变量看做控制变量引入相应的回归模型。依据产品生命周期理论以及交易成本理论，选取了三个商品特征指标，分别为产品年龄、商品属性及价格特征，具体如下。

1. 产品年龄

产品年龄是指商品投入市场的时间长度，也称为上架时间。依据产品生命周期理论可知，任何商品都有自己特定的生命周期，并在生命周期的不同阶段，商品的销量也会有所差别。例如，智能手机产品刚开始投入市场的时候，会出现较短时间内冲向销量制高点的现象，并能够在一段时间内保持较高销量。但随着时间的推移以及智能产品的不断更新，其销售量会慢慢下降，最终会退出市场。

2. 商品属性

除了产品年龄外，商品属性这一商品特征变量对产品销量的影响也是不容忽视的。本书选取实木家具为具体研究对象，实木家具作为人们生活中的大型特殊所需品，其产品的具体类别对产品销量也具有很大影响。不同类别的家具产品（如实木床、实木衣柜、实木沙发与实木桌椅等）的需求点以及消费者的顾虑点都是不一样的，因此充分考虑商品属性对产品销量的影响是十分必要的。

3. 价格特征

价格特征包括商品的具体价格与折扣系数两大部分。其中，产品具体价格可以用商品在市场上的统一定价来表征，它可作为消费者进行最终购买决策时所需要考虑的主要因素之一。通常来看，人们在产品属性特征相似的情况下更愿意购买相对价格较低的产品。与此同时，消费者查看在线评论的目的就是希望能够挑选出性价比较高的商品。另外，部分学者的研究还发现较高的价格可能会提高产品的关注度，从而对产品销量产生影响（张紫琼，2010）。折扣系数即产品的实际售价与出厂价或标签价的比值，依据市场均衡理论我们可以知道，如果产品的价格与市场价格不一致，那么产品需求者的边际效用值也会与市场价格存在差异。所以，当折扣力度非常大时，消费者的边际效用就会趋向于最大，从而做出购买决策。本书将选择折扣系数为影响产品销量的商品特征变量之一。

10.2.3　其他方面特征变量筛选

根据其他因素的定性分析，本章按照合理性及可行性原则，不对其他具体的特征变量进行选择，具体原因如下。

1. 商家特征变量

关于商家的营销手段这一特征变量，由于商家利用其他途径植入广告进行宣传的具体情况，我们无法进行观察与考证，而大型实木家具一般也不会出现物流包邮现象，因此本书对商家营销手段不进行变量选择。对于商家的实力规模这一特征变量，由于商家的实力情况与规模水平无法通过淘宝网的公开信息获取合理的数据，因此也不对其进行变量选取。而对于网络店铺装修这一特征变量，在现有研究文献中还尚未发现有具体且科学的划分标准，鉴于此，本书也不对其进行变量选取。

2. 消费者特征变量

对于消费者的特征变量来说，由于我们并不能通过网页获取到消费者的购物习惯与经济实力等信息情况，因此不对消费者的特征变量进行变量筛选。

3. 购物环境特征变量

由于实木家具是时间敏感性较差的商品，人们一般不会因为时间的关系而决定是否购买，因此关于时间环境因素我们并不进行考虑。而我们实际选取的全部数据都来源于淘宝网，因此也排除网络平台的环境因素的影响。鉴于此，本书对于购物环境的特征变量并不予以选取。

10.3　理论模型构建

以往的国内外专家学者从不同的研究视角分别构建了用户在线评论对产品销量影响的模型，有的学者侧重于研究消费者特性及商品特性对产品销量的影响，而有的学者则侧重于研究在线评论特征对产品销量的影响。本书根据已有的相关研究成果，在对具体特征变量进行筛选的基础上，构建出适合本书研究目的及需求的具体理论模型。其中，关于用户在线评论特征变量，本书选择出在线评论数量、评论情感倾向、评论者信誉、评论时效性、在线评论内容与评论质量几个变量，而关于商品特征变量，则选择出产品年龄、商品属性及折扣系数三个具体变量，因变量则选取产品的实际销量。其模型的构建见图 10-1。

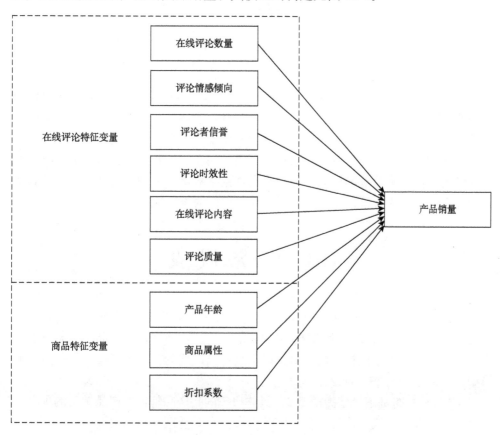

图 10-1　本书的理论模型

第11章 在线评论对实木家具销量的影响因素分析

依据本书第 10 章的相关特征变量筛选结果以及用户在线评论对产品销量影响的理论模型的构建，本章在对淘宝网实木家具在线评论相关数据进行收集和处理的基础上，采用描述性统计分析、多元回归模型、关联性分析及 Logistic 回归分析等实证方法来分析在线评论对家具产品销量的影响，并通过具体的 Logistic 方程预测出高低两个等级的评论数量与平均评论字数组合下的较低销量以及较高销量的概率情况，为最终制定促进家具产品销量的对策提供有力依据。

11.1　研　究　假　设

在第 10 章对特征变量筛选的基础上，本书选取在线评论特征与商品特征中的变量作为自变量，研究其对产品销量的影响，构建在线评论对产品销量影响的几个模型，并通过对不同模型的比对分析最终得出最优的在线评论对产品销量影响模型，具体模型与基本假设如下。

（1）本书的基础模型为模型 0，具体研究的是产品特征对产品销量的影响。模型 0 并不涉及在线评论的部分，因此本书没有对模型 0 做出假设。

（2）模型 1 在模型 0 的基础上加入消费者评论数量、平均评论字数及评论者信誉等级这三个特征变量，目的是验证在线用户评价数量、评论平均字数及评论者信誉等级对产品销量的影响。模型 1 的假设如下。

假设 1：消费者评论数量与家具产品销量呈现显著正相关，即消费者评论数越多则家具销量越高，反之销量越低。

假设 2：在线用户评论的平均评论字数与家具产品销量呈现显著正相关，即平均评论字数越多则家具销量越高，反之销量越低。

假设 3：评论者信誉等级与家具产品销量呈现显著正相关，即评论者信誉等级越高则家具销量越高，反之销量越低。

（3）模型2在模型0的基础上加入在线用户评论情感倾向这一特征变量，目的是验证在线用户评论情感倾向对产品销量的影响。模型2的假设如下。

假设4：在线用户的评论情感倾向与家具产品销量呈现显著正相关，即消费者评论所表达出对产品的满意度越高则家具销量越高，反之销量越低。

（4）模型3是在模型0的基础上加入用户在线评论内容（即淘宝网的动态评分）这一特征变量，目的是验证动态得分（包括描述相符得分、服务态度得分及发货速度得分）对产品销量的影响。模型3的假设如下。

假设5：用户在线评论的内容与家具产品销量显著正相关，即在线评论各个内容指标（描述相符、服务态度及发货速度）的打分越高则家具产品销量越高，反之销量越低。

（5）模型 4 为本书最终的用户在线评论对家具产品销量影响模型。该模型是在对上述几个模型验证的基础上进行调整得到的，为本书的结论提供依据。

11.2　数据收集与处理

随着互联网的普及和发展，人们不仅能够更加便利地查询到所关注产品的相关信息，而且还能更加方便地与他人针对该产品交流相关经验。通过网络购物调研报告数据以及已有学者的研究表明，当消费者做出不熟悉商品的购买决策时，用户评论是主要参考因素，具体表现为 71.1%的用户表明在进行决策时，用户评论是他们的主要参考因素，其次 62.3%的用户在进行决策时还会考虑网站或商家的信誉。由此可见，在线用户评论作为一种包含购买者态度和观点的信息得到了前所未有的关注和重视。它不仅是潜在消费者了解商品的主要媒介，还是消费者做出购买决策时的得力帮手。在这样背景下，本书以淘宝网的实木家具产品为研究对象，通过收集数据研究在线评论对家具产品销量的影响。

11.2.1　研究对象及数据收集工具

1. 淘宝网基本情况

本书的研究对象是淘宝网的实木家具产品。淘宝网作为亚太区域相对较大型的网络零售电商，是深受中国广大网民喜爱的互联网零售电商平台。到 2016 年底，淘宝网的会员注册人数达到8.5亿人，日均固定访问量突破了8 000万人，平均每日的产品销售量则达到9 亿件，平均每分钟销售产品的数量突破了5.2万件。

在销售商品或服务、网页装修风格及销售服务体系等方面，淘宝网上的每一个网络店铺都拥有自己的特色，且在具体的商品显示页面，每一个店铺都包含具体商品的基本信息、商家的信誉等级、网络店铺的"DSR"打分情况（即服务态度、描述相符及发货速度等信息）、销售记录及消费者具体的评论内容等。有关淘宝网及其评价体系的介绍，具体详见附录6。

　　2. 老 A 卖家工具箱

　　本书利用第三方软件——老 A 卖家工具箱对淘宝网家具产品的相关数据及评论数据进行搜集。老 A 卖家工具箱是至今为止最为强大的电子商务运营工具箱，这个工具箱类似于一种软件管家，它以网络平台为框架，具体提供了 14 款电商应用。而其中的老 A 市场分析精灵是本书所应用的数据挖掘工具，通过老 A 市场分析精灵可以查询到销售的商品名称、商品的排名情况、上架天数、旺旺+主图、好评率、30 天成交数量、描述相符分数、发货速度分数及服务态度分数等信息。关于老 A 卖家工具箱的介绍，详情见附录7。

11.2.2　数据收集

　　我们以 2015 年 2 月 14 日为研究时间点，选取了淘宝网上销量前 100 名的实木家具产品作为本书研究样本（具体产品见附录 8），共收集了大约 8 000 条评论信息。同时，为了剔除评论时效性对产品销量的影响，本书均采用近一个月的数据来对相关指标进行测量，涉及的相关数据如下。

　　（1）销量数据。从淘宝网的数据可以看出，网站上提供了有关商品近 30 天的成交量，同时也提供了有关商品近一个月的确认收货数，这两个数据都可代表其产品的销量数据。而在商品实际的销量排名中，淘宝网站只对近一个月的确认收货数量进行了排序，因此选取近一个月的确认收货数这个指标来衡量实木家具产品的销量。有关数据按照实际情况对其进行手工录入，具体界面如图 11-1 所示。

　　（2）在线评论数据。我们对上月的评论者信誉等级、上月用户评论数量、上月评论平均字数、上月评论五级情感倾向和产品所在店铺的打分情况（包括服务态度、描述相符及发货速度的评分情况）相关数据进行收集。而上月评论者信誉等级、上月用户评论数量、上月平均评论字数及评论五级情感倾向的数据不能通过老 A 卖家工具箱获得，因此这些数据需要从商品的网页上进行人工收集，并在此基础上对其进行处理。需要强调的是，依据大多数顾客的购物习惯，我们对每家店铺进行人工收集 40 个样本，这 40 个样本均为近 30 天的数据，因此均具有较强的时效性。

　　（3）商品特征数据。我们收集了商品属性、产品年龄及折扣系数三个方面的商品特征数据。商品属性可通过对商品名称进行人工处理转化为数据形式。同时，利用老 A 市场分析精灵，可以获得具体产品的上架天数、商品名称、实际价格、原价及折扣系数的数据，其中上架天数与折扣系数代表了产品年龄与价格特征。相关数据获取界面见图 11-2。

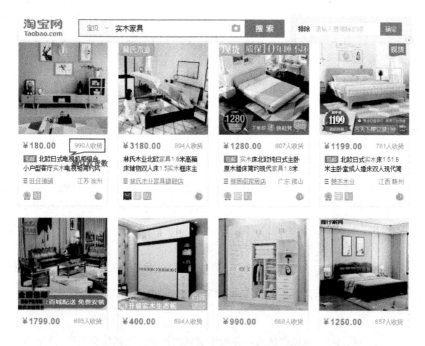

图 11-1　淘宝网实木家具销量排名情况

图 11-2　基于老 A 市场分析精灵的实木家具数据

11.2.3　数据处理及研究变量描述

　　为满足本书的研究需要，我们将上面收集到的数据进行初步的分析与整理。其中涉及评论者信誉等级与评论情感倾向的变量数据的获取是需要特别关注的问题，这就需要对评论者信誉等级与评论的情感倾向变量进行量化处理。根据前面对淘宝网评论者信誉等级的介绍我们能够发现，淘宝网上的评论者信誉等级一共可分为20个级别。而在实际获取评论者信誉等级数据时，能够发现最高等级只出现了黄砖5（即信誉10级），因此本书设定黄砖5为评论者信誉的最高等级。本书在对评论者信誉等级以及评论情感倾向进行划分时，依据的是利克特五级量表的评级标准，并将评论者信誉与评论情感倾向划分为五个等级，其中2星及以下定为1分，3~4星定为2分，5星与1砖定为3分，2~3砖定为4分，4~5砖定为5分。在对评论情感倾向进行五级划分时，对于文字中出现"非常满意""非常喜欢""五分好评"等字眼的，则将其鉴定为5分；出现"很满意""推荐购买""还会再来"等字眼的，则鉴定为4分；出现"满意""不错""喜欢"等字眼的，则鉴定为3分；出现"一般""勉强接受"等字眼的，则鉴定为2分；出现"非常不满意""与描述不符""非常失望"等字眼的，则鉴定为1分。评论者信誉与评论情感倾向评级分数频率分布如表11-1所示。

表11-1　评论者信誉与评论情感倾向评级分数频率分布表

变量	1分		2分		3分		4分		5分	
	频数	百分比/%	频数	百分比/%	频数	百分比/%	频数	百分比/%	频数	百分比/%
评论者信誉等级	565	7.1	5 364	67.0	1 882	23.5	188	2.3	8	0.1
评论情感倾向	94	1.2	472	5.9	3 252	40.6	3 061	38.2	1 128	14.1

　　为了便于后面的多元回归分析，本书对因变量以及所有连续性自变量进行线性变换（取自然对数），其中包括产品销量、消费者评论数量、评论平均字数。进行对数变换的目的有两个：一方面通过对数变换可以将变量进行量纲压缩，从而实现对潜在离群值的影响的控制；另一方面则通过对数变换将潜在的非线性关系转化为线性关系，从而使回归分析结果更加稳健。而通过对数据观察可知，本书选取的变量的原始数据存在一些问题而不能直接进行分析，即一些变量的数值较大且不同商品间存在较大差别。因此，本书需要将这些变量进行取对数的变换。而对于其他变量，如折扣系数的取值范围为0~1，商品属性、评论者信誉等级、情感倾向、描述相符、服务态度和发货速度的取值范围为0~5，且标准差也较小，因此不需要对它们进行对数变换。本书相关的研究变量及其界定汇总如

表 11-2 所示。

表11-2　研究变量描述

变量名称	变量	变量描述说明
产品销量	$lnQRSHS_i$	实木家具 i 上月的收货数量（取自然对数）
消费者评论数量	$lnSYPLS_i$	实木家具 i 上月消费者评论数量（取自然对数）
评论平均字数	$lnSYPJZS_i$	实木家具 i 上月评论平均字数（取自然对数）
评论者信誉等级	$SYXYDJ_i$	实木家具 i 上月评论者信誉等级
评论情感倾向	$SYWJQX_i$	实木家具 i 上月五级情感倾向
折扣系数	$ZKXS_i$	实木家具 i 的折扣系数
描述相符	$MSXF_i$	实木家具 i 所属店铺店铺描述相符分数
服务态度	$FUTD_i$	实木家具 i 所属店铺店铺服务态度分数
发货速度	$FHSD_i$	实木家具 i 所属店铺店铺发货速度分数
商品属性	$SPSX_i$	实木家具 i 的商品属性（1=床 2=柜子 3=餐桌 4=书架 5=沙发）

资料来源：淘宝网

11.3　描述性统计分析

描述性统计分析是一种基础的统计分析方法，是对数据进行深度分析与推断的前提基础。它能够通过对相关数据的处理与分类描述出数据特征以及变量间相互关系，其包括数据的分布状况、离散程度及集中趋势等，并且能够绘制一些较为基础的统计图形，常用的指标包括极小值、极大值、平均值、标准差与相关系数等。本书将分别对淘宝网上有关实木家具产品在线评论的关键词以及特征变量进行描述性统计分析，具体如下。

11.3.1　淘宝网实木家具在线评论关键词描述性统计分析

本书收集了淘宝网实木家具排名前 100 的产品的共 8 000 多条评论，在数据收集过程中总结了一些高频的在线评论词汇，进行统计整理，如表 11-3 所示。从统计整理结果中可知，产品的在线评论中与质量相关的"做工""质量""结实""精细"等词汇的频率分别达到了 36%、46.94%、18.53% 及 18.93%。即使各个词汇存在着重叠现象，但总的来说其质量频率也远远超过了 50%，因此，产品质量始终是影响产品销量以及消费者进行购买决策的重要因素。

表11-3　淘宝网实木家具在线评论关键词统计结果

词汇	次数	频率/%	词汇	次数	频率/%
质量	3 755	46.94	做工	2 880	36.00
结实	1 482	18.53	精致、精细、实用	1 514	18.93
物流	1 324	16.55	发货	1 248	15.60
运输、送货、快递	1 002	12.53	安装	1 648	20.60
价格	1 069	13.36	便宜、物有所值	726	9.08
服务、售后	1 791	22.39	态度、客服	1 611	20.14
款式	1 966	24.58	包装	2 199	27.49
样式、外观	436	5.45	颜色、色差	271	3.39
异味、味道	1 295	16.19	气味、难闻	359	4.49

资料来源：淘宝网

通过对物流相关词汇的统计，可以发现"物流""发货""运输、送货、快递"等词汇的频率分别为16.55%、15.6%和12.53%，说明了物流是消费者网上购物决策的一个重要参考依据。消费者选择网上购物的原因可能是其价格优势或物流方便快捷，而作为实木家具这样的大型产品，物流速度则成为消费者所关注的重点。

通过对售后服务相关词汇的统计，可以发现"服务、售后""态度、客服"等词汇的频率分别为 22.39%和 20.14%，说明了商家的服务态度与售后服务质量也是消费者在线评论的重要方面。通过对网上部分评论的分析，能够发现存在着好的服务掩盖了较小的质量问题的现象。

通过对价格相关词汇的统计，可以看出其出现的频率不如质量、物流和售后服务，说明了在电子商务领域，商品价格不再是消费者购买决策的唯一依据，对它的重视程度呈现下降的趋势。最后通过对款式和包装相关词汇的统计，可以发现其频率分别达到了 24.58%和 27.49%，由此进一步验证了产品的工艺水平和卖家服务质量对消费者最终选择与在线评论的重要作用。

11.3.2　淘宝网实木家具在线评论与商品特征变量描述性统计分析

通过 SPSS 20.0 对本书所收集的在线评论和商品特征变量数据进行描述性统计分析，进而可以得到相应的描述性统计分析结果表，具体如表 11-4 所示。

表11-4　数据的描述性统计分布

变量	极小值	极大值	均值	标准差
销量	74.00	384.00	174.23	84.51
用户评论数量	10.00	371.00	157.25	100.51
平均评论字数	20.03	62.79	37.05	9.84
评论者信誉等级	1.12	3.12	2.15	0.45
评论情感倾向	2.60	3.92	3.48	0.28
折扣系数	0.29	1.00	0.59	0.23
店铺描述相符	4.76	5.00	4.93	0.05
店铺服务态度	4.77	5.00	4.93	0.05
店铺发货速度	4.70	5.00	4.91	0.06

资料来源：淘宝网

　　依据表11-4能够看出，研究对象的产品折扣系数均值是0.59，存在一定的差异，其最大折扣为 0.29，最小折扣为 1。实木家具消费者评论数量的平均值为157.25 条，说明所收集的样本消费者评论数比较多；标准差达到 100.51，极大值与极小值分别达到371与10，说明了样本间评论数量的数值差异比较显著，其取值分布并不均匀。同时根据表 11-4 还可以看出，实木家具的平均每条在线评论的字数达到 37.05 个字，样本评论平均字数较多说明了评论者对家具产品的评论包含一定的信息内容，具有一定的可参考性。

　　根据表11-4还可以发现，淘宝网实木家具评论者情感倾向的均值为3.48，通过这个数值我们认为消费者对所购买实木家具的情感倾向还是比较满意的，评论情感倾向的标准差达到0.28，表示评论情感倾向分布比较均匀且离散化程度并不明显。但是其极小值与极大值分别为2.60与3.92，这两个数值则说明评论情感倾向的极值间仍有一定差距。

　　根据表11-4还可以发现，淘宝网实木家具评论者信誉等级的均值为2.15，根据附录6淘宝信誉等级的划分可知，其信誉等级代表的是五星的信誉水平，在现实中这个信誉水平是可以接受的，其标准差达到了 0.45，说明评论者信誉等级分布并不均匀，且离散化程度较高。通过对评论者信誉等级的描述性统计我们也得出了相似的结论。对于商家的描述相符、服务态度及发货速度（在线评论内容），我们可以发现这三个指标的平均分（最高分均为 5 分）也分别达到4.93、4.93 与4.91 的分数，表明了淘宝网实木家具所属店铺的内容打分是比较高的，也就是说消费者对在线评论内容指标是比较满意的。

11.4　基于多元回归模型比较的影响因素分析

回归分析首先需要构建对应的回归方程，根据回归方程能够确定出某个或者某些自变量的变化对其因变量的影响。回归分析的目的是描述变量之间数量关系，其分析结果能够为科学决策提供有力的数据支撑。下面我们利用 SPSS 20.0 软件，对本章第一节提出的几个模型进行多元回归分析，进而构建出本书的最优模型，具体过程如下。

11.4.1　商品特征变量对产品销量影响模型的多元回归分析

在本章第一节构建的几个模型中，其基础模型为模型 0。模型 0 是研究产品特征变量对产品销量的影响的模型，其他的模型可以在模型 0 的基础上加入在线评论特征变量，通过观察加入一些在线评论特征变量后其模型的拟合优度是否有显著提升，来分析并验证加入的在线评论特征是否会对实木家具产品销量有显著的影响，从而实现本章的研究目的。其模型公式见式（11-1）。

$$\ln(\mathrm{QRSHS}_i) = \beta_0 + \beta_1\mathrm{SPSX}_i + \beta_2\ln\mathrm{SJTS}_i + \beta_3\mathrm{ZKXS}_i + \varepsilon \qquad (11\text{-}1)$$

其中，SJTS 表示在模型 O 的基础上添加的变量。

根据表 11-5 可以看出，R^2 值是 0.162，即回归平方和占总离差平方和的比例为 16.2%，说明模型 0 并不能很好地解释产品销量的变化情况。根据回归结果，统计量 F 值为 2.586，Sig.值为 0.066，大于显著性水平 0.01。因此可以说明模型 0 的回归效果不显著。

表11-5　商品特征变量对产品销量影响模型检验结果

模型	R^2	调整 R^2	标准估计的误差	F 值	Sig.
0	0.162	0.100	0.435	2.586	0.066

VIF（variance inflation factor，即方差膨胀因子）值可以检验共线性的问题，VIF 值越大，其变量之间的共线性就越高。而根据表 11-6 可知，模型 0 中的所有变量的 VIF 值都接近于 1，说明变量之间并不存在共线性的问题。而依据 Sig.值的大小可以判断出其商品属性对实木家具销量具有显著的影响。

表11-6　商品特征变量对产品销量影响模型回归分析结果

模型 0	B	标准误差	标准化系数	t	Sig.	VIF
（常数）	4.743	0.490	—	9.682	0.000	—
SPSX	−0.189	0.076	−0.360	−2.483	0.017	1.005

续表

模型 0	B	标准误差	标准化系数	t	Sig.	VIF
lnSJTS	0.089	0.068	0.197	1.308	0.198	1.084
ZKXS	0.100	0.301	0.050	0.332	0.741	1.089

11.4.2　在线评论特征变量对产品销量影响模型的多元回归分析

本书将用户在线评论特征变量对实木家具产品销量影响模型设定模型 1。模型 1 是在模型 0 的基础上加入了消费者评论数量、平均评论字数及评论者信誉等级这三个在线评论特征变量，将这三个变量作为自变量，研究其对实木家具产品销量的影响，其模型公式见式（11-2）。

$$\ln(QRSHS_i) = \beta_0 + \beta_1 SPSX_i + \beta_2 \ln SJTS_i + \beta_3 ZKXS_i + \beta_4 \ln SYPJZS_i \\ + \beta_5 \ln SYPLS_i + \beta_6 SYXYDJ_i + \varepsilon \quad (11\text{-}2)$$

根据表 11-7 可以看出，模型的 R^2 值为 0.395，说明回归平方和占总离差平方和的 39.5%，调整后的 R^2 值为 0.296，则表示模型 1 能够较好地解释实木家具销量变化情况。同时，统计量 F 值为 4.020，检验结果中的 Sig. 值为 0.003，且低于显著性水平 0.01，则说明了模型的整体回归效果比较显著，且所有变量均和零有显著的差异。

表11-7　在线评论特征变量对产品销量影响模型检验结果

模型	R^2	调整 R^2	标准估计的误差	F 值	Sig.
1	0.395	0.296	0.385	4.020	0.003

从表 11-8 中的 VIF 值可以看出，所有变量之间均不存在共线性问题。而根据回归分析结果可知，在模型 1 中评论者的信誉等级对实木家具产品销量的影响并不显著，因此假设 3 不成立。消费者评论数量与评论平均字数对产品销量具有显著正相关的影响，因此假设 1 与假设 2 成立，而作为商品特征变量的商品属性、上架天数及折扣系数对实木家具产品销量影响仍然不显著。

表11-8　在线评论特征变量对产品销量影响模型回归分析结果

模型 1	（估计系数）	标准误差	标准化系数	t	Sig.	VIF
（常数）	1.866	1.008	—	1.850	0.072	—
ZKXS	0.242	0.272	0.121	0.887	0.381	1.140
SPSX	−0.101	0.072	−0.192	−1.400	0.170	1.148
lnSJTS	−0.007	0.070	−0.015	−0.095	0.925	1.464
lnSYPJZS	0.230	0.306	0.258	3.995	0.001	1.148
lnSYPLS	0.266	0.082	0.449	3.247	0.002	1.169
SYXYDJ	0.123	0.142	0.126	0.866	0.392	1.148

11.4.3　在线评论情感倾向对产品销量影响模型的多元回归分析

本书将用户在线评论情感倾向对产品销量影响模型设为模型 2，即在模型 0 的基础上加入了五级情感倾向作为自变量，研究这一在线评论特征变量对实木家具产品销量的影响。模型 2 的公式见式（11-3）。

$$\ln(\text{QRSHS}_i) = \beta_0 + \beta_1 \text{SPSX}_i + \beta_2 \ln \text{SJTS}_i + \beta_3 \text{ZKXS}_i + \beta_4 \text{SYWJQX}_i + \varepsilon \qquad (11\text{-}3)$$

根据表 11-9 可以看出，拟合度 R^2 值为 0.338，调整后的 R^2 值达到 0.270，则说明模型 2 能够较好地解释实木家具销量变化情况。在表 11-9 检验结果中的 Sig. 值为 0.002，其概率值低于显著性水平 0.01，因此能够说明估计的模型回归效果显著。同时，根据表 11-10 的回归分析结果可知，评论情感倾向这一变量对实木家具产品销量的影响是显著的，则证明假设 4 成立。

表11-9　在线评论情感倾向对产品销量影响模型检验结果

模型	R^2	调整 R^2	标准估计的误差	F 值	Sig.
3	0.338	0.270	0.392	4.985	0.002

表11-10　在线评论情感倾向对产品销量影响模型回归分析结果

模型 3	B	标准误差	标准化系数	t	Sig.	VIF
（常数）	2.092	0.934	—	2.239	0.031	—
ZKXS	0.107	0.271	0.054	0.396	0.694	1.089
SPSX	-0.154	0.070	-0.294	-2.221	0.032	1.030
lnSJTS	0.113	0.062	0.249	1.821	0.076	1.100
SYWJQX	0.707	0.219	0.428	3.220	0.003	1.040

11.4.4　在线评论内容对产品销量影响模型的多元回归分析

为了研究在线评论内容对实木家具产品销量的影响，本书将在线评论内容（依据淘宝 DSR 评价打分系统进行衡量）对产品销量影响模型设为模型 3。该模型是在模型 0 的基础上加入了店铺描述相符、服务态度及发货速度，本书用这三个在线评论特征变量来衡量用户在线评论内容并将其作为自变量，研究其对实木家具产品销量的影响。其模型公式见式（11-4）。

$$\ln(\text{QRSHS}_i) = \beta_0 + \beta_1 \text{SPSX}_i + \beta_2 \ln \text{SJTS}_i + \beta_3 \text{ZKXS}_i + \beta_4 \text{MSXF}_i + \beta_5 \text{FUTD}_i + \beta_6 \text{FHSD}_i + \varepsilon \qquad (11\text{-}4)$$

根据表 11-11 可以看出，拟合度 R^2 值为 0.214，而调整后的 R^2 值仅仅为 0.086，说明了模型 3 并不能很好地解释实木家具销量变化情况。在表 11-11 检验结果中，统计量 F 值为 1.678，Sig.值为 0.154，概率大于显著性水平 0.01，因此，可以认为估计模型的回归效果并不显著。结果显示，加入了描述相符、服务态度和发货速度后模型 3 的拟合程度和显著性水平与模型 0 相比均出现了降低的情况。

表11-11　在线评论内容对产品销量影响模型检验结果

模型	R^2	调整 R^2	标准估计的误差	F 值	Sig.
3	0.214	0.086	0.438	1.678	0.154

同时，通过表 11-12 能够可出，描述相符、服务态度及发货速度的 VIF 值都比较大，说明了各个变量间还有可能存在共线性问题。而在模型 3 中店铺描述相符、服务态度及发货速度对实木家具产品销量的影响并不显著，因此，本书认为假设 5 不成立。

表11-12　在线评论内容对产品销量影响模型回归分析结果

模型 3	B	标准误差	标准化系数	t	Sig.	VIF
（常数）	0.104	9.529	—	0.011	0.991	—
ZKXS	0.370	0.350	0.186	1.057	0.297	1.453
SPSX	− 0.169	0.080	− 0.321	− 2.101	0.043	1.101
lnSJTS	0.127	0.077	0.281	1.643	0.109	1.375
MSXF	5.558	3.696	0.642	1.504	0.141	8.576
FUTD	− 4.440	7.974	− 0.474	− 0.557	0.581	34.127
FHSD	− 0.252	5.656	− 0.033	− 0.045	0.965	25.396

11.4.5　在线评论对产品销量影响最优模型的多元回归分析

根据对上述模型的分析结果可构建出本书的最优模型 4。模型 4 是在模型 0 的基础上筛选出对实木家具产品销量具有显著影响的三个在线评论特征变量，即消费者评论数量、平均评论字数和评论情感倾向，并将其作为自变量，研究其对实木家具产品销量的影响。其模型公式见式（11-5）。

$$\ln\left(\text{QRSHS}_i\right) = \beta_0 + \beta_1\text{SPSX}_i + \beta_2\ln\text{SJTS}_i + \beta_3\text{ZKXS}_i + \beta_4\text{SYPJZS}_i \\ + \beta_5\ln\text{SYPLS}_i + \beta_6\text{SYWJQX}_i + \varepsilon \tag{11-5}$$

根据表 11-13 可知，拟合度 R^2 值为 0.436，表示的是回归平方和占总离差平方和的比例为 43.6%，调整后的 R^2 为 0.345，表明模型 4 能够较好地解释实木家具产品销量的变化情况。从回归结果也可以看出，统计量 F 值为 4.775，Sig.值为

0.001，概率小于显著性水平 0.01，说明估计模型回归效果十分显著。与模型 1、模型 2、模型 3 相比，拟合度以及显著性均是最好的。因此，本书将模型 4 设定为在线评论对实木家具产品销量影响的最优模型。根据表 11-14 可知，模型 4 中消费者评论数量、平均评论字数及评论情感倾向与实木家具产品销量具有显著的正相关关系，结论再次验证了假设 1、假设 2 及假设 4 是成立的。

表11-13　在线评论对产品销量影响最优模型检验结果

模型	R^2	调整 R^2	标准估计的误差	F 值	Sig.
4	0.436	0.345	0.371	4.775	0.001

表11-14　在线评论对产品销量影响最优模型回归分析结果

模型 4	B	标准误差	标准化系数	t	Sig.	VIF
常数	2.356	0.992	—	3.220	0.003	—
ZKXS	0.173	0.259	0.087	0.669	0.508	0.906
SPSX	−0.100	0.069	−0.190	−1.436	0.159	0.874
lnSJTS	0.056	0.066	0.123	0.843	0.405	0.713
lnSYPLS	0.260	0.263	0.148	2.806	0.006	0.683
lnSYPJZS	0.212	0.241	0.102	3.252	0.002	1.144
SYWJQX	0.452	0.240	0.274	2.921	0.004	0.721

11.5　在线评论与实木家具产品销量的关联性分析

　　根据上述分析可以看出，在线评论对实木家具产品销量影响的模型中，即使是本书构建的最优模型 4，其拟合程度也只有 34.5%。因此，本书为了更进一步了解在线评论特征变量对产品销量的影响，对在线评论与实木家具产品销量进行关联性分析，通过关联性测量来确定自变量与因变量的关联度大小，以此来分析各自变量对因变量（实木家具产品销量）的影响程度。

11.5.1　关联性统计分析方法

　　关联性分析是指对两个或多个具备相关性的变量进行分析，进而衡量变量要素间的关联密切程度。具有关联性的变量之间需要存在一定的联系或者概率才可以进行关联性分析。对于有序变量，研究者更关心有序变量之间是否存在有序关联性，采用 Mentel-Haenszel 检验法在发现有序关联方面将比的 χ^2 检验法要敏感。变量间有序关联性的指标采用 Spearman correlation 衡量。对于没有等级水平的变量，由于没有"标称—次序"型数据的测量，只好降级为"标称—标称"型数据的测量，采用克莱姆的 V 系数衡量。克莱姆 V 系数测量则是用 V 系数大小反映样本的相关系数大小，并用"行变量与列变量相互独立"假设下，由皮尔逊卡方和自由度计算出的概率值来确定整体的情况。

通过相关系数大小及"相关系数是 0"假设的概率值，来判断变量间的相关性。在显著水平 $\alpha=0.05$ 情况下，当概率值 p 大于 0.05 或相关系数 r 等于或接近 0 时，说明变量间无相关性。Cramer's V 系数测量则是用 V 系数大小反映样本的相关系数大小，并用"行变量与列变量相互独立"假设下，由皮尔逊卡方和自由度计算出的概率值来确定整体的情况。

11.5.2　变量的离散化处理

为了进行关联分析与后面的 Logistic 回归分析，本书将因变量及其自变量的有关原始连续型变量转换成二分离散变量，具体处理原则如下。

1. 有关因变量的离散化处理

因变量上月实木家具产品销量（近三十天的确认产品收货数量）的离散化处理，具体处理原则是将低于产品销量平均值 130 的赋值为 0，相反将高于或等于 130 的赋值为 1。

2. 有关自变量的离散化处理

本书将家具产品销量、用户评论数量、平均评论字数、评论者信誉等级、情感倾向、折扣系数、服务态度、描述相符、发货速度等自变量的连续变量数据进行离散化处理。具体处理原则是将各变量低于平均值的数据重新定义为 0，等于或高于平均值的数据重新定义为 1，从而使连续变量转化为属性变量（categorical variable）。

11.5.3　构建特征变量与实木家具销量的交叉表

通过 SPSS 20.0 分别对用户评论数量、平均评论字数、评论者信誉等级及评论情感倾向与上月产品销量制作交叉表（cross tabulations），如表 11-15 所示。根据交叉表我们可初步了解各自变量与因变量之间的变化趋势。

表11-15　在线用户评论特征及商品相关变量与销量之间的交叉表

在线用户评论特征	变量	较低的销量		较高的销量	
		频数	百分比/%	频数	百分比/%
用户评论数量	低	41	77.4	12	22.6
	高	12	25.5	35	74.5
平均评论字数	低	43	79.6	11	20.4

在线用户评论特征	变量	较低的销量		较高的销量	
		频数	百分比/%	频数	百分比/%
平均评论字数	高	10	21.7	36	78.3
评论者信誉等级	低	30	58.8	21	41.2
	高	23	46.9	26	53.1
评论的情感倾向	低	35	66.0	18	34.0
	高	18	38.3	29	61.7
折扣系数	低	36	51.4	34	48.6
	高	17	56.7	13	43.3
描述相符	低	20	62.5	12	37.5
	高	33	48.5	35	51.5
发货速度	低	19	59.4	13	40.6
	高	34	50.0	34	50.0
服务态度	低	16	55.2	13	44.8
	高	37	52.1	34	47.9

11.5.4　在线评论特征变量对实木家具销量的关联性检验及关联度测量

在对自变量与因变量制作交叉表的基础上，本书通过 χ^2 检验、Cramer's V 系数及正向列的相对风险值（relative risk value）对各自变量与因变量是否存在关联性以及具体关联度大小进行检验与测量。其关联性检验及关联度测量结果如表 11-16 所示。

表11-16　在线用户评论及商品相关的特征变量对实木家具销量的关联性检验及关联度测量结果

关联变量	销量			
	χ^2	χ^2检验 P 值	Cramer's V	相对风险值
消费者评论数量	26.860	0.000	0.518	0.304
平均评论字数	33.419	0.000	0.578	0.260
评论者信誉等级	0.752	0.568	0.066	—
评论情感倾向	7.695	0.006	0.277	0.550
折扣系数	0.781	0.677	0.088	—
描述相符	0.662	0.416	0.081	1.190
发货速度	0.800	0.371	0.089	0.823
服务态度	0.151	0.697	0.039	1.086

根据表 11-16 能够看出，消费者评论数量与实木家具产品销量的 χ^2 检验 P 值为 0.000，说明了消费者评论数量与实木家具销量显著相关。其"较高的产品销量"列对应的相对风险值为 0.304，说明较低的消费者评论数量出现较高的产品销量的可能性是较高的消费者评论数量的 0.304，其关联程度 V 统计值则为 0.518。同时，平均评论字数、评论情感倾向与产品销量的 χ^2 检验 P 值小于 0.05，均通过了显著性检验，说明平均评论字数、评论的情感倾向与产品销量显著相关，具体的关联程度 V 统计值则分别为 0.578 和 0.277。

结合上述分析，并根据较高的相对风险值以及 V 统计值的大小对消费者评论数量、平均评论字数和评论情感倾向对产品销量的关联性进行排序，其关联性排序结果为：平均评论字数>用户评论数量>评论情感倾向。

11.6　基于 Logistic 回归分析的实木家具销量概率测算

11.6.1　Logistic 回归分析方法

通过关联性的分析结果可确定出与因变量（家具销量）有关联的自变量，因变量若不是连续变化的，且可以取有限个值来表示其特性时，因变量取某个特定值的概率就可以作为一个重要的统计指标，这时便需要一个有选择性质的模型。而离散选择模型描述了决策者在不同的可供选择中所做的选择。离散选择模型通常是在决策者效用最大化行为的假设下推导出来的。Logistic 回归模型是目前学者们使用的较为广泛的离散选择模型。

Logistic 回归分析是在建立属性变量（categorical variable）的 Logistic 回归模型的基础上，拟合多元 Logistic 回归模型，并使用变量自动选择的向后消去功能（backward elimination），通过余差 χ^2 统计量检验（residual Chi-Square test）变量在模型中的作用是否显著，如果在 0.05 的检验水平下其作用是不显著的，则应将变量从模型中剔除。在 Logistic 回归分析中，衡量模型拟合的好坏，一个常用的做法是计算预测值和实际观测数据中的一致对与不一致对的比例，从而了解拟合的回归与实际数据符合的情况。计算概率的方法是：假定 Y 取 c 个不同的值 $1,2,\cdots,c$，且序号与数字的大小相同，则 Y 取各值的概率为 $P_i=P（Y=I）$，$i=1,2,\cdots,c$。于是，可引入不同的概率之比，如果模型的拟合方式选择"下（减少）水平"，则累积 logit 变换的公式如下：

$$e^{L_q} = \frac{\sum_{i=1}^{j} P_i}{\sum_{k=j+1}^{c} P_k} = \frac{P(Y \leqslant j)}{P(Y \geqslant j+1)} = \frac{P(Y \leqslant j)}{1-P(Y \leqslant j)} \tag{11-6}$$

由式（11-6）得

$$P(Y \leqslant j) = \frac{e^{L_q}}{1+e^{L_q}} \tag{11-7}$$

$$P(Y = j+1) = P(Y \leqslant j+1) - P(Y \leqslant j) \tag{11-8}$$

其中，$j=1,2,\cdots,c-1$。当 $j=1$ 时，$P(Y=1)=P(Y \leqslant 1)$；当 $j=c$ 时，$P(Y=c)=1-P(Y \leqslant c-1)$。

11.6.2　拟合的 Logistic 回归模型

根据关联性检验结果，选取与家具产品销量有显著关联的消费者评论数量、平均评论字数、评论情感倾向三个变量进行多元 Logistic 回归分析。分析结果表明，评论情感倾向在 0.05 的检验水平下其作用是不显著的，则将该变量从模型中剔除，消费者评论数、平均评论字数的 $\text{Pr} > \chi^2$ 值分别为 0.001 和 0.000，其数值远远小于 α 值 0.05，说明自变量在回归中的作用是显著的。因此，拟合的 Logistic 回归模型为：Logit（P（较低销量=0））=1.939–1.737PLS–2.182PJZS。

最后，根据式（11-7）和 Logistic 模型可以预测出高低两个等级的评论数量和平均评论字数组合下的较低销量的概率情况，见表 11-17。根据 P（较高销量=1）=1–P（较低销量=0），同样可以预测出高低两个等级的评论数量和平均评论字数组合下的较高销量的概率情况，见表 11-18。

表11-17　较低销量的分布频率

评论数量　＼　评论字数	<37.050	>37.050
≤157.25	0.874	0.440
>157	0.550	0.121

表11-18　较高销量的分布频率

评论数量　＼　评论字数	<37.050	>37.050
≤157.25	0.126	0.560
>157	0.450	0.879

根据表 11-18 的具体概率预测结果，我们可以看出：随着评论数量和评论字数的增多，商品较高销量的概率是增加的，即消费者评论数量、平均评论字数都

与商品较高销量存在着正相关的关系，且评论字数相对于评论数量对销量的影响
更大。

11.7　在线评论对家具销量的影响因素分析结果

通过描述性统计分析、多元回归分析、关联性分析及 Logistic 回归分析，对
用户在线评论对家具产品销量的影响因素分析结果总结如下。

（1）根据多元回归分析结果可以看出，对于商品特征变量来说，其折扣系
数与上架天数对家具销量的影响并不显著，这说明了消费者的消费观念变得日趋
理性，销售周期以及销售价格对消费者购买决策的影响程度将会变小，而消费者
将会更加关注自身的实际需要，根据商品属性对家具产品进行购买；对于在线评
论特征变量来说，消费者评论数量、平均评论字数、评论情感倾向对家具销量的
影响显著，而评论者信誉等级、评论内容（即描述相符、服务态度、发货速度）
对家具销量并不显著，因此假设1、假设2、假设4成立。同时，最优模型的建立
与回归分析也验证了上述结论。

（2）根据汇编的交叉表 11-15 可以看出，消费者评论数量越高，则出现较
高销量的可能性就越大。同样还可以发现，信誉等级、情感倾向或平均评论字数
越高，则出现较高销量的可能性就越大。

（3）根据在线用户评论特征变量对实木家具销量的关联性检验结果
（表 11-16）可以看出，在线用户评论的信誉等级与产品销量的 χ^2 检验 P 值为
0.234，大于0.05的显著水平，表明二者之间不存在显著相关，即假设3不成立。
其原因在于淘宝网信誉等级的划分是根据消费者购买次数来决定的。

（4）根据表 11-16 我们还可以发现，用户评论数量、情感倾向和平均评
论字数与产品销量的 χ^2 检验 P 值分别为 0.000、0.006 和 0.000，小于 0.05 的显
著水平，表明消费者评论数量、情感倾向和平均评论字数全部与产品销量显
著相关，并且通过 Cramer's V 系数可知具体的关联系数分别为 0.518、0.277 和
0.578，即全部为显著正相关，进而可知假设 1、假设 2、假设 4 成立，这与上
述多元回归分析的结果是一致的。最后，我们可以根据较高的相对风险值或
者 V 统计值对在线用户评论数量、情感倾向和平均评论字数对上月销量的关
联性进行排序，具体排序结果为：平均评论字数 > 在线用户评论数量 > 情感
倾向。

（5）根据前面的关联性分析结果，最终选择在线用户平均评论字数与销量
建立 Logistic 回归方程。通过具体的 Logistic 方程我们可预测出高低两个等级的

评论数量和平均评论字数组合下的较低销量以及较高销量的概率情况。最后的结论是：随着评论数量和评论字数的增多，商品较高销量的概率是增加的，即评论数量、评论字数都与商品较高销量存在着正相关的关系，且评论字数相对于评论数量对销量的影响更大。

第 12 章　促进网购产品销量增长的对策

通过对在线评论相关文献的整理与分析，结合本书实证部分的研究结果，分别对商家、电商平台和政府提出相应的建议，以期在构建良好的网络购物环境的同时能够促进网购产品销量的增长。

12.1　对商家的建议

通过本书前面章节的介绍以及相关结果的分析可以看出，商品特征对实木家具产品销量的影响并不显著，而作为评论特征变量的消费者评论的数量、平均评论字数、评论情感倾向及评论内容（产品描述、服务态度与发货速度）对家具产品销量具有显著正相关的影响。从评论的文字描述方面来看，质量、物流与服务态度是顾客最为关注的重点。基于上述结论，为促进实木家具产品销量的增长，本书从卖家角度对网络商家提出以下具体的对策建议。

12.1.1　鼓励消费者及时发表高质量的正向评论

1. 鼓励消费者发表高质量的评论

通常来说，高质量的在线用户评论更加真实，所包含的信息也更加详细且符合逻辑。对潜在消费者而言，与低质量的在线评论相比高质量的在线评论的说服力更强，它对潜在消费者购买决策以及购买行为的影响也更大。因此，对于网络商家来说，应该积极通过各种正当的激励手段来鼓励消费者发表高质量的在线评论，如评论后返现、附送小礼物、给予店铺积分或赠送优惠券等激励手段。

在进行鼓励的同时，商家还可以通过限定评论字数或者提供评论角度的方式来提高在线评论质量。通过相关文献的实证分析表明，平均评论字数对产品销量具有十分重要的正面影响，但为避免冗余信息以节省消费者浏览评论的时间，商家可以提出一个合理的字数范围要求。这样做既可以免除由于字数过少导致的信息量不足的问题，又避免了字数过多而导致的信息冗余与耗时的问题。另外，消费者对于同一产品的评论，其关注重点以及视角也可能存在一定的差异。例如，消费者查看实木家具评论的重点是想要了解产品的材质、气味或质量。因此，我们应该鼓励或引导消费者以多数人关注的方面进行高质量评论，从而避免所评论的内容难以满足浏览者需求的问题出现。

2. 鼓励消费者发表正面的评论

在线评论的情感倾向对产品销量具有重要的影响。通常来说，正面倾向评论对于潜在消费者的购买决策与购买行为具有正面的促进与引导作用，能够增强潜在消费者对所销售产品或者服务的兴趣与好感，进而增强潜在消费者购买意愿，并提高其购买可能性，而负面倾向评论通常会使潜在消费者对产品或服务的信赖度降低，从而降低购买意愿并减少其购买可能性。同时，通过风险感知理论可知，负面倾向评论的反向影响力与正面倾向评论的正向影响力相比还要大。因此，网络商家应该积极采取一定措施来鼓励评论者尽可能地发表正面倾向的评论。例如，许多网络电商采取直接返现或者赠送优惠券等方式来促使消费者在购买产品或服务后进行正面倾向的评论。

需要强调的是，当出现负面评论时，网络商家应该积极乐观地看待负面评论，而不是通过删除负面倾向评论或者强迫评论者修改评论的方式来避免负面评论。一方面，网络商家借助于负面评论能够了解到消费者具体是对哪个阶段或哪个方面存在不满，从而更有针对性地完善产品质量或提高服务水平，有利于提升其产品竞争力，从而获得竞争优势。另一方面，在出现负面评论后，商家应当采取积极的解决办法进行处理，如与评论者进行积极互动，帮助他们及时地解决问题，这样做可以让其他消费者看到商家良好的服务态度，并让潜在消费者在购买产品或服务时更加放心。

3. 鼓励消费者及时发表评论

消费者发表评论在购买行为一段时间以后发生，且中间的时间间隔也比较长。例如，在淘宝网上，设定的消费者发表评论的时间是确认收货后 15 天内，如果消费者在 15 天内不进行评论则会出现自动好评，15 天后可以再进行追加评论。因此，消费者有可能由于个人习惯等原因不会及时进行评论。而由于实木家具的在线评论具有一定的时效性，即近期的在线评论对销量的影响程度要比长期在线评论对销量的影响程度更大，因此，网络商家应积极采取相应的措施来鼓励消费者及时发表评论。例如，商家在对评论返现或赠送优惠券时依据评论的时间来给予不同程度的鼓励额度（评论时间越长，鼓励额度越低），从而达到鼓励消费者在确认收货后及时发表评论的目的。

12.1.2　积极提升企业的销售服务水平

根据前文实证分析我们可以看出，商家的销售服务水平对于评论者撰写在线评论以及增加产品销量方面具有重要促进作用。消费者通过查看相关评论信息可以发现商家的销售服务水平，而优质的服务水平在一定程度上可以掩盖产品本身存在的问题。因此，网络商家应积极提升自身的销售服务水平。具体来说，网络商家应保证产品在销售前、销售中及销售后沟通渠道的畅通性与及时性，使消费者能够放心愉快地消费，并促使消费者做出正面的在线评论，进而促进产品销量的增长。下面我们分别从售前、售中与售后服务这三个方面来讨论如何提升商家的销售服务水平的问题。

1. 积极提升网络商家的售前和售中服务水平

顾客就是上帝始终是销售服务行业的核心思想。对于新型的电子商务领域来说，这一传统思想当然不能改变。可以说，良好的服务态度始终是企业必须具备的要素。对于网络商家来说，在产品销售前与销售中都必须始终保证服务与沟通渠道的畅通，并及时与消费者沟通，使消费者能够放心愉快地消费，并促使消费者做出正面的在线评论，进而促进产品销量的增长。

具体来说，网络商家应该从以下几点来提高销售服务水平：首先，对于大型电商来说，可以组建属于自己的销售服务团队，在人数上应该满足企业自身业务的需求，减少服务响应过慢问题的出现；其次，可以对销售服务团队进行适时的培训与训练，提升团队沟通能力及服务能力，从而为消费者提供更好的服务；最后，网络的虚拟性有可能会造成商家与消费者间的沟通障碍，企业可以通过建立并健全多样化的沟通渠道，方便顾客倾诉其感知与需求，使商家与消费者获得及时沟通。

2. 积极提升网络商家的售后服务水平

售后服务是企业维护企业自身形象非常重要的环节。完善的售后服务机制能够为消费者提供重要保障，使消费者可以快速及有效解决购买产品后出现的问题。对商家而言，售后服务则能够在产品出现问题后扭转顾客对企业满意度。商家不应因顾客已经确认收货就对顾客的售后咨询不予理睬。当顾客对产品提出疑问或者不满时，网络商家应积极借助于沟通渠道对其具体疑问以及不满原因进行沟通与了解，并及时妥当地解决顾客存在的问题与困难，尽可能地满足顾客的正当需求。在顾客提出退换货要求时网络商家要耐心并认真对待与处理。这样做不仅有助于提升商家的售后服务水平，还可避免负面评论的出现。

12.1.3　选择良好的进货渠道与物流公司

网络商家应保证良好的进货渠道与优质物流服务。随着经济的发展与人们生活水平的提高，消费者对高质量、高性能的产品及优质服务的需求也在不断增强，通过降低价格来实现销量增长的传统营销模式在网络信息时代已不再适用，企业若想获得竞争优势，应努力提升产品品质与服务质量，只有这样才能提高消费者的满意度，进而获得消费者持续的关注和销量的不断增长。其中物流配送质量对于网络电商尤为重要，因此在选择进货渠道与物流公司方面，网络商家必须充分考虑合作企业的质量与效率，确保商品质量与物流服务能得到有效保障。

1. 选择良好的进货渠道

根据第 11 章对在线评论关键词的描述性分析同样可以发现，消费者对产品质量一如既往地重视。因此，商家应该严格把好进货渠道这道关卡，确保产品或服务的质量。

在选择进货渠道时，网络商家应注意以下几个方面的问题。首先，网络商家在同等价格的基础上，应选择质量较好的一方，甚至有些时候有必要通过牺牲成本价来保证产品的高质量。其次，在对具体的进货渠道进行选择时，网络商家应确保选择的供应商是证件齐全的合法企业。最后，网络电商还需要综合考虑其供货商的供货能力、服务质量及发货速度等问题。

2. 选择良好的物流公司

电子商务企业要想取得竞争优势，其物流实力是关键，消费者在网络购物时都希望能在最短的时间收到所购买的商品，物流配送速度快慢、质量的高低与顾客满意度有相当大的关联。研究显示，物流配送问题是引起网购消费者不满的一个十分重要的原因。因此，电商平台的商家应该选择优质快捷的物流公司进行合作，提高其物流服务水平。

在具体物流公司的选择方面，网络商家应尽可能地兼顾物流价格与速度的平衡，在确保自身较低的销售成本的同时，还能够尽快地将产品送达消费者手中。与此同时，网络商家不一定要选择一家物流公司进行合作，还可以同时选择多家物流公司进行合作，这样一方面可以保证物流网的覆盖更广泛，另一方面也可以让消费者有更多的选择空间。

12.2　对电商平台的建议

通过对国内外相关文献的整理与本书的实证分析结论，我们可以发现某些数据出现了不真实的"天花板"效应,这一切都来源于在线评论体系的不健全和销售行为的不正当,所以本节将从完善在线评论体系和加强网络管制这两个方面来对电商平台提出建议。

12.2.1 健全在线评论体系

1. 保证在线评论内容的真实性

线上交易与线下交易相比,交易双方的信息不对称问题比较突出,消费者难以获取具体商品或卖家的相关信息。因此,在网络购物过程中,消费者存在着比较大的感知风险,而在线评论的存在可以降低消费者的感知风险。通过阅读在线评论,消费者可以获取某一产品或服务的相关信息,进而其购买决策受到影响。因此,在线评论对消费者购买决策具有重要影响,而保证在线评论的真实性对健全在线评论体系来说显得至关重要。

然而目前国内的大部分在线评论体系都存在着评论信息失真的问题。例如,淘宝网的在线评论几乎都是正面评论,而负面评论早已被商家进行隐蔽或让评论者修改,这对评论查询者而言存在一定的信息失真问题。并且淘宝实行的是默认好评机制,这也进一步加大了在线评论信息的失真可能性。所以,类似于淘宝这样的电商平台要时刻履行监督管理的责任与义务,对于那些强迫消费者修改评论或受到较多申诉的电商必须进行适当惩罚或警告。

2. 保证在线评论内容的全面性

目前,国内在线评论体系中的考核内容都比较少,并不能完全满足评论者的评论需求,也不能满足潜在消费者的查询需求。例如,在淘宝网的在线评论机制中只从服务态度、发货速度、物流速度和描述相符这四个方面来对购物体验进行评价打分,这并不能完全地表现出购买者的使用感受。因此电商平台应该努力拓展并辐射出更多的评价指标,进而使潜在消费者能够更为明确、全面地了解购买者的消费感知。

3. 保证在线评论内容的科学性

目前国内在线评论体系还存在着许多不够科学的方面,具体表现为以下两个方面。第一,目前国内的在线评论体系完全是照搬国外比较成熟的电商平台,并没有结合本国实际的消费行为进行调整修正。第二,部分内部机制的设定存在着不够科学的问题。例如,淘宝网评论者信誉等级的划分仅由消费者的购买次数来决定,并没有考虑其以往评论的质量问题。因此,为了实现在线评论体系的科学性,电商平台在建立在线评论体系时必须注重符合实际,并且在内部机制的设定上要符合科学性。

4. 实现在线评论方式的多元化

目前国内所采取的在线评论形式主要是相关指标打分或文字描述，然而单一的文字描述或者打分都过于枯燥乏味。电商平台应该努力通过多样化的呈现形式来传递消费者的评论信息，具体如发布实物图（虽然部分在线评论体制支持上传实物图，但是总体的普及程度不高）、进行语音评论等，这样不仅能够建立健全互联网购物的在线评论体系，还可让潜在消费者具有选择的空间和新鲜感。

12.2.2　加强网络管制

一方面，互联网对于消费者而言是一种新型的交易平台，网购用户通常会存在信息不确定性的问题，进而产生购买顾虑。另一方面，不正当的网络销售行为日益盛行，使消费者的感知风险越来越高，进而降低了他们对在线交易的信任度。因此，要想全面提高信誉度并打破消费者的顾虑，购物网站或电商平台就要建立并完善各种管制体系，严厉打击各种不正当的销售行为，从源头上减少不良卖家的进入，在根源上提高整个购物平台的口碑。

具体如现在众所周知的淘宝刷分、刷信誉现象，就是由于目前淘宝网络管制体系的不健全，进而出现了本书部分数据存在"天花板"效应的现象。针对此类现象，电商平台可以通过建立与物流公司的合作来监督实际物流行为是否发生，从而尽可能增加商家不正当销售行为的成本，迫使其放弃不正当行为。

12.2.3　健全互动沟通平台

现有的电商平台多数只是借助于在线评论来实现消费者与消费者之间的交流互动，然而对其他主体之间的交流却比较缺乏。例如，淘宝平台只可以借助在线评论和阿里旺旺插件来进行消费者与消费者和消费者与商家之间的交流沟通，而电商平台与消费者和商家之间的交流则比较缺乏。所以，电商平台应该努力实现消费者、商家和电商平台之间的沟通。三方沟通渠道的建立不仅能够促进各个主体之间的互动交流，还能更好地改善在线评论机制存在的问题，促进电子商务的繁荣发展。

12.3　对政府的建议

政府作为国家政策法规的制定者，其对网络购物和相关领域的发展与壮大起到至关重要的作用，所以为了解决网络购物中切实存在的问题，政府建立健全相关的电子商务法律法规就显得非常重要。为了真正促进实木家具行业的发展，政府结合实际提出相关的产业集群生态化政策也显得非常必要。

12.3.1　建立健全基于电子商务的法律法规

为了减少消费者的感知风险和商家不正当的销售行为，政府应该努力建立健全基于电子商务的相关法律法规体系。具体可通过颁布相关的电子商务消费者权益保护法和电商运营方面的法律法规来实现。

电商平台的虚拟性导致消费者感知自身的权益无法得到保障，因此在网上购物过程中存在较大的感知风险。政府应该颁布相关的电子商务消费者权益保护方面的法规来保护网络消费者的切身利益，并且开通相应的监督和投诉平台，使潜在消费者能放心地进行网上购物。

电商平台的商家中存在一定的不正当销售行为，如采取一定的方式来虚假提升店铺的信誉分、刻意地隐瞒负面评论和设法让消费者修改负面打分等，这些不正当行为导致了在线评论信息的虚假性和人们的怀疑心理，进而阻碍了人们购买行为的发生。政府应在电商平台对其进行监督惩罚的基础上制定相关的电商运营法律法规，从法律上对不正当的销售行为进行约束和管制。

12.3.2　建立健全产业集群生态化方面的政策法规

通过描述性统计分析可知消费者对实木家具的质量与环保问题较为关注，再结合实木家具生产制造的特殊性与目前的实际情况，政府应该努力建立健全产业集群生态化方面的政策，具体原因如下。

首先，随着天然林限额采伐制度和全面停止商业性采伐等制度法规的颁布，实木家具的生产面临着原材料匮乏的问题，其主要原料——原木只能依赖于进口。因此我们可以通过生态化的产业集群来实现实木家具的精细化生产和环保工艺，进而提升实木家具质量和环保系数，以便更好地满足消费者需求。同时，还应尽可能地节约原材料，避免实木资源的浪费与过度开采。

其次，从原木加工到实木家具的生产过程需要经过多道工艺，通过生态化的产业集群我们不仅能够减少从原木进口到成品完成过程中不必要的物流成本，而且可以充分利用实木家具生产过程中产生的废料，将其转换为效益，从而减少实木家具的刚性成本，进而提升实木家具相对于其他可替代产品的价格竞争优势。

最后，由于通常的产业集群都会配套有较完善的物流体系，这为体积过大、抗碰损性较差、物流运输难度系数大的实木家具来说提供了较大的便利性。并且，生态化的产业集群为实木家具的网络电商节省了一定的等待物流取件时间，进而从客观上减少了实木家具的物流时间，减少了消费者的等待周期。

综上分析，政府应该积极建立健全产业集群生态化方面的政策法规，这样不仅有助于满足消费者对实木家具的购买需求，还可以尽可能地避免资源浪费，最终实现经济效益、社会效益与生态效益的和谐统一。

参 考 文 献

毕继东. 2009. 网络口碑对消费者购买意愿影响实证研究. 情报杂志, 28（11）: 47-54, 55.

陈洁, 王方华. 2012. 感知价值对不同商品类别消费者购买意愿影响的差异. 系统管理学报, 21（6）: 802-810.

陈晓红, 曾平. 2016. 移动购物评价对消费者购买意愿影响的实验研究. 经济与管理研究, （6）: 122-129.

陈旭, 周梅华. 2010. 电子商务环境下消费者冲动性购买形成机理研究. 经济与管理, （12）: 19-22.

陈志洪, 潘小军, 钟根元. 2014. 基于消费者认知的产品线策略. 系统管理学报, （1）: 1-6.

陈卓. 2004. 儿童家具设计的市场分析研究. 南京理工大学硕士学位论文.

程愚, 孙建国. 2013. 商业模式的理论模型: 要素及其关系. 中国工业经济, （1）: 141-153.

戴维, 白长虹. 2012. 价值感知及广告互动对网络广告效果的影响——一项基于消费者认知视角的研究. 中大管理研究, （3）: 1-19.

刁玉柱, 白景坤. 2012. 商业模式创新的机理分析: 一个系统思考框架. 管理学报, （1）: 71-81.

董瑞. 2013. 消费者涉入程度、感知风险与网络购买意愿关系的实证研究. 山东大学硕士学位论文.

杜兰英, 钱玲. 2014. 基于价值共创的商业模式创新研究. 科技进步与对策, 31（23）: 14-16.

方杰, 张敏强, 邱皓政. 2012. 中介效应的检验方法和效果量测量: 回顾与展望. 心理发展与教育, （1）: 105-111.

冯建英, 穆维松, 傅泽田. 2006. 消费者的购买意向研究综述. 现代管理科学, （11）: 7-9.

冯军. 2008. 消费心理学. 北京: 对外经济贸易大学出版社.

冯雪飞, 董大海, 张瑞雪. 2015. 互联网思维: 中国传统企业实现商业模式创新的捷径. 当代经济管理, 37（4）: 20-23.

傅世昌, 王惠芬. 2011. 商业模式定义与概念本质的理论体系与研究趋势. 中国科技论坛, （2）: 70-76.

郭国庆, 陈凯, 何飞. 2010. 消费者在线评论可信度的影响因素研究. 当代经济管理, 32（10）: 17-23.

郭际，吴先华，叶卫美. 2013. 转基因食品消费者购买意愿实证研究——基于产品知识、感知利得、感知风险和减少风险策略的视角. 技术经济与管理研究，（9）：45-52.

韩睿，田志龙. 2005. 促销类型对消费者感知及行为意向影响的研究. 管理科学，18（2）：85-91.

何建华. 2013. 消费者在线冲动性购买行为影响因素分析. 消费经济，（6）：46-50.

胡斌. 2014. 基于消费者认知的品牌关系形成分析. 现代管理科学，（3）：115-117.

黄飞. 2013. 大学生网络消费偏好识别及影响因素研究. 中南大学博士学位论文.

黄敏学，王峰，谢亭亭. 2010. 口碑传播研究综述及其在网络环境下的研究初探. 管理学报，7（1）：128-146.

黄勇，周学春. 2013. 平台企业商业模式研究. 商业时代，（23）：23-26.

蒋廉雄，朱辉煌. 2010. 品牌认知模式与品牌效应发生机制：超越"认知—属性"范式的理论建构. 管理世界，（9）：95-115.

金晓彤，赵太阳，李杨. 2015. 营销信息对环保型产品购买意愿的影响研究. 华东经济管理，（7）：1-9.

寇巧媛. 2014. 基于框架效应的感知价值、涉入度对消费者手机网购决策的影响研究. 华南理工大学硕士学位论文.

赖俊明. 2016. 基于消费者认知的不同类型品牌代言人适用性研究. 商业研究，（1）：156-166.

雷嫚嫚. 2013. 不同性格的民俗节庆游客涉入程度及涉入前因差异研究. 华南理工大学硕士学位论文.

冷雄辉. 2012. 消费者涉入前因、涉入程度与购买意愿间关系的实证研究. 经济经纬，（2）：125-129.

李飞，米卜，刘会. 2013. 中国零售企业商业模式成功创新的路径——基于海底捞餐饮公司的案例研究. 中国软科学，（9）：97-111.

李桂陵，杨光. 2012. 网络口碑的理论研究. 行政事业资产与财务，（8）：221-222.

李国庆，周庭锐，陈淑青. 2006. 品牌知觉影响下消费者购买行为的分类研究. 商场现代化，（13）：187-188.

李健. 2012. 在线商品评论对产品销量影响研究. 现代情报，32（1）：164-167.

李曼. 2007. 略论商业模式创新及其评价指标体系之构建. 现代财经，（2）：55-59.

李乾文. 2005. 公司创业活动与绩效关系测度体系评介. 外国经济与管理，27（2）：2-9.

李英. 2008. 基于居民支付意愿的城市森林生态服务非政府供给方式研究. 东北林业大学博士学位论文.

李英，王新宇. 2013. 黑龙江省大小兴安岭林区林产工业低碳经济发展模式研究. 北京：中国林业出版社.

李英，王晨筱，李晓，等. 2015. 消费者涉入度国外研究综述. 商业经济研究，（22）：55-56.

李真. 2012. 北京市消费者绿色家具认知状态和消费意愿的实证研究. 北京林业大学硕士学位论文.

李真真. 2015. 品牌强度和产品成熟度调节作用下 OCR 对销量的影响研究. 哈尔滨工业大学硕士学位论文.

廖卫红. 2013. 移动互联网环境下消费者行为研究. 科技管理研究, （14）: 179-183.

林青青. 2013. 背包游客的旅游动机、旅游涉入和满意度的影响关系研究. 浙江大学硕士学位论文.

林小兰. 2014. O2O 电子商务商业模式探析. 中国流通经济, （5）: 24-19.

刘丽. 2014. 负面在线评论对消费者购买意愿的影响研究. 重庆工商大学硕士学位论文.

刘盟, 王晔. 2015. 商业模式的创新研究综述. 中国商贸, （5）: 167-169.

刘萍. 2015. 网络口碑对消费者行为意愿的影响研究——以网络涉入为调节的中介模型. 消费经济, （6）: 74-80.

刘鑫. 2013. 城市居民家具消费心理研究之家具认知分析. 家具, （1）: 47-51.

柳思琨. 2014. 涉入度对长沙市民森林游憩产品消费决策的影响研究. 中南林业科技大学硕士学位论文.

陆海霞, 吴小丁, 苏立勋. 2014. 差评真的那么可怕吗?——负面线上评论对消费者购买行为的影响研究. 北京社会科学, （5）: 102-109.

罗小鹏, 刘莉. 2012. 互联网企业发展过程中商业模式的演变——基于腾讯的案例研究. 经济管理, （2）: 183-192.

吕世杰, 杜培珍, 刘红梅, 等. 2013. 描述性统计在 Excel 和 SAS 中的异同. 内蒙古农业大学学报（自然科学版）, 33（3）: 295-299.

梅瑜. 2013. 商业模式要素分析——以苏宁电器为例. 经营管理者, （2）: 1-2

彭聃龄, 张必隐. 2004. 认知心理学. 杭州: 浙江教育出版社.

齐振宏, 王瑞懂. 2010. 中外转基因食品消费者认知与态度问题研究综述. 国际贸易问题, （12）: 115-119.

邱林, 杨智, 吕一林, 等. 2008. 营销科学研究. 北京: 高等教育出版社.

饶扬德. 2005. 基于资源整合观的企业战略重构. 工业技术经济, （7）: 5-7.

阮瑜琳. 2015. 基于客户中心化策略的商业模式创新. 企业改革与管理, （4）: 110-111.

单汨源, 杨沛, 张人龙. 2014. 网络预售模式下消费者购买意愿的影响因素. 经济经纬, 31（5）: 98-102.

沈永言, 吕廷杰. 2011. 商业模式基本概念重思. 管理现代化, （1）: 29-31.

盛亚, 吴蓓. 2011. 基于西尔斯案例的零售商业模式要素组合创新. 商业研究, （2）: 71-77.

史益芳, 黄玉蓓, 管超. 2013. 电子商务环境下家具行业物流配送管理研究. 物流技术, （5）: 114-116.

宋明元, 肖洪钧, 齐丽云, 等. 2014. 涉入度对品牌体验与购买意愿间关系的调节作用——基于智能手机市场的实证研究. 大连理工大学学报（社会科学版）, （3）: 62-68.

宋倩, 王能. 2013. 互联网条件下国内零售企业商业模式创新. 电子商务, （3）: 19-20.

孙文俊，薛博如. 2011. 图书领域消费者在线评论的有用性影响因素研究. 江苏商论，38（5）：58-60.

王洪清，2005. 论我国消费者的成熟度对企业营销策略的影响. 企业改革与发展，（9）：181-183.

王君珺，闫强. 2013. 不同热度搜索型产品的在线评论对销量影响的实证研究. 中国管理科学，（2）：406-411.

王丽芳. 2005. 论信息不对称下产品外部线索对消费者购买意愿的影响. 消费经济，（1）：41-42.

王铭聪. 2012. 英语培训机构的品牌形象对消费者购买行为的影响研究. 西南财经大学硕士学位论文.

王水莲，常联伟. 2014. 商业模式概念演进及创新途径研究综述. 科技进步与对策，（7）：154-160.

王伟毅，李乾文. 2005. 创业视角下的商业模式研究. 外国经济与管理，（11）：32-40.

王晓辉. 2009. 基于消费者认知视角的品牌选择行为研究. 山东大学博士学位论文.

王晓明，谭杨，李仕明. 2010. 基于"要素-结构-功能"的企业商业模式研究. 管理学报，7（7）：976-981.

王鑫. 2010. 上海地区消费者对针织塑身内衣购买意愿的研究. 东华大学硕士学位论文.

王雪冬，董大海. 2012. 商业模式的学科属性和定位问题探讨与未来研究展望. 外国经济与管理，（3）：2-9.

王雪冬，董大海. 2013. 商业模式创新概念研究述评与展望. 外国经济与管理，（12）：29-36，81.

王颖，李英. 2013. 基于感知风险和涉入程度的消费者新能源汽车购买意愿实证研究. 数理统计与管理，（5）：863-872.

王子豪. 2014. 基于消费者认知路径的口碑调节机制探究. 中国科学技术大学硕士学位论文.

魏江，刘洋，应瑛. 2012. 商业模式内涵与研究框架建构. 科研管理，（5）：107-114.

魏炜，朱武祥. 2009. 发现商业模式. 北京：机械工业出版社.

魏炜，朱武祥，林桂平. 2012. 基于利益相关者交易结构的商业模式理论. 管理世界，（12）：125-131.

温忠麟，叶宝娟. 2014. 中介效应分析：方法和模型发展. 心理科学进展，（5）：731-745.

翁君奕. 2004. 商务模式创新企业经营"魔方"的旋启. 北京：经济管理出版社.

吴朝晖，吴晓波，姚明明. 2013. 现代服务业商业模式创新——价值网络视角. 北京：科学出版社.

吴亮锦. 2006. 珠宝的知觉价值与购买意愿研究——以台湾珠宝业为例. 中国科学技术大学博士学位论文.

吴晓波，姚明明，吴朝晖，等. 2014. 基于价值网络视角的商业模式分类研究：以现代服务业为例. 浙江大学学报（人文社会科学版），44（2）：64-77.

伍恒东. 2010. 服务保证对经济型酒店顾客购买意愿的影响研究. 浙江大学硕士学位论文.

希尔ＣＷＬ，琼斯ＧＲ. 2007. 战略管理. 孙忠译. 北京：中国市场出版社.

奚红妹，谢佩洪. 2013. 消费者成熟度与企业的行为优化. 中国流通经济，27（6）：68-73.

夏清华. 2013. 商业模式的要素构成与创新. 学习与实践，（11）：52-60.

向阳，曹勇，汪凤桂. 2010. 基于消费者认知度的企业社会责任行业差异性研究. 管理学报，7（2）：311-316.

肖阳，杨瑞林. 2013. 消费者成熟度演变与产品生命周期的匹配策略. 未来与发展，（2）：86-90.

谢家平，葛夫财. 2015. 物联网时代下的商业模式：产品服务系统——对迈克尔·波特《物联网时代企业竞争战略》的深化. 管理现代化，（2）：90-92.

谢敏. 2014. 消费者涉入对旅游商品购买意向的影响研究. 中南大学硕士学位论文.

谢佩洪，魏农建，奚红妹，等. 2010. 消费成熟度研究前沿探析. 现代管理科学，（11）：41-43.

邢小强，仝允桓，陈晓鹏. 2011. 金字塔底层市场的商业模式：一个多案例研究. 管理世界，（10）：108-124.

邢小强，葛沪飞，仝允桓. 2015. 社会嵌入与 BOP 网络演化：一个纵向案例研究. 管理世界，（10）：160-173.

徐迪，翁君奕. 2004. 商务模式及其创新研究. 商业时代，（29）：43-44.

徐鹏. 2009. 基于消费者认知的品牌定位模式研究. 南开大学硕士学位论文.

闫丹婷，刘雪梅. 2011. 家具产品的消费行为特征分析. 山东林业科技，（3）：93-95.

闫学元，张蕊. 2014. 我国网络消费行为影响因素实证研究. 商业时代，（33）：10-12.

杨学成，郭国庆，汪晓凡，等. 2009. 服务补救可控特征对顾客口碑传播意向的影响. 管理评论，21（7）：56-64.

姚倩. 2015. 不同产品涉入度水平下价格及卖家信誉对消费者在线购买决策的影响研究. 浙江大学硕士学位论文.

姚伟峰. 2011. 公司治理与商业模式创新路径的选择. 商业经济与管理，1（3）：24-27.

殷志扬，程培堽，袁小慧，等. 2012. 消费者对转基因食品购买意愿的形成：理论模型与实证检验. 消费经济，（3）：81-84.

尹英姿. 2012. 基于 TAM 的酒店在线评论参与行为研究. 中国海洋大学硕士学位论文.

余光胜. 2008. 产业视角的企业战略——战略理论的反思与融合. 上海：上海财经大学出版社.

原磊. 2007. 国外商业模式理论研究评价. 国外经济与管理，（10）：17-25.

张帆听. 2013. 消费者成熟度与品牌忠诚度的关系研究. 华侨大学硕士学位论文.

张启福，邹天然. 2015. 体育赛事服务消费者涉入前因、程度及购买行为的关系. 浙江体育科学，37（2）：38-40.

张晓东，朱敏. 2011. 网络口碑对消费者购买行为的影响研究. 消费经济，（3）：15-17.

张紫琼. 2010. 在线中文评论情感分类问题研究. 哈尔滨工业大学博士学位论文.

赵保国，成颖慧. 2013. 网络团购中消费者购买意愿影响因素研究. 中央财经大学学报，（10）：91-96.

甄冰. 2014. 家居行业 OTO 营销模式探索. 商业时代，（27）：69-70.

郑祥龙，梅姝娥. 2015. 基于价值网的科技服务平台商业模式研究. 科技管理研究，（5）：35-38.

周应恒，霍丽玥，彭晓佳. 2004. 食品安全：消费者态度、购买意愿积极信息的影响——对南京市超市消费者的调查分析. 中国农村经济，11：53-60.

朱翊敏. 2014. 事业涉入度和信息描述方式对消费者响应的影响——基于企业慈善营销. 华东经济管理，28（2）：160-165.

朱长岭. 2013. 中国家具行业可持续性发展探讨与展望. 家具，（1）：1-4.

朱智贤. 1989. 反映论与心理学. 北京师范大学学报（社会科学版），（1）：46-52.

庄贵军，周南，李福安. 2004. 情境因素对于顾客购买决策的影响（一个初步的研究）. 数理统计与管理，23（4）：7-13.

庄建武. 2010. 基于构成要素的企业商业模式重塑问题探讨. 商业时代，（5）：60-61.

Aaker D A. 1996. Building Strong Brands. New York：Free Press.

Alt R，Zimmerma H D. 2001. Introduction to special section on business models. Electron Markets，11（1）：3-9.

Amit R，Zott C. 2001. Value creation in E-business. Strategic Management Journal，22（6/7）：493-520.

Amit R，Zott C. 2012. Creating value through business model innovation. MIT Sloan Management Review，53（3）：41-49.

Amoah M，Dadzie P K，Bih F K，et al. 2015. Consumer preferences and purchase intention for rattan furniture. Wood and Fiber Science，47（3）：225-239.

Andrews L，Bianchi C. 2013. Consumer internet purchasing behavior in Chile. Journal of Business Research，66（10）：1971-1999

Arndt J. 1976. Role of product-related conversations in the diffusion of a new product. Journal of Diffusion of Marketing Research，4（8）：291-295.

Asch S E. 1956. Studies of independence and conformity：a minority of one against unanimous majority. Psychological Monographs：General and Applied，（70）：1-69.

Babin B J，Williamr R，Darden M G. 1994. Work and/or fun：measuring hedonic and utilitarian shopping value. Journal of Consumer Research，（26）：644-656.

Bai B，Lee S H. 2014. Hotel discount strategies on consumer responses：the role of involvement. Tourism Review，69（4）：284-296.

Bamey J B. 1991. Firm resources and sustained competitive advantage. Journal of Management，17（1）：99-120.

Bauer R A. 1960. Consumer behaviors risk taking. Proceeding the 43rd Conference of the American Maketing Association：389-398.

Baum D, Spann M. 2014. The interplay between online consumer reviews and recommender systems: an experimental analysis. International Journal of Electronic Commerce, 19 (1): 129-162.

Behe B K, Bae M, Huddleston P T, et al. 2015. The effect of involvement on visual attention and product choice. Journal of Retailing and Consumer Services, (24): 10-21.

Beltramello A, Haie-Fayle L, Pilat D. 2013. Why new business models matter for green growth. OECD Green Growth Papers.

Birch D, Lawley M. 2014. The influence of food involvement on fish consumption: an Australian case study. Bournemouth Academy of Marketing, 3 (4): 7-9.

Bloch P H, Commuri S, Arnold T J. 2009. Exploring the origins of enduring product involvement. Qualitative Market Research: an International Journal, 12 (1): 49-69.

Bone P F. 1995. Word-of-mouth effects on short-term and long-term product judgments. Journal of Business Research, 32 (3): 213-223.

Boons F, Ludeke-Freund F. 2012. Business models for sustainable innovation: state-of-the-art and steps towards a research agenda. Journal of Cleaner Production, 45 (4): 9-10.

Borgogno M, Favotto S, Corazzin M, et al. 2015. The role of product familiarity and consumer involvement on liking and perceptions of fresh meat. Food Quality and Preference, (44): 139-147.

Bowman D. Narayandas D. 2001. Managing customer-initiated contacts with manufacturers: the impact on share of category requirements and word-of-mouth behavior. Journal of Marketing Research, 38 (3): 281-297.

Brooks R C. 1957. Word-of-mouth advertising in selling new products. Journal of Marketing, 22 (2): 154-161.

Brown J J, Reingen P H. 1987. Social ties and word-of-mouth referral behavior. Journal of Consumer Research, 3 (14): 350-362.

Brynjolfsson E, Hu Y, Smith M D. 2003. Consumer surplus in the digital economy: estimating the value of increased product variety at online booksellers. Management Science, 49 (11): 1580-1596.

Byoungho F F, Hye K. 2011. Purchase intention of Chinese consumers toward a US apparel brand: a test of a composite behavior intention model. Journal of Consumer Marketing, 28 (3): 187-199.

Chaney I, Dolli N. 2001. Cause related marketing in New Zealand. International Journal of Nonprofit & Voluntary Sector Marketing, 6 (2): 156-163.

Chatain O. 2010. Value creation, competition, and performance in buyer-supplier relationships. Strategic Management Journal, 32 (1): 76-102.

Chatterjee P. 2001. Online review: do consumers use them? Advances in Consumer Research, 15 (28): 133-139.

Chávez F C, Chaurand R A, Ávila I C L. 2015. Effect of subjective evaluation factors on the buying decision of residential furniture. Procedia Manufacturing, (3): 6467-6474.

Chen M F, Huang C H. 2013. The impacts of the food traceability system and consumer involvement on consumers' purchase intentions toward fast foods. Food Control, 33 (2): 313-319.

Chesbrough H. 2000. Business model innovation: it's not just about technology anymore. Strategy and Leadership, 35 (6): 12-17.

Chesbrough H. 2010. Business model innovation: opportunities and barriers. Long Range Planning, (43): 2-3.

Cheung C M K, Lee M K O. 2012. What drives consumers to spread electronic word of mouth in online consumer-opinion platforms. Decision Support Systems, 53 (1): 218-225.

Chevalier J A, Mayzlin D. 2006. The effect of word of mouth on sales: online book reviews. Journal of Marketing, 43 (3): 345-354.

Chintagunta P, Desai P. 2010. Call for paper-special issue of management science: marketing within the enterprise and beyond. Management Science, 56 (1): 217.

Chiou J, Cheng C. 2003. Should a company have message boards on its websites? Journal of Interactive Marketing, 17 (3): 50-61.

Clayden K. 2012. Personality, motivation and level of involvement of land-based recreationist in the Irish uplands. Master Dissertation of School of Health Sciences.

Cohen P. 1983. Applied Multiple Regression Correlation Analysis for the Behavioral Sciences. 2nd ed. Hillsdale: Erlbaum.

Cox D. 2009. Predicting consumption, wine involvement and perceived quality of Australian red wine. Wine Res, 20 (3): 209-229.

Cui G, Lui H K, Guo X N. 2012. The effect of online consumer reviews on new product sales. International Journal of Electronic Commerce, 17 (1): 39-57.

Day R L, Landon E L. 1976. Collecting comprehensive consumer complaint data by survey research. Advances in Consumer Research, (8): 23-31.

Dellarocas C. 2003. The digitization of word of mouth: promise and challenges of online feedback mechanisms. Management Science, 49(10): 1407-1424.

Dellarocas C, Narayan R, Smith R H. 2006. What motivates consumers to review a product online? A study of the product-specific antecedents of online movie reviews. Wise, 27 (10): 105-118.

Dodds G M. 1991. Effect of price, brand and store information on buyers, product evolution. Journal of Marketing Research, 28 (3): 307-319.

Dodds W B, Monroe K B, Grewal D. 1991. Effects of price, brand, and store information on buyers'product evaluations. Journal of Marketing Research, 28（3）: 307-319.

Duan W J, Gu B, Whinston A B. 2009. Informational cascades and software adoption on the internet: an empirical investigation. MIS Quarterly, 33（1）: 23-48.

Eagly A H, Chaiken S. 1993. The Psychology of Attitudes. Fort Worth: Harcourt Brace Jovanovich.

Ede F, Stuart E, Merenski J P. 2015. The effects of college education on consumer sophistication: an exploratory study//Smith B S. Proceedings of the 1985 Academy of Marketing Science （AMS）Annual Conference. Berlin: Springer International Publishing.

Engel J F , Roger D B, Robert J. 1969. How information is used to adopt an innovation. Journal of Advertising Research, （9）: 3-8.

Estelami H. 2014. An ethnogrphic study of consumer financial sophistication. Journal of Consumer Behaviour, 13（5）: 328-341.

Fang H, Zhu Q, Zhang J. 2011. An empirical analysis of the impact of online reviews on product sales in the Chinese context. Advanced Information Networking and Applications, 89（12）: 183-190.

Fang H, Zhang J, Yang B, et al. 2013. Towards effective online review systems in the Chinese context: a cross-cultural empirical study. Electronic Commerce Research and Applications, （12）: 208-220.

Forman B C, Ghose A, Wiesenfeld B. 2008. Examining the relationship between reviews and sales: the role of reviewer identity. Information Systems Research, 19: 291-313.

Friedman E J, Resnick P. 2001. The social cost of cheap pseudonyms. Journal of Economics and Management Strategy, 10（2）: 173-199.

Gabbott M, Hogg G, Press D. 1999. Contemporary services marketing management: a reader. International Journal of Service Industry Management, 9（1）: 93-94.

Garry A J. 2008. Affect and the role of client sophistication on satisfaction judgments within business-to-business professional services. PhD. Dissertation of University of Nottingham.

Garry T. 2007. Consumer sophistication and the role of emotion on satisfaction judgments within credence services. Journal of Consumer Behaviour, 6（6）: 383-397.

Garry T, Harwood T. 2009. The moderating influence of client sophistication on relationships within business-to-business credence service markets. Journal of Business & Industrial Marketing, 24（6）: 380-388.

Gelb B, Johnson M. 1995. Word-of-mouth communication: causes and consequences. Journal of Health Care Marketing, 5（3）: 54-58.

Gendelguterman H. 2013. Does consumers' personal involvement have an influence on store brand buying proneness? Journal of Consumer Marketing, 30（7）: 553-562.

George G, Bock A J. 2011. The business model in practice and its implications for entrepreneurship research. Entrepreneurship Theory and Practice, 35 (1): 83-111.

Ghose A, Ipeirotis P G. 2007. Designing novel review ranking systems: predicting the usefulness and impact of review. International Conference on Electronic Commerce, 60: 303-310.

Ghose A, Ipeirotis P G. 2011. Estimating the helpfulness and economic impact of product reviews: mining text and reviewer characteristics. IEEE Transactions on Knowledge and Data Engineering, 23 (10): 1498-1512.

Godes D, Mayzlin D. 2004. Using online conversations to study word-of-mouth communication. Marketing Science, 23 (4): 545-560.

Greenwald A G, Leavitt C. 1984. Audience involvement in advertising: four levels. Journal of Consumer Research, 11 (1): 581-592.

Grimmer M, Bingham T. 2013. Company environmental performance and consumer purchase intentions. Journal of Business Research, 66 (10): 1945-1953.

Guerzoni M. 2010. The impact of market size and users' sophistication on innovation: the patterns of demand. Economics of Innovation and New Technology, 19 (1): 113-126.

Gui J, Sun Z, Jia W, et al. 2012. Discriminant sparse neighborhood preserving embedding for face recognition. Pattern Recognition, 45 (8): 2884-2893.

GuPta N, Polsky D. 2012. High deductible health plans: does cost sharing stimulate increased consumer sophistication? Health Expectations an International Journal of Public Participation in Health Care & Health Policy, 18 (3): 335-343.

Hanson W. 2000. Principles of Internet Marketing. Cincinnati: South-Western College Publishing.

Hartwigsen T. 2011. MSc in Business Administration and Marketing. MSc BAM.

Hawkins. 2001. Interaction of herpes simplex virus type-1 with the host cell surface. Tetrahedron Letters, 42 (44): 7733-7736.

Helm S. 1998. Referral potential-potential referrals: an investigation into customers' communication in service markets. Marketing Research and Practice, 7 (3): 41-56.

Hennig-Thuran T, Walsh G. 2003. Electronic word-of-mouth: motives for and consequences of reading customer articulations on the Internet. International Journal of Electronic Commerce, 8 (2): 51-74.

Hennig-Thurau T, Gwinner K P, Walsh G, et al. 2004. Electronic word-of-mouth via consumer-opinion platforms: what motivates consumers to articulate themselves on the Internet? Journal of Interactive Marketing, 18 (1): 38-52.

Hoonsopon D. 2016. Accelerating adoption of new products of Thai consumers: the moderating roles of self-brand concept and reference croup. Journal of Asia-Pacific Business, 17 (2): 151-172.

Huang C H, Lee C H. 2014. Consumer willingness to pay for organic fresh milk in Taiwan. China Agricultural Economic Review, 6（2）: 198-211.

Jain V, Trivedi R, Joshi V, et al. 2015. Does explicit comparative advertising affect Indian consumers' attitudes towards low and high-involvement product? International Journal of Emerging Markets, 10（1）: 122-140.

Johnson M W, Christensen C M, Kagermann H. 2008. Reinventing your business model. Harvard Business Review, 86（12）: 57-68.

Josiam B M, Kinley T R, Kim Y K. 2005. Involvement and the tourist shopper: using the involvement construct to segment the American tourist shopper at the mall. Journal of Vacation Marketing, 11（2）: 135-154.

Kahl S J. 2015. Product conceptual systems: toward a cognitive processing model. Advances in Strategic Management, （32）: 119-146.

Katz E, Lazarsfeld P F. 1955. Personal Influence: the Part Played by People in the Flow of Mass Communications. New York: Free Press.

Kautsar A P, Widianto S, Abdulah R, et al. 2012. Relationship of consumer involvement, credibility of the source of information and consumer satisfaction on purchase decision of non-prescription drugs. Procedia Social and Behavioral Sciences, （65）: 449-454.

Kim C, Park S, Kwon K, et al. 2012. How to select search keywords for online advertising depending on consumer involvement: an empirical investigation. Expert Systems with Applications, 39（1）: 594-610.

Kim H M. 2006. The effect of salience on mental accounting: how integration versus segregation of payment influence purchase decisions. Journal of Behavioral Decision Making, 19（4）: 381-391.

Kim W C. 1997. Value innovation: the strategic logic of high growth. Harvard Business Review, （1/2）: 103-112

Koh N S, Hu N, Clemons E K. 2010. Do online reviews reflect a product's true perceived quality? An investigation of online movie reviews across cultures. Electronic Commerce Research and Applications, 9（5）: 374-385.

Korfiatis N, Garcia-Bariocanal E, Sánchez-Alonso S. 2012. Evaluating content quality and helpfulness of online product reviews: the interplay of review helpfulness vs. review content. Electronic Commerce Research and Applications, 11（3）: 205-217.

Kotler P, Armstrong G. 1983. Principles of Marketing. Upper Saddle River: Prentice Hall.

Kotler P, Armstrong G. 1998. Principles of marketing. Editura teora, Bueures ti.

Krugman H E. 1965. The impact of television advertising: learning without involvement. Public Opinion Quartely, 29（3）: 349-356.

Kumar N, Benbasat I. 2006. Research note: the influence of recommendations and consumer reviews on evaluations of websites. Information Systems Research, 17（4）: 425-439.

Lafferty B A. 2009. Selecting the right cause partners for the right reasons: the role of importance and fit in cause-brand alliances. Psychology and Marketing, 26（4）: 359-382.

Landau C, Bock C. 2013. Value creation through vertical intervention of corporate centres in single business units of unrelated diversified portfolios-the case of private equity firms. Long Range Planning, 46（1~2）: 97-124.

Lastovicka J L, Gardner D M. 1979. Low involvement versus high involvement cognitive structures. Advances in Consumer Research,（5）: 87-92.

Laurent G, Kapferer J N. 1985. Measuring consumer involvement profiles. Journal of Marketing Research, 22（1）: 41-53.

Lee J, Park D H, Han I. 2008. The effect of negative online consumer reviews on product attitude: an information processing view. Electronic Commerce Research and Applications, 7（3）: 341-352.

Lee J, Lee J N, Shin H. 2011a. The long tail or the short tail: the category-specific impact of eWOM on sales volume distribution. Decision Support Systems, 51（3）: 466-479.

Lee J, Park D H, Han I. 2011b. The different effects of online consumer reviews on consumers' purchase intentions depending on trust in online shopping malls an advertising perspective. Internet Research, 21（2）: 187-206.

Lee T R, Christensen G, Derosia E. 2007. Trademarks, consumer psychology, and the sophistic consumer. Emory Law Journal,（57）: 575-650.

Liang Y P. 2012. The relationship between consumer product involvement, product knowledge and impulsive buying behavior. Procedia-Social and Behavioral Sciences,（57）: 325-330.

Liao L F, Zhong J J. 2013. Consumer satisfaction, trust and loyalty in C2C electronic commerce. Journal of 2012 International Conference on Information Technology and Management Science （ICITMS 2012）Proceedings.

Lihra T, Buehimann U, Graf R. 2012. Customer preferences for customized household furniture. Journal of Forest Economics, 18（2）: 94-112.

Lim T K. 2010. Orthogonal Waller-Hartree spin, eigenfunctions. 12th International Conference on Motivation, 31（2）: 187-194.

Limbu Y B, Huhmann B A, Peterson R T. 2012. An examination of humor and endorser effects on consumers' responses to direct-to-consumer advertising: the moderating role of product involvement. International Journal of Pharmaceutical & Healthcare Marketing, 6（1）: 23-38.

Linder J, Cantrell S. 2000. Changing business models: suoeying the land sea Pe. The Accenture

Institute for Strategic Change.

Lindgadt Z, Reeves M, Stalk G. 2009. Business model innovation: when the game gets tough, change the game. The Boston Consulting Group, (9): 1-8.

Liu A, Lu S, Wei W. 2014. A new framework of ideation-oriented customer involvement. Procedia Cirp, (21): 521-526.

Liu J A. 2010. Conceptual model of consumer sophistication. Innovative Marketing, 6 (3): 72-77.

Liu Y. 2006. Word of mouth for movies: its dynamics an impact on box office revenue. Journal of Marketing, 70 (3): 74-89.

Liu Y, Li H, Xu X, et al. 2016. Modeling consumer switching behavior in social network games by exploring consumer cognitive dissonance and change experience. Industrial Management & Data Systems, 116 (4): 1-21.

Ludwig S, Ruyter D, Friedman M, et al. 2013. More than words: the influence of affective content and linguistic style matches in online reviews on conversion rates. Journal of Marketing, 77 (1): 87-103.

Magretta J. 2002. Why business models matter. Harvard Business Review, 80 (5): 86-92.

Mark G, Hogg G. 1999. Contemporary Services marketing management: a reader. International Journal of Service Industry Management, (4): 93-94.

Malhotra N K. 2010. Consumer cognitive complexity and the dimensionality of multidimensional scaling configurations. Review of Marketing Research, (7): 199-253.

Mary F D. 1990. Consumer intention to utilize electronic shopping: the Fishbein behavioral intention model. Journal of Interactive Marketing, 14 (4): 381-395.

Matthes J, Wonneberger A, Schmuck D. 2014. Consumers' green involvement and the persuasive effects of emotional versus functional ads. Journal of Business Research, 67 (9): 1885-1893.

Mccormick H, Livett C. 2012. Analysing the influence of the presentation of fashion garments on young consumers online behaviour. Journal of Fashion Marketing & Management, 16 (1): 21-41.

Mintzberg H. 1988. Mintzberg on Management: Inside Our Strange World of Organizations. New York: Free Press.

Miranda H, Lobos G, Sepulveda J, et al. 2015. Willingness to purchase functional foods according to their benefits. British Food Journal, 117 (5): 1453-1473.

Mitchell V. 1996. Understanding consumers behavior: can perceived risk theory help? Management Decision, 30 (3): 26-31.

Mittal B. 1989. Measuring purchase-decision involvement. Psychology & Marketing, 6 (2): 147-162.

Morris M, Shirokova G, Shatalov A. 2013. The business model and firm performance: the case of Russian food service ventures. Journal of Small Business Management, 51 (1): 46-65.

Morwitz V G, Schmittlein D. 1992. Using segmentation to improve sales forecasts based on purchase intent: which "intenders" actually buy? Journal of Marketing Research, 29 (4): 391-405.

Mudambi S M, Schuff D. 2010. What makes a helpful online review? A study of customer reviews on Amazon. com. MIS Quarterly, 1 (34): 185-200.

Nasermoadeli A, Ling K C, Maghnati F. 2013. Evaluating the impacts of customer experience on purchase intention. International Journal of Business & Management, 8 (6): 25-36.

Newman P J J. 2003. An investigation of consumer reactions to negative word-of-mouth on the internet. PhD. Dissertation of University of Illinois at Urbana-Champaign.

Niedrich R W, Subhash S, Douglas H W. 2001. Reference price perceptions: a comparison of alternative models. Journal of Consumer Research, (28): 339-354.

Novak T P, Hoffman D L, Yung Y F. 2000. Measuring the customer experience in online environments: a structural modeling approach. Marketing Science, 19 (1): 22-42.

Ogbeide O A, Bruwer J. 2013. Enduring involvement with wine: predictive model and measurement. Journal of Wine Research, 24 (3): 210-226.

Osterwalder A, Pigneur Y, Tucei C L. 2005. Clarifying business models: origins, present, and future of the concept. Communications of the Information Systems, 15: 1-43.

Osterwalder A, Pigneur Y, Oliveira M A Y, et al. 2011. Business model generation: a handbook for visionaries, game changers and challengers. African Journal of Business Management, (5): 7.

Park C S. 1989. The effect of situational factors on in-store grocery shopping behavior: the role of store environment and time available for shopping. Journal of Consumer Research, 15 (3): 422-433.

Park D H, Lee J. 2009. eWOM overload and its effect on consumer behavioral intention depending on consumer involvement. Electronic Commerce Research and Applications, 7 (4): 386-398.

Park D H, Lee J, Han I. 2007. The effect of online consumer reviews on consumer purchasing intention: the moderating role of involvement. International Journal of Electronic Commerce, 11 (4): 125-148.

Parment A. 2013. Generation Y vs. Baby boomers: shopping behavior, buyer involvement and implications for retailing. Journal of Retailing and Consumer Services, 20 (2): 189-199.

Porter M E. 1996. What is strategy? Harvard Business Review, 6: 61-78.

Porter M E, Kamer M R. 2006. Strategy and the society: the link between competitive advantage and corporate social responsibility. Harvard Business Review, 12: 1-15.

Racherla P, Mandviwalla M, Connolly J D. 2012. Factors affecting consumers' trust in online product reviews. Journal of Consumer Behaviour, 11 (2): 94-104.

Rahman I, Reynolds D. 2015. Wine: intrinsic attributes and consumers' drinking frequency, experience, and involvement. International Journal of Hospitality Management, (44): 1-11.

Rappa M. 2001-01-22. Managing the digital enterprise-business models on the web[EB/OL]. http://diqitalenter prise.org/models/modes.htm.

Resnick P, Zeckhauser R. 2002. Trust among strangers in internet transactions: empirical analysis of eBay's reputation system. Advances in Applied Microeconomics, 11 (2): 127-157.

Richins M L. 1983. Negative word-of-mouth by dissatisfied consumers: a pilot study. Journal of Marketing, 47 (1): 68-78.

Riegner C. 2007. Word of mouth on the web: the impact of web 2.0 on consumer purchase decisions. Journal of Advertising Research, 47 (4): 436-447.

Rodríguez-Santos M C, González-Fernández A M, Cervantes-Blanco M. 2013. An analysis of the construct "involvement" in consumer behaviour. Quality & Quantity, 47 (2): 1105-1123.

Rook D W, Hoch S. 1985. Consuming impulses. Advances in Consumer Research, 12 (1): 23-27.

Rothschild M L. 1984. Perspectives on involvement: current problems and future directions. Advances in Consumer Research, 11 (4): 216-217.

Sauer N E. 2005. Entwicklung und validierung einer skala zur messung von consumer sophistication. Marketing Zeitschrift Für Forschung Und Praxis, 27 (1): 55-70.

Sherif M, Cantril H. 1947. The psychology of ego-involvements: social attitudes and identifications. American Journal of Sociology, 11 (3): 121-132.

Sherif M, Hovland C I. 1961. Social Judgment: Assimilation and Contrast Effects in Communication and Attitude Change. New Haven: Yale University Press.

Singh J P. 1990. Voice, exit, and negative word-of-mouth behaviors: an investigation across three service categories. Journal of the Academy of Marketing Science, 18 (1): 1-15.

Skålén P, Gummerus J, Koskull J, et al. 2015. Exploring value propositions and service innovation: a service-dominant logic study. Journal of the Academy of Marketing Science, 43 (2): 137-158.

Slama M E, Tashchian A. 1985. Selected socioeconomic and demographic characteristics associated with purchasing involvement. Journal of Marketing, 49 (1): 72-82.

Sorescu A, Frambach R T, Singh J, et al. 2011. Innovations in retail business models. Journal of Retailing, (1): 3-16, 241-246.

Stauss B. 1997. Global word of mouth: service bashing on the Internet is a thorny issue. Marketing

Management, 6（3）: 28-30.

Stephen W L, Ronald E G, Bing P. 2007. Electronic word-of-mouth in hospitality and tourism management. Tourism Management, 29（3）: 458-468.

Subrahmanyan S. 2004. Effects of price premium and product type on the choice of cause-related brands: a Singapore perspective. The Journal of Product and Brand Management, 13（2/3）: 116-124.

Sun T, Youn S, Wu G H, et al. 2006. Online word-of-mouth（or mouse）: an exploration of its antecedents and consequences. Journal of Computer-Mediated Communication, 11（4）: 1104-1127.

Sundaram D S, Mitra K, Webster C. 1998. Word-of-mouth communications: a motivation alanalysis. Advanced in Consumer Research, （25）: 527-531.

Susan M, David S. 2010. What makes a helpful online review? A study of customer reviews on amazon.com. MIs Quarterly, 1（34）: 185-200.

Tapscott D, Ticoll D. 2000. Digital Capital: Harnessing the Power of Business Webs. Boston: Harvard Business School Press.

Tarkiainen A, Sundqvist S. 2009. Product involvement in organic food consumption: does ideology meet practice? Psychology & Marketing, 26（9）: 844-863.

Tax S S, Chanderashekaran M, Christiansen T. 1993. Word of mouth in consumer decision-making: an agenda for research. Journal of Customer Satisfaction, Dissatisfaction & Complaining Behavior, 6: 75-80.

Tax S S, Brown S W, Chandrashekaran M. 1998. Customer evaluations of service complaint experiences: implications for relationship marketing. Journal of Marketing, 62（4）: 60-76.

Te'Eniharari T, Hornik J. 2010. Factors influencing product involvement among young consumers. Journal of Consumer Marketing, 27（6）: 499-506.

Teece D J. 2010. Business models, business strategy and innovation. Long Range Planning, 43（2~3）: 172-194.

Thomas R L, Glenn L C, Eric D D. 2008. Trademarks, consumer psychology, and the sophisticated consumer. Emory Law Journal, （57）: 575-650.

Timmers P. 1998. Business models for electronic markets. Electronic Markets, 8（2）: 3-8.

Tong Y, Wang X, Teo H H. 2007. Understanding the intention of information contribution to online feedback systems from social exchange and motivation crowding perspectives. Proceeding of Hawaii International Conference on Systerm Sciences Hutton Waikolo Village Big Island.

Traylor M B. 1981. Product involvement and brand commitment. Journal of Advertising Research, 21（6）: 51-56.

Vaughn R. 1980. How advertising works: a planning model. Journal of Advertising Research, 20（5）: 27-33.

Vermeir I, Verbeke W. 2006. Sustainable food consumption: exploring the consumer "attitude-behavioral intention" gap. Journal of Agricultural and Environmental Ethics, 19（2）: 169-194.

Vilpponen A, Winter S, Sundgvist S. 2006. Electronic word-of-mouth in online environments: exploring referral network structure and adoption behavior. Journal of Interactive Advertising, 6（2）: 71-86.

Vitell S J, Muncy J. 1992. Consumer ethics: an empirical investigation of factors influencing ethical judgements of the find consumer. Journal of Business Ethics, 11（8）: 585-597.

Wang H W, Lin D J, Guo K G. 2013. Pricing strategy on B2C E-commerce from the perspective of mutual influence of price and online product reviews. International Journal of Advancements in Computing Technology, 5（5）: 916-924.

Warr P B, Coffman T L. 2011. Personality, involvement and extremity of judgement. British Journal of Social and Clinical Psychology, 9（2）: 108-121.

Weill P, Vitale M R. 2001. Place to Space. Boston: Harvard Business School Press.

Westbrook R A. 1987. Product consumption-based affective responses and post-purchase processes. Journal of Marketing Research, 24（3）: 258-270.

Wu B, Titus P, Newell S J, et al. 2011. Consumer sophistication: the development of a scale measuring a neglected concept. Marketing Management Journal, 21（1）: 16-30.

Xue F, Joseph E P. 2004. Internet-Facilitated consumer-to-consumer communication: the moderating role of receiver characteristics. International Journal of Internet Marketing and Advertising, 1（2）: 121-136.

Yi W, Sung J, Cho K. 2012. The effect of user experience factors of tablet devices on behavioral intention to purchase in the experience zone. Lecture Notes in Electrical Engineering, （182）: 25-36.

Zaichkowsky J L. 1985. Measuring the involvement construct. Journal of Consumer Research, 12（3）: 341-353.

Zeithaml V A. 1988. Consumer perceptions of price, quality and value: a means-end model and synthesis of evidence. Journal of Marketing, 52（3）: 2-22.

Zhang Z Q, Ye Q, Law R, et al. 2010. The impact of e-word-of-mouth on the online popularity of restaurants: a comparison of consumer reviews and editor reviews. International Journal of Hospitality Management, （29）: 694-700.

Zimmer M R, Golden L L. 1988. Impressions of retail stores: a content analysis of consumer images. Journal of Retailing, 64（3）: 265-293.

Zobel J, Dart P. 1996. Phonetic string matching: lessons from information retrieval. ACM, 14 （1）: 166-172.

Zott C, Amit R, Massa L. 2011. The business model: recent developments and future research. Journal of Management, 37（4）: 1019-1042.

附录1 消费者对实木家具购买意愿的初始调查问卷

尊敬的先生/女士：

您好！我们是东北林业大学的学生，为了解消费者对实木家具的购买意愿，我们特做此次调查研究。问卷采用匿名方式，结果仅供学术参考，无任何商业目的，您的真实观点和意见将对我们的研究具有重要价值。对您的支持与合作，我们表示衷心的感谢！

请根据个人的感受选择重要程度，并在所选的项目上打"√"。

一、个人基本信息

1. 您的性别：A.男　　B.女

2. 您的年龄：A.20 岁及以下　　B.21~30 岁　　C.31~40 岁 D.41~50 岁　　E.50 岁以上

3. 您的职业：A.政府人员（含事业人员）　　B.企业经理（含私营企业主）C.自由职业者　　D.学生　　E.专业技术人员（如教师、律师、医生、护士、工程师、建筑师、会计师等）　　F.公司职员　　G.离退休人员　　H.家庭主妇　I.其他

4. 您的受教育程度：A.高中/中专及以下　　B.大专　　C.本科　　D.硕士 E.博士及以上

5. 您家庭的人均每月可支配收入（包括税后的工资、奖金及其他一切额外收入在内）：A.2 000 元以下　　B.2 001~4 000 元　　C.4 001~6 000 元 D.6 001~8 000 元　　E.8 000 元以上

二、对实木家具的认知情况

若一套实木家具（床+床头柜+梳妆台+衣柜+书柜+沙发+茶几+餐桌）高于 15 万元为高档实木家具，7 万~15 万元为中档实木家具，7 万元以下为低档实木家具。

6. 您目前使用的家具属于?

A.高档实木家具　　B.中档实木家具　　C.低档实木家具　　D.板式家具

E.其他

7. 您将来打算购买何种家具？

A.高档实木家具　　　B.中档实木家具　　　C.低档实木家具　　　D.板式家具

E.其他

8. 您是否购买过实木家具？

A.是　　　B.否

三、消费者成熟度（请根据您的真实情况或感受选择和您情况的相符程度）

问卷题项	非常 不同意	比较 不同意	一般	比较 同意	非常 同意
我了解实木家具的材质特征	1	2	3	4	5
我认为不同品牌的实木家具是有区别的	1	2	3	4	5
我了解实木家具的价格情况	1	2	3	4	5
我购买实木家具的经历非常丰富	1	2	3	4	5
我在购买实木家具时知道怎样对其判断和挑选	1	2	3	4	5
他人在购买实木家具时愿意听取我的经验	1	2	3	4	5
我愿意主动搜集与实木家具相关的信息	1	2	3	4	5
我能够准确判断关于实木家具的信息	1	2	3	4	5
我能将关于实木家具的信息与自身需求很好地匹配	1	2	3	4	5
我平时会积累与购买实木家具相关的信息	1	2	3	4	5
在购买实木家具方面，我自认为是理性的消费者	1	2	3	4	5
我自认为很擅长购买实木家具	1	2	3	4	5
我自己就能确定要买什么样的实木家具	1	2	3	4	5
我自己就能完成对实木家具的购买	1	2	3	4	5

四、消费者涉入度（请根据您的真实情况或感受选择和您情况的相符程度）

问卷题项	非常 不同意	比较 不同意	一般	比较 同意	非常 同意
我对购买实木家具很感兴趣	1	2	3	4	5
我认为实木家具对我来说很有吸引力	1	2	3	4	5
购买、使用实木家具对我而言很有价值	1	2	3	4	5
实木家具的广告信息能使我对其进一步了解	1	2	3	4	5
我更愿意在有促销活动时购买实木家具	1	2	3	4	5
销售员的推荐能促使我做出购买决策	1	2	3	4	5
家具卖场的设计和展示能促使我产生购买意愿	1	2	3	4	5
一个人使用中高档实木家具，能体现他的生活档次	1	2	3	4	5
一个人使用中高档实木家具，能体现他的社会地位	1	2	3	4	5
一个人使用中高档实木家具，能体现他的个性/品位	1	2	3	4	5
我清楚什么样的消费者使用什么样的实木家具	1	2	3	4	5
我需要购买实木家具	1	2	3	4	5
购买实木家具对我而言是一个重要的采购决定	1	2	3	4	5
购买实木家具对我来说很有意义	1	2	3	4	5
购买实木家具是一件愉悦的事情	1	2	3	4	5

五、对实木家具的购买意愿调查（请根据您的真实情况或感受选择和您情况的相符程度）

问卷题项	非常 不愿意	比较 不愿意	一般	比较 愿意	非常 愿意
我购买实木家具的可能性很高	1	2	3	4	5
我会向亲友推荐购买中高档实木家具	1	2	3	4	5
如果经济条件允许，我会选择购买中高档实木家具	1	2	3	4	5
总的来说我很愿意购买实木家具	1	2	3	4	5

附录2 成熟度及涉入度一阶量表模型输出结果

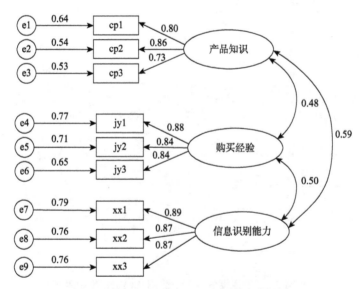

附图 2-1 成熟度分量表一阶测量模型输出结果

附表2-1 成熟度分量表的模型拟合指标分析

拟合指数	参数估计
χ^2	39.438
df	24
χ^2/df	1.643
RMR	0.016
RMSEA	0.038
GFI	0.981
AGFI	0.964
NFI	0.984
RFI	0.976

续表

拟合指数	参数估计
IFI	0.976
TLI（NNFI）	0.991
CFI	0.994
PGFI	0.523
PNFI	0.656
PCFI	0.662

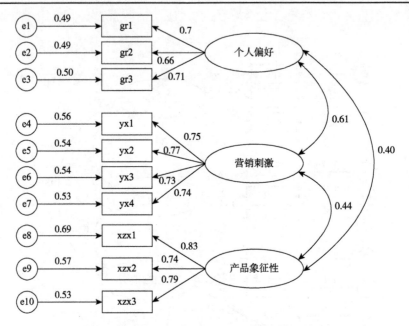

附图 2-2　涉入度分量表一阶测量模型输出结果

附表2-2　涉入度分量表的模型拟合指标分析

拟合指数	参数估计
χ^2	36.524
df	32
χ^2/df	1.141
RMR	0.011
RMSEA	0.018
GFI	0.984
AGFI	0.972
NFI	0.978
RFI	0.969
IFI	0.997
TLI（NNFI）	0.996

续表

拟合指数	参数估计
CFI	0.997
PGFI	0.572
PNFI	0.695
PCFI	0.709

附录3 消费者对实木家具购买意愿的正式调查问卷

尊敬的先生/女士：

您好！我们是东北林业大学的学生，为了解消费者对实木家具的购买意愿，我们特做此次调查研究。问卷采用匿名方式，结果仅供学术参考，无任何商业目的，您的真实观点和意见将对我们的研究具有重要价值。对您的支持与合作，我们表示衷心的感谢！

请根据个人的感受选择重要程度，并在所选的项目上打"√"。

一、个人基本信息

1. 您的性别：A.男　　B.女

2. 您的年龄：A.20岁及以下　　B.21~30岁　　C.31~40岁　　D.41~50岁 E.50岁以上

3. 您的职业：A.政府人员（含事业人员）　　B.企业经理（含私营企业主）　　C.自由职业者　　D.学生　　E.专业技术人员（如教师、律师、医生、护士、工程师、建筑师、会计师等）　　F.公司职员　　G.离退休人员　　H.家庭主妇　　I.其他

4. 您的受教育程度：

A.高中/中专及以下　　B.大专　　C.本科　　D.硕士　　E.博士及以上

5. 您家庭的人均每月可支配收入（包括税后的工资、奖金及其他一切额外收入在内）：A.2 000元以下　　B.2 001~4 000元　　C.4 001~6 000元 D.6 001~8 000元　　E.8 000元以上

二、对实木家具的认知情况

若一套实木家具（床+床头柜+梳妆台+衣柜+书柜+沙发+茶几+餐桌）高于15万元为高档实木家具，7万~15万元为中档实木家具，7万元以下为低档实木家具。

6. 您目前使用的家具属于?

A.高档实木家具　　B.中档实木家具　　C.低档实木家具　　D.板式家具

E.其他

7. 您将来打算购买何种家具?

A.高档实木家具　　　B.中档实木家具　　　C.低档实木家具　　　D.板式家具

E.其他

8. 您是否购买过实木家具?

A.是　　B.否

三、消费者成熟度（请根据您的真实情况或感受选择和您情况的相符程度）

问卷题项	非常 不同意	比较 不同意	一般	比较 同意	非常 同意
我了解实木家具的材质特征	1	2	3	4	5
我认为不同品牌的实木家具是有区别的	1	2	3	4	5
我了解实木家具的价格情况	1	2	3	4	5
我购买实木家具的经历非常丰富	1	2	3	4	5
我在购买实木家具时知道怎样对其判断和挑选	1	2	3	4	5
他人在购买实木家具时愿意听取我的经验	1	2	3	4	5
我愿意主动搜集与实木家具相关的信息	1	2	3	4	5
我能够准确判断关于实木家具的信息	1	2	3	4	5
我能将关于实木家具的信息与自身需求很好地匹配	1	2	3	4	5
在购买实木家具方面，我自认为是理性的消费者	1	2	3	4	5
我自认为很擅长购买实木家具	1	2	3	4	5
我自己就能确定要买什么样的实木家具	1	2	3	4	5
我自己就能完成对实木家具的购买	1	2	3	4	5

四、消费者涉入度（请根据您的真实情况或感受选择和您情况的相符程度）

问卷题项	非常 不同意	比较 不同意	一般	比较 同意	非常 同意
我对购买实木家具很感兴趣	1	2	3	4	5
我认为实木家具对我来说很有吸引力	1	2	3	4	5
购买、使用实木家具对我而言很有价值	1	2	3	4	5
实木家具的广告信息能使我对其进一步了解	1	2	3	4	5
我更愿意在有促销活动时购买实木家具	1	2	3	4	5
销售员的推荐能促使我做出购买决策	1	2	3	4	5
家具卖场的设计和展示能促使我产生购买意愿	1	2	3	4	5
一个人使用中高档实木家具，能体现他的生活档次	1	2	3	4	5
一个人使用中高档实木家具，能体现他的社会地位	1	2	3	4	5
一个人使用中高档实木家具，能体现他的个性/品位	1	2	3	4	5
我需要购买实木家具	1	2	3	4	5
购买实木家具对我而言是一个重要的采购决定	1	2	3	4	5
购买实木家具对我来说很有意义	1	2	3	4	5
购买实木家具是一件愉悦的事情	1	2	3	4	5

五、对实木家具的购买意愿调查（请根据您的真实情况或感受选择和您情况

的相符程度）

问卷题项	非常不愿意	比较不愿意	一般	比较愿意	非常愿意
我购买实木家具的可能性很高	1	2	3	4	5
我会向亲友推荐购买中高档实木家具	1	2	3	4	5
如果经济条件允许，我会选择购买中高档实木家具	1	2	3	4	5
总的来说我很愿意购买实木家具	1	2	3	4	5

附录4 居民在实体店购买家具行为
调查问卷

尊敬的女士/先生：

您好！我是东北林业大学的学生，为了解公众对购买家具的消费行为特点，我们特做此次调查研究。您的真实观点和意见将对我们的研究具有重要的价值。衷心感谢您的合作与支持！

此问卷若无特别标注均为单选选择，请您在相应的选项上画"√"。

1. 您的性别？

A.男　　　B.女

2. 您的年龄？

A.20 岁以下　　　B.20~30 岁　　　C.30~40 岁　　　D.40~50 岁　　　E.50 岁以上

3. 您的文化程度？

A.初中　　　B.高中　　　C.大专　　　D.本科　　　E.硕士　　　F.博士

4. 您的职业？

A.公务员　　　B.企业职员　　　C.自由职业者　　　D.农民　　　E.学生　　　F. 个体经营者　　　G.退休人员　　　H.其他

5. 您家庭的人均月收入是多少？

A.1 500 元以下　　　B.1 500~3 000 元　　　C.3 000~5 000 元　　　D.5 000~8 000 元　　　E.8 000 元以上

6. 您是否听说或接触过网上销售家具，或在各大城市设体验馆供消费者验看家具的新型销售模式？

A.是　　　B.否

7. 面对体验馆体验家具，网上购买家具的价格优势，以及区别于传统的网上销售模式，让顾客直观体验商品，您是否愿意去体验馆体验商品？

A.是　　　B.否

8. 若家具卖场或体验馆设区间定点往返接送车，提供便利条件，您会乘坐接送车去该商场购物吗？

A.是　　B.否

9. 购买家具前，您主要通过什么途径了解其材质、品质信息？（多选）

A.互联网　　B.电视广告　　C.报纸杂志　　D.熟人介绍　　E.家具店宣传单
F.店员介绍

10. 请选择三个影响您最后的购买决定的最重要因素？（按照重要程度在所选的三个里面打分，3~1分，3分：十分重要　2分：一般重要　1分：不太重要）

A.质量　　B.价格　　C.环保性　　D.样式　　E.品牌

11. 家具以旧换新的活动，您期待吗？

A.是　　B.否

12. 使用某家具满意，当再次有购买需要时还会选择该品牌家具吗？

A.会　　B.不会

附录5 居民在网上购买家具行为调查问卷

尊敬的女士/先生：

您好！我是东北林业大学的学生，为了解公众对购买家具的消费行为特点，我们特做此次调查研究。您的真实观点和意见将对我们的研究具有重要的价值。衷心感谢您的合作与支持！

此问卷若无特别标注均为单选选择，请您在相应的选项上画"√"。

1. 您的性别？

A.男　　B.女

2. 您的年龄？

A.20岁以下　　B.20~30岁　　C.30~40岁　　D.40~50岁　　E.50岁以上

3. 您的文化程度？

A.初中　　B.高中　　C.大专　　D.本科　　E.硕士　　F.博士

4. 您的职业？

A.公务员　　B.企业职员　　C.自由职业者　　D.农民　　E.学生
F.个体经营者　　G.退休人员　　H.其他

5. 您家庭的人均月收入是多少？

A.1 500元以下　　B.1 500~3 000元　　C.3 000~5 000元　　D.5 000~8 000元
E.8 000元以上

6. 您是否在网上购买过家具用品？

A.否　　B.是

7. 您有多久的网上购物经历？

A.0年　　B.0~3年　　C.3~6年　　D.6~10年　　E.10年以上

8. 对于您的网上购物经历，总体上您是否感到满意？

A.非常满意　　B.较满意　　C.一般　　D.较不满意　　E.非常不满意

9. 购买1 000元以上商品时，您更信赖哪类网站？

A.淘宝网等（综合平台）　　　　B.京东、唯品会、美乐乐等（自主经营）
C.凡客等（自产自销）

10. 若购买实木等贵重家具时，什么价位以上的单件产品您会在品牌店或家具商场购买？

A.1 000 元以上　　　B. 2 500 元以上　　　C.5 000 元以上　　　D.10 000 元以上

11. 目前有一些商家除了网上经营产品，还在各大城市开设体验馆，方便顾客实地查看商品，满足消费者对价格和质量的双重要求，您是否听说或接触过该种模式？

A.是　　　B.否

12. 您愿意尝试线上下单线下体验购物模式（O2O 电子商务模式）吗？

A.愿意　　　B.不愿意

13. 相比实体店购买，网上购买家具您主要担心哪个方面？

A.担心实物质量与网上介绍不符　　　B.担心仿冒品牌，以次充好

C.担心售后得不到保障　　　　　　D.担心物流时间长且不能送货到家

13.1 您认为网上购买家具产品品牌及质量很让您担忧，_____。

A.非常不同意　　　B.不同意　　　C.说不准　　　D.同意　　　E.非常同意

13.2 您认为网上购买家具产品物流服务很让您担忧，_____。

A.非常不同意　　B.不同意　　C.说不准　　D.同意　　E.非常同意

14. 使用某家具满意，当再次有购买需要时还会选择该品牌的家具吗？

A.会　　　B.不会

15. 您多次在互联网上购买过家具产品，_____。

A.非常不同意　　　B.不同意　　　C.说不准　　　D.同意　　　E.非常同意

16. 您很在乎其他购买者的评价情况，_____。

A.非常不同意　　　B.不同意　　　C.说不准　　　D.同意　　　E.非常同意

17. 您很在乎网店店铺评分情况，_____。

A.非常不同意　　　B.不同意　　　C.说不准　　　D.同意　　　E.非常同意

18. 您很在乎网店店铺等级，_____。

A.非常不同意　　　B.不同意　　　C.说不准　　　D.同意　　　E.非常同意

19. 您对发货时效要求很高，_____。

A.非常不同意　　　B.不同意　　　C.说不准　　　D.同意　　　E.非常同意

20. 您对送货时效要求很高，_____。

A.非常不同意　　　B.不同意　　　C.说不准　　　D.同意　　　E.非常同意

21. 您对曾经在网络上购买的家具用品很满意，_____。

A.非常不同意　　　B.不同意　　　C.说不准　　　D.同意　　　E.非常同意

附录6 淘宝网基本情况

1. 淘宝网的基本情况

淘宝网不仅是中国网民深爱的互联网零售电商平台，同时也是亚太区域比较大型的网络零售电商。截至2016年底，淘宝网的会员注册人数到8.5亿人，日均固定访问量突破了8000万人，平均每日的产品销售量则达到9亿件。随着淘宝网注册会员数的增加与平台规模的扩张，淘宝网从起初唯一的 C2C 电商模式发展成了现在多种电子商务模式相结合的综合性网络零售商业圈，具体电子商务模式还包括淘宝拍卖、网络分销和宝贝团购等形式。现今的淘宝网已经在全球的电子商务交易型平台中占有一席之地。

同时，伴随着以淘宝网为依托的网络信用体系（即支付宝交易平台）的形成和社会型物流模式的成型，人们的网络支付方式和网购产品物流变得更加的快捷和方便，进而促使淘宝成为电子商务大军中的"领先人物"。因此，将淘宝网设为本书的研究对象，具有较高的研究价值与研究意义。

淘宝网的每一个在线店铺均有自己的特色，具体包括各自的产品或服务、销售服务体系、网页装修格局等。在具体的商品显示界面，也包含着具体商品的基本情况信息、商家信誉等级、淘宝店铺"DSR"打分（即服务态度、发货态度和描述相符）、销售记录和消费者的具体评论等。而其网购流程可划分为 5 个阶段，分别为查看并选定商品、确认订单、支付款项到支付宝、收货确认、进行产品打分并评价。该流程步骤的操作界面都比较简单明了，且包含每步的操作提醒和所需的相应信息，用户操作比较便利。

2. 淘宝网的评价体系

当消费者确认收货后，在所购商品的订单中，其交易状态将会由"确认收货"变更为"交易成功"，而在此之后的 15 天内，该商品的交易评价体系将会向消费者开放，消费者可对这笔交易进行具体在线评论（既包括总体的购买经历打分、店铺的"DSR"打分，也包括具体产品的文字描述或者实图展示）。

淘宝网主要采取的评价规则是五级打分制，消费者在确认收货后可对此次网购从产品自身、店铺服务水平、店家发货速度与物流速度这四个指标进行具体打分。具体分值从最高的 5 分逐级降低到 1 分，代表相应评价指标的情感态度从非常满意到非常不满意的逐级递减。

　　除了以上的五级打分外，消费者还可进行整体购买经历的三级打分（即对此次网购整体过程打好评、中评或者差评）和自己所感兴趣的文字评论。同时，消费者也可通过上传实物图的形式来对自己的文字评论进行替代或者验证。例如，消费者对产品某"实木床"的评价及其统计如下："质量很好（646），服务不错（479），很便宜（292），物流快（251），物流服务好（13），邮费便宜（6），质量一般（53），物流服务差（12），邮费贵（5）"。

　　消费者和卖家作为交易的双方，也有各自的信用等级，均是由起初的一颗红星分别上升至红色皇冠和金色皇冠，其上升依据也是根据对方所给的评论形成的——只有对方给出好评时才会积累，反之不减。消费者信用等级具体如附图6-1 所示。值得注意的是交易双方可对首次做出的评论进行删除或者修改，但须是评论撰写后的 30 天之内，而且删除或修改的范围只限于中差评。同时，对中评和差评只可进行一次修改，且只可变更成好评或者删除。评论的修改或者删除需要联系评论方，只能由评论方做出。

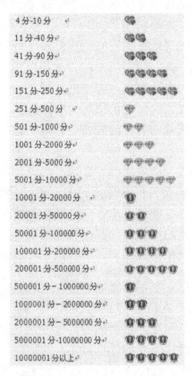

附图 6-1　淘宝消费者信誉等级

资料来源：http://www.kaitao.cn/kaidianzhidao/20110525141327.htm

附录7　老A卖家工具箱

　　老A卖家工具箱是由老A电商学院开发所得。老A电商学院隶属于上海元轼信息咨询有限公司，它是目前国内比较完整和正规的淘宝培训机构之一。该机构的服务宗旨是对电子商务领域中的企业或者个体提供一系列的具体服务项目和人脉社交平台，其服务项目包括全岗位网络培训、电商人才推荐、跨区域电商服务、专业电商软件、优质网售货源和电商事故诊断等，现在已成为业内比较公认的金牌电商培训机构。老A电商作为中国排名前列的网络云顾客服务平台，不仅拥有行业内最为强大和专业的教师队伍，还配置了专业的课程研发机制和第一手的电商资讯，形成了具有较高针对性的培训机制和课程体制。截止到2014年底，老A电商学院拥有正式会员约80 000人，其范围遍布全国。

　　"老A"卖家工具箱为老A电商学院投资3 000万元开发的第三方软件平台，它被称为至今最为强大的电子商务运营工具箱。该工具以常见的网络平台为框架，类似于一种软件管家，具体提供14款电商应用，包括老A市场分析精灵、老A排名精灵、老A多功能查询精灵等，具体如附图7-1所示。其中的老A市场分析精灵是本书所用的淘宝数据挖掘工具，通过该工具我们可以查询到每一件商品的排名、商品名称、旺旺+主图、上架天数、30天成交件数、好评率、描述分、服务分等信息，具体如附图7-2所示。

附图7-1　老A卖家工具箱操作界面

附图 7-2　老 A 市场分析精灵 ver2.94 操作界面

附录 8 数据收集样本

附表8-1 数据收集样本

销量排名	产品名	店铺名
1	实木床双人床 1.8 米大床松木床儿童床 1.5 米单人床 1.2 松木家具	林氏木业旗舰店
2	德家家具欧式床双人床 1.8 实木床韩式床高箱床公主床田园床	德家旗舰店
3	实木衣柜松木家具二门三门四门五门带轴储物衣橱正品高品质 G82	杨晓娜 yxn1
4	松木实木书架双人床 1.8 米气压高箱体 1.2 单人 1.5 田园成人婚床家具	衣见钟倩
5	松木实木双人床 1.8 米中式田园 1.2 单人 1.5 高箱体储物家具成人婚床	衣见钟倩
6	欧式家具双人床田园实木床皮床橡木床 1.8 米 2 米结婚床法式床	皇朝购物店
7	全实木橡木沙发床中式小户型多功能折叠两用沙发客厅组合婚房家具	衣见钟倩
8	欧式床法式床实木双人床欧式家具真皮靠背 1.8 米美式田园奢华	wqh276826397
9	欧式家具实木床公主床 1.8 米双人床法式真皮床气动高箱储物床婚床	皇朝凯撒购物店
10	高档全实木床 1.5 米 1.8 米橡木床双人简约中式家具高箱储物婚床	xiejin891108
11	罗布诗家具欧式床双人床法式床 1.8 米实木床高箱床田园公主床类	罗布诗旗舰店
12	木桐居家具韩式田园床大床公主床婚床 1.5 米高箱实木床 1.8 米双人床	木桐居旗舰店
13	赢天下实木床公主床 1.8 米双人床客厅组合婚房家具法式真皮床	赢天下家居专营店
14	德家家具欧式床双人床 1.8 米实木床公主床木床高箱床法式床	德家旗舰店
15	大衣柜加高带顶柜四五六平开门宜家板式组装简易家具实木质衣柜	佛山家具营销中心
16	平开门实木质大衣柜加高顶柜六门宜家整体组装简易板式家具衣橱	我是男生 1028
17	地中海家具床美式田园乡村公主实木床欧式婚床双人床 1.5 米 1.8 米	可馨 e 站
18	大衣柜加高带顶柜 456 平开门宜家整体板式家具组合组装实木质衣柜	板式家具领导者
19	实木双人水曲柳床 1.5 米气压体储物 1.2 米中式单人 1.8 米成人婚床家具	衣见钟倩
20	0 元分期购欧式床法式家具床实木双人床田园公主床高箱储物真皮床	佰纳高旗舰店
21	盛唐古韵现代中式实木床 1.8 1.5 米简约全实木床双人大床家具 A303	盛唐古韵旗舰店
22	宜家全实木松木书架床类 1.2 儿童单人 1.5 米双人 1.8 高箱体储物家具	我的右手边是你 hui
23	顾宜家具简约时尚家居钢化玻璃餐桌实木大理石餐桌椅组合 701	喜乐乐家具网
24	餐桌实木餐桌椅组合简约现代餐台长方形西餐桌家具方桌饭桌	温雅坊家居商城
25	特价榆木床实木 1.8 米成人中式双人床气压高箱体储物 1.5 家具婚床	衣见钟倩
26	槿芙卧室家具欧式床双人床法式橡木实木床真皮田园公主床 1.8 米	槿芙旗舰店
27	淘宝家装节榆木床实木床 1.8 米成人中式双人床高箱储物 1.5 家具婚床	衣见钟倩
28	包邮实木床双人床 1.8 米大床松木床儿童床 1.5 米单人床 1.2 松木家具	涵露家居

销量排名	产品名	店铺名
29	厂家直销简约特价床头柜宜家新款时尚实木颗粒板卧室家具可定做	聚美家居店
30	日默瓦床实木床橡木床双人床简约现代中式床 1.8 米特价家具	公元 2047 年
31	木桐居现代中式实木床 1.8 1.5 米双人床中式高箱储物实木大床家具	木桐居旗舰店
32	日默瓦床实木床橡木床双人床现代中式床 1.8 米高箱家具特价	日默瓦旗舰店
33	餐桌椅组合全纯实木橡木餐桌长方形饭桌子组装椅木质家具餐台	minghuoliang
34	包邮实木 1.8 松木 1.2 双人 1.5 单人 1 米儿童现代成人家具田园白色大床	karliu888
35	日翔家具全实木床 1.8 橡木床 1.5 双人床胡桃色床简约现代高箱床	日翔旗舰店
36	蓝优家具田园床实木床公主床双人床欧式床婚床韩式床	蓝优家居旗舰店
37	实木床 1.8 婚床双人床 1.5 米橡木床高箱储物床简约现代家具特价	全嘉友家私
38	茶桌实木仿古中式家具功夫茶桌南榆木将军茶台桌茶艺桌特价	黑马奔奔家具
39	特价全实木床简约现代家具榉木床单人床双人床气压箱体床中式婚床	voekoe
40	实木儿童床实木床双人床松木床松木家具单人床 1.2 米 1.8 米大床特价	ly919188
41	德家家具欧式床双人床法式实木床田园床公主床高箱储物婚床	beierds
42	宜家板式家具儿童推拉门衣柜实木质组装移门衣橱两门定制大衣柜	永得利家居
43	全实木床 1.5 1.8 松木家具双人成人单人床 1.2 米田园公主大床类特价	香世源家居旗舰店
44	包邮韩式床头柜田园家具柜子实木收纳柜藤编储物抽屉收纳柜	宜居生活 882
45	南榆木茶桌实木仿古中式家具明清古典餐桌将军茶桌椅组合泡茶几台	默默向上游 2016
46	茶桌实木中式仿古家具榆木茶桌茶台茶几功夫茶桌椅组合特价	红福家具 88
47	健吉斯家具欧式床双人床真皮法式床田园公主床婚床橡木实木床	健吉斯旗舰店
48	全实木床 1.8 双人床 1.5 松木床 1 米小孩床 1.2 米儿童床单人床松木家具	怡可馨家私
49	五包到家欧式家具欧式床实木床双人床 1.8/1.5 米公主床田园床	韩优佳家居旗舰店
50	上点家具韩式床田园床公主床实木床白色双人高箱床欧式床	上点旗舰店
51	高档奢华欧式家具成人橡木床单人实木床 1.5 双人床 1.8 米高箱储物床	舒亚轩家居馆
52	韩式家具欧式床双人床 1.8 米实木床简易床法式床皮艺床软靠床	美城家具 888
53	皇朝家具欧式床双人床 1.8 米欧式家具真皮床实木床婚床特价	公益家族
54	宜家简约田园五斗柜实木五斗橱八斗柜多功能储物柜子特价实木家具	美佳乐实木环保家具
55	上点家具欧式床法式床欧式实木床田园床 1.8 米公主双人床高箱婚床	上点旗舰店
56	柏木居松木家具现代田园实木床单双人 1.8/1.5/1.2 米书架床高箱床	柏木居旗舰店
57	DOJUS 纯实木床 1.8 米双人床简约现代中式婚床橡木床卧室家具 6A08	dojus 旗舰店
58	欧式家具法式床橡木床实木床公主床双人床婚床 1.8 米带高箱储物	第 10 印象
59	宜家板式家具儿童推拉门衣柜实木质组装移门衣橱两门定制大衣柜	鑫颖家居
60	木澜之春家具田园床实木床欧式床公主儿童床韩式床双人床高箱床	木澜之春旗舰店
61	茶桌实木仿古榆木中式明清家具功夫餐桌茶桌椅组合泡茶几茶台特价	仿古特价
62	永旭家具新款欧式茶几实木古典客厅茶几电视柜大理石茶几组合 210	永旭旗舰店
63	德家家具地中海床欧式床双人床田园床实木美式乡村床婚床 809	德家旗舰店
64	鸿腾明清仿古家具花瓶将军台功夫茶桌实木中式榆木茶桌椅组合 C 款	嵊州大大爱

续表

销量排名	产品名	店铺名
65	加厚油漆茶桌茶台茶几实木仿古中式榆木家具餐桌功夫茶桌椅组合	嵊州小小资
66	松木床实木床地中海床现代简约家具 1.2 1.5 1.8 米高箱床双人床	尚美林家居旗舰店
67	欧式家具欧式床法式床田园实木床 1.8 米双人公主床婚床高箱床	vip 王朝
68	包邮韩式床头柜田园家具柜子实木收纳柜藤编储物抽屉收纳柜宜家	淘淘不绝_雷
69	全实木美式乡村餐桌地中海小户型餐桌椅组合特价饭桌促销家具包邮	山东祥和木业
70	简迪实木衣柜四门衣柜组合木质大衣橱现代简约中式家具五门衣柜	简迪旗舰店
71	实木家具卧室儿童内衣收纳柜高低抽屉组合柜子储物柜斗柜包邮	山东日佳木业
72	实木长方形大理石餐桌椅组合黑白色烤漆时尚现代简约家具 1 桌 4 椅	满天星空流星雨
73	新款茶桌椅组合实木仿古中式家具榆木功夫茶桌台战国将军台	杭丰古艺
74	拉菲曼尼家具欧式双人床 1.5 米 1.8 米法式橡木实木床真皮田园公主床	拉菲曼尼旗舰店
75	欧式家具欧式床婚床双人床实木床 1.8 米皮床韩式田园床公主床法式床	乖小孩 19920120
76	特价简约实木床单人床双人床 1.2 米 1.5 米 1.8 米松木床儿童可定制家具	帝壹家具城
77	纯实木美式乡村全实木地中海餐桌椅组合时尚简约餐桌特价家具组合	tb2584568_2011
78	SAY 家具欧式床卧室储物床双人公主橡木真皮实木婚床法式床	say 旗舰店
79	龙森榆木床现代中式实木床 1.5 米 1.8 米高箱储物双人床卧室家具	龙森家具专营店
80	茶桌实木中式仿古家具榆木茶桌茶台茶几功夫茶桌椅组合特价	红福家具 88
81	新款茶桌椅组合实木仿古中式家具榆木功夫茶桌茶台战国将军台	teresa 小壁虎
82	床头柜简约实木田园家具收纳床边柜宜家斗柜白色电话柜特价包邮	欧韩生活馆
83	圣卡纳家具欧式床田园床实木床韩式床双人床公主床高箱床	圣卡纳旗舰店
84	特价茶台茶几榆木功夫茶桌椅组合仿古茶桌实木仿古家具餐桌泡茶桌	wjy77133
85	包邮实木床 1.8 米现代中式榉木床双人床 1.5 米婚床住宅家具	voekoe
86	和购家具韩式田园床欧式床公主床 1.5 米高箱床双人床 1.8 米实木床 06	和购旗舰店
87	实木床 1.8 床全实木 1.5 双人床简约现代橡木床家具特价包邮	tb_0141769
88	永旭家具品牌欧式餐桌描金餐台圆桌实木天然大理石餐桌椅组合	永旭旗舰店
89	地中海两门三门衣柜实木质美式乡村田园衣柜蓝色家具儿童组装衣橱	金餐组合
90	茶桌实木仿古功夫茶桌中式餐桌明清古典茶桌椅组合家具榆木特价	陈小明二号
91	欧美圣木纯实木床 1.8 米橡木家具床双人床现代中式高箱储物床婚床	欧美圣木旗舰店
92	特价全实木橡木沙发床中式多功能折叠两用木架沙发客厅组合家具	hysla
93	钢化玻璃餐桌大理石餐桌椅组合现代简约饭桌实木烤漆家具热款餐桌	美色香居
94	特价欧式家具欧式床双人床 1.8 米实木床 1.5 米公主床法式床真皮床	优品金太阳
95	仿古家具实木中式客厅组合床头沙发皇宫椅沙发 5 件套特价销售	鸿木阁
96	玉环天晨家具欧式床双人床法式真皮床 1.8 米实木床田园公主床	小果果 20038
97	巴比森品牌地中海床家具美式乡村床 1.8 米实木床 1.5 米田园床儿童床	巴比森旗舰店
98	地中海风格床美式家具田园床欧式实木床类儿童床双人韩式 1.5 米 1.8 米	怡室艺家
99	欧式书桌电脑桌新古典办公桌子实木简约写字台老板桌椅组合家具	龙翔贸易 668
100	茶桌椅组合实木仿古中式明清家具南榆木茶艺桌茶台功夫茶桌特价	kindle998293

后　记

　　随着我国经济的快速发展和人民生活水平的不断提升，消费者越来越追求高品质的生活，环保意识也逐渐增强，在购买家具的过程中，对健康、环保、高档实木家具的认知程度不断提高，并且这种认知会根据消费者对产品的了解程度和实际感受以及外在的环境因素而发生变化，因此企业要想在当今激烈的市场竞争中占据有利地位，不仅要增强产品设计能力和提升产品质量，还要关注消费者认知，充分把握消费者的实际需求、心理特点和行为特征。从消费者成熟度以及涉入度的角度研究消费者的认知对购买意愿的影响，进而洞察出消费者的真实需求，这对有效细分市场、实施差异化的战略具有重要的意义。另外根据以往的调查数据可知，消费者购买中高端实木家具的消费模式也出现了多样化的趋势，已经突破传统的实体店单一消费模式，这主要归功于我国电子商务的出现和发展，使网络购物逐渐成为一种大众化的消费方式。因为网络购物具有便捷性，商品价格也比实体店低，因此企业的市场竞争在很大程度上也取决于商业模式的竞争。家具行业市场的商业模式是一个系统而复杂的工程，它在市场环境下运行，涉及整个企业运行的各个环节，对消费者的购买行为也有很大影响。电子商业模式的不断发展，不仅在购买方式上给消费者提供了新选择，而且家具企业所采用的电子商业模式在很大程度上影响着企业的未来发展。而鉴于电子商务平台购物的虚拟性，在线评论作为一种包含购买者态度和观点的信息得到了前所未有的关注和重视。在线评论不仅是潜在消费者了解商品的重要媒介，还是消费者做出购买决策的得力帮手，也在一定程度上影响着企业的产品销量。因此本书分为三个篇幅，在上述背景下展开对家具消费者购买意愿及行为的研究，得出以下主要研究结论。

　　本书的第一篇基于消费者认知视角，从消费者成熟度和消费者涉入度两方面来研究消费者对实木家具的购买意愿，通过梳理相关文献，构建了消费者成熟度和消费者涉入度对实木家具购买意愿的影响模型。本书采用问卷调查的方式搜集数据，运用 SPSS 20.0 软件对收集到的数据进行信度分析、描述性统计分析和关联性分析，运用 AMOS 21.0 软件对数据进行效度分析并建立结构方程模型，最后，运用 Bootstrap 方法检验理性消费成熟度和产品涉入度的部分中介效应。从消费者成熟度对购买意愿的影响中得出实木家具消费者的产品知识、购买经验和理性消费成熟度对购买意愿有正向影响，其中，产品知识对购买意愿的影响最大，理性消费成熟度对购买意愿的影响次之，购买经验对购买意愿的影响最小。但实木家具消费者的信息识别能力对购买意愿没有影响，该篇认为消费者的信息识别能力是消费者处理产品信息的固有能力，与购买意愿的关系不大。另外研究消费者成熟因素个性特征的部分中介作用，发现实木家具消费者的产品知识、购买经验和信息识别能力均对理性消费成熟度有正向影响，理性消费成熟度在产品知识和购买意愿之间、购买经验与购买意愿、信息识别能力与购买意愿之间起部分中介作用。从消费者涉入度对购买意愿的影响研究中得出实木家具消费者的个人偏好、产品象征性、营销刺激和产品涉入度均对购买意愿有正向影响。营销刺激对购买意愿的影响最大，产品涉入度对购买意愿的影响次之，产品象征性对购买意愿的影响最小。而研究消费者涉入度因素中产品涉入度的部分中介作用中，消费者关于实木家具的个人偏好、产品象征性和营销刺激均对产品涉入度有正向影响，产品涉入度在个人兴趣和购买意愿、产品象征性和购买意愿、营销刺激和购买意愿之间起部分中介作用。通过以上的研究，该篇得出了消费者成熟度和涉入度对购买意愿具有影响，因此提高消费者的成熟度和涉入度能够增加购买意愿，促进购买行为，有利于实现企业的营销策略。该篇最后分别从改善实木家具市场环境、提升消费者成熟度、提升消费者涉入度这三个方面来提出具体的对策建议：在改善实木家具市场环境的对策中，认为政府应完善关于实木家具的政策法规和加强对实木家具市场的监管力度。在通过提升消费者成熟度来提高购买意愿的建议中，企业应加强对产品知识管理、提高服务水平、引导消费者准确识别信息并基于消费者成熟度来强化市场细分。在通过提升消费者涉入度来提高购买意愿的建议中，认为企业应利用信息挖掘实施精准营销、彰显实木家具的产品象征性、利用整合营销强化营销刺激并通过实施涉入营销引导消费者涉入。

　　本书的第二篇选择家具行业商业模式作为研究对象，通过描述性分析、关联性分析和多元回归分析，分别研究传统实体店模式和电子商务模式对消费者购买行为的影响。尤其近年来兴起的 O2O 电子商务模式给消费者带来了线上和线下更多的体验，结合家具产品自身的特殊性和服务需求特性为电商企业的发展带来新的契机。从实体店商务模式对消费者行为的影响来看，消费者和企业都比较期待家具的以旧换新活动，对消费者而言，以旧换新活动既可以满足消费者对新家具的需求，又可以节约资金；对生产厂商而言，以旧换新活动可以在低成本下，购买到更多的材料资源。为增加活动可行性，厂商应对适用活动的产品做好规范，并做好前期推广工作。另外家具商城的班车情况对消费者的购买行为有很大的影响，在有班车的情况下消费者对产品的忠诚度也有所提高。从电子商务模式对消费者行为的影响来看，家具产品质量、卖家口碑、物流安装是影响消费者行为的主要因素，其中物流安装问题是影响消费者购买家具决策的主要因素。该篇还对 O2O 电子商务模式做了细致的分析，O2O 电子商务模式最大的弊病同样来自于物流和安装，虽然理论上认为可以规避这两项问题，但在消费者所在区域超出网点范围时，目前还没有一个足够实力的企业能真正做好线上线下的对接。需要强调的是，在 O2O 电子商务模式下，大型企业可以改进售后服务，因为大型家具企业在国内拥有更多门店，资源也更为丰富，能够整合资源，解决企业与消费者因网上交易而产生的空间和时间问题。做到线上交易，就近发货、上门安装，将众多店变为一家店，这是一个很好的市场商机。因此为促进消费者购买行为的产生以及企业品牌的建立，可以针对不同规模的家具企业，依据家具企业自身实际情况选择不同的商业模式。大型家具企业可以借助自身的品牌知名度，进行网络销售，扩大市场，提高销售额。中小型家具企业可以借助网络平台，提高企业的知名度，在与不同网络平台企业合作之中，开拓市场，实现企业的营销战略。

本书的第三篇主要选择淘宝网实木家具作为研究对象，通过选取折扣系数、上架天数和商品属性这三个变量作为商品特征变量，以及实木家具在线评论数、评论情感倾向、评论者信誉等级、在线评论时效性、在线评论内容和质量作为在线评论特征变量来研究在线评论对实木家具销量的影响，具体得出以下研究结论：①商品特征变量对实木家具销量影响不显著。由于网络顾客日益趋向于理性，价格和销售周期不再是他们进行购买决策所关注的主要因素。随着电商的发展和人们消费水平普遍提高，消费者对产品的质量有了更高的要求，并且当消费者决定购买某款商品时，他就不会考虑价格因素。②在线评论的数量、质量和内容对实木家具销量具有显著的影响，评论者信誉的影响不显著。大量的高质量在线评论在满足潜在消费者对有用信息需求的同时也减少了其对信息真实性的担心，进而对潜在消费者的购买决策具有较大的正向影响。在线评论的内容虽然由于数据的失真而导致实证分析结果不显著，但是通过描述性分析结果和购物经验可以认为其对消费者购买决策的影响也是不容忽视的，所以认定在线评论内容对实木家具销量也具有显著影响。由于国内在线评论体系关于评论者信誉等级的划分不够科学严谨，不能代表实际的评论质量，所以其对实木家具销量的影响不显著。③在线评论五级情感倾向对实木家具产品销量的影响大于三级情感倾向对实木家具产品销量的影响。淘宝网的三级情感倾向由于在线评论体系的局限性和不科学性，其内部差异性非常小，甚至出现普遍高分的失真现象。而人为划分的五级情感倾向更加客观、科学且具有明显的差异性，进而导致其作用比三级情感倾向大。④实木家具的在线评论存在时效性，即近期的评论对实木家具销量的影响大于总的评论对实木家具销量的影响。由于首因效应和人们日常的购物习惯，消费者通常只会查看近期的一些评论，并且这些近期评论对消费者的影响大于后续查看的评论，消费者很少会将所有评论都看完，进而导致了在线评论的时效性。⑤在线评论特征变量中，在线评论质量即平均评论字数与因变量的关联度最大，通过对其与因变量建立 Logistic 回归方程，可预测出当平均评论字数低于和高于36.5 个字时，较高的确认收货数的概率分别为 78.3% 和 79.6%。该篇通过以上研究对商家、电商平台和政府提供了一些建议，首先，商家可以通过鼓励消费者及时发表高质量的正向评论、努力提升商家的销售服务水平和选择良好的进货渠道与物流公司来促进产品的销量增长。其次，电商平台应该通过健全在线评论体系、加强网络管制和健全互动沟通平台来促进电子商务和自身平台建设的发展与完善。最后，政府应该充分发挥自身的职能作用，努力建立健全基于电子商务的法律法规和产业集群生态化方面的政策法规，进而为电子商务和实木家具的发展提供便利。